신기한 생물아, 너는 어디에 사니?

여러 가지 생물들은 사는 곳에 따라 나뉘는데,
크게는 땅 위에 사는 생물과 물속에 사는 생물로 나눌 수 있어요.
사막, 숲, 들판 같은 땅 위에서 사는 생물을 '육상 생물'이라 하고,
바다와 호수, 습지처럼 물속에서 사는 생물을 '수중 생물'이라고 해요.
환경이 다른 만큼 생물들의 모습도 많이 다르답니다.
생물들이 어디에 어떤 모습으로 살고 있는지 한번 찾아보세요.

붉은털진드기 • 122쪽

작은녹색부전나비 • 189쪽

꿀벌 • 147쪽

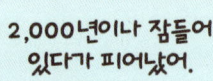
2,000년이나 잠들어 있다가 피어났어.

호랑나비 유충(애벌레) • 150쪽

올빼미 • 37쪽

오가 연꽃 • 180쪽

겨울자나방 • 24쪽

침팬지 • 164쪽

몽구스 • 188쪽

깡충거미 • 129쪽

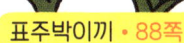

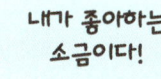

RIKA-ZUKI NA KO NI SODATSU FUSHIGI NO OHANASHI 365

Copyright © 2015 by Seibundo Shinkosha Publishing Co., Ltd.
All rights reserved.
Original Japanese edition published by Seibundo Shinkosha Publishing Co., Ltd

Korean translation copyright © 2017 by BONUS Publishing Co.
This Korean edition is published by arrangement with Seibundo Shinkosha Publishing Co., Ltd, Tokyo in care of Tuttle-Mori Agency, Inc., Tokyo through BC Agency, Seoul.

이 책의 한국어판 저작권은 BC 에이전시를 통한 저작권자와의 독점 계약으로 보누스출판사에 있습니다.
저작권법에 의해 보호를 받는 저작물이므로 무단전재와 무단복제를 금합니다.

초등학생을 위한 자연과학 365 1학기

공부가 쉬워지는 탐구활동 교과서

자연사학회연합 지음 | **정주현** 감수 | **조민정** 옮김

바이킹

이 책을 읽는 여러분께

'진짜' 자연과학을 접하는 순간, 아이의 눈은 반짝반짝 빛나기 시작합니다

우리는 다채로운 자연에 둘러싸여 살고 있습니다. 높은 산이 있는가 하면 평야도 있고, 파도가 밀려오는 바닷가가 있는가 하면 아주 깊은 심해도 있습니다. 이렇게 우리나라의 다양한 환경에 적응하며 살아가는 생물이 많습니다. 그런데 우리는 이토록 다양한 모습의 자연을 얼마나 알고 있을까요? 어떻게 하면 우리 주변에 있는 자연의 원리를 재미있게 깨칠 수 있을까요?

우리는 초등학교 때부터 고등학교 때까지 정규 교육 과정으로 자연을 배웁니다. 그런데 학교에서는 단지 시험 때문에 공부할 때가 많아서, 진정한 지식을 얻기는 어렵습니다. 자연을 배울 때 우리는 동물, 식물, 화석 등을 이리저리 만져 보고 관찰하기도 하지요. 그때 전문가가 옆에서 설명해 주면 지금까지 무심코 보아 왔던 것들이 완전히 새롭게 느껴진답니다.

저도 몇 번인가 그런 경험을 했습니다. 초등학교 시절에 있었던 일을 예로 들어 보겠습니다. 남극에 다녀온 졸업생 선배가 남극의 돌을 보여 주면서 그 돌의 유래를 이야기해 준 적이 있었습니다. 그러자 그때까지 평범하게만 보였던 돌이 순간 남극의 역사를 말해 주는 듯 느껴졌습니다. '눈이 확 트였던 것'입니다. 그때 저는 자연의 신비함을 배울 때 전문가의 도움이 중요하다는 사실을 실감했습니다.

그래서 이 책을 만들 때 우리 자연사학회연합은 이런 고민을 했습니다. '자연사 전문가가 자연을 재미있게 설명해 주는 책이 있다면 얼마나 좋을까?' 자연사학회연합은 자연사 연구를 하는 39개의 학회가 모인 단체입니다. 학회연합에는 다양한 분야의 전문가가 모여 모두 4만 명에 이릅니다. 이 사람들이 자연을 설명해 준다면 자연환경을 조금 더 자세히 이해하는 데 도움이 되지 않을까요?

이 책의 기획은 그러한 의도에서 출발했습니다. 자연사학회연합에 소속된 학회 전문가들이 신비한 자연을 쉽게 설명해 주고자 했습니다. 게다가 단순히 책을 읽는 것에서 그치지 않고, 더욱 깊이 학습할 수 있도록 도왔습니다. 폭넓은 생물 이야기와 '나도 과학자' 코너는 스스로 응용해서 생각해 볼 수 있고, 야외로 나가 자연을 실제로 접할 기회를 줍니다. 이러한 책은 지금까지 없었다고 생각합니다.

다양한 생물 이야기는 계절에 따라 변화하는 자연에 맞추어 날짜별로 구성했습니다. 이 책은 초등학생이 이해할 수 있는 내용을 목표로 삼고, 주제를 골고루 담아 각각 1월부터 6월까지와 7월부터 12월까지로 나누었습니다. 마치 우리 교과서에 1학기, 2학기 책이 있는 것처럼 말입니다. 날짜별 이야기는 하루에 10분이면 쉽게 읽어 나갈 수 있는 분량입니다. 하지만 날짜에 얽매이지 말고, 궁금하거나 좋아하는 생물 이야기를 먼저 찾아 읽어도 좋습니다.

주제는 신기하고 재미있지만 수준은 높은 편입니다. 어른이 옆에서 도와주면 어린이들이 자연을 훨씬 잘 이해할 수 있을 것입니다. 최신 과학 연구를 바탕으로 만들었기에 어른이 읽어도 깜짝 놀랄 만한 신기한 이야기가 많습니다. 가족이 다 함께 즐겨 주세요.

이 책을 통해 여러분이 자연을 더욱 깊이 이해하고, 무엇보다 자연을 사랑할 수 있기를 진심으로 바랍니다.

자연사학회연합 대표
기토자토 히로시

차례

이 책을 읽는 여러분께 4
이 책을 활용하는 법 10
생물은 어떻게 분류할까요? 11

1월

1. 사람은 왜 꿈을 꿀까요? 14
2. 사계절은 어떻게 생길까요? 15
3. 새는 어떻게 하늘을 날까요? 16
4. 코끼리가 가장 좋아하는 것은 소금? 17
5. 오징어와 문어는 심장이 3개나 된대요 18
6. 오래된 책 속에는 벌레가 살아요 19
7. 두더지는 지렁이를 머리부터 먹어요 20
8. 남극은 왜 추울까요? 21
9. 공룡은 멸종하지 않았어요! 22
10. 수컷 상어는 생식기가 2개라고요? 23
11. 날개가 없는 겨울자나방 암컷 24
12. 개의 코는 왜 축축할까요? 25
13. 버섯이 채소가 아니라고요? 26
14. 세계에서 제일 깊은 바다에 사는 물고기 27
15. 최초로 눈을 가진 생물은? 28
16. 태백산맥을 경계로 기후가 많이 달라져요 29
17. 벌은 꿀 모으는 일 외에도 중요한 일을 해요 30
18. 굉장한 속도로 헤엄치는 클라미도모나스 31
19. 언제부터 사람이 전 세계에 살았을까요? 32
20. 후지산의 들판은 왜 그렇게 넓을까요? 33
21. 아시아의 고둥은 어떻게 미국으로 갔을까요? 34
22. 추우면 풀도 얼까요? 35
23. 모래는 어떻게 생길까요? 36
24. 올빼미는 목을 돌려 등 뒤도 볼 수 있나요? 37
25. 전갈은 곤충일까요? 38
26. 지구의 물은 언제, 어디에서 생겼을까요? 39
27. 우리 주변에 흡혈 곤충이 있대요! 40
28. 세계에서 가장 오래 산 나무 41
29. 지구상에 물고기는 몇 종류나 있을까요? 42
30. 일본원숭이는 언제부터 일본에 살았을까요? 43
31. 넓적부리황새가 잘 움직이지 않는 이유 44

2월

1. 나에게 좋은 냄새가 남에게도 좋을까요? 46
2. 물고기는 왜 비늘이 있을까요? 47
3. 참진드기는 물 없이도 10년 넘게 살아요 48
4. 생물의 사체와 배설물이 만드는 지층 49
5. 마리모는 왜 둥근 모양일까요? 50
6. 생물을 구한 물의 신기한 성질 51
7. 나비는 어떻게 겨울 추위를 견딜까요? 52
8. 귀지가 마른 사람, 젖은 사람 53
9. 조개가 물을 깨끗하게 만든다고요? 54

⑩	진화의 역사는 어떻게 알 수 있을까요? 55		⑤	원숭이도 흉내를 낼까요? 80
⑪	동식물의 다양성과 고유종 56		⑥	국경을 넘어 찾아오는 조개 81
⑫	나비와 나방을 구별하는 방법 57		⑦	지금까지 발견되지 않은 신종 곤충 82
⑬	바다와 강을 오가는 물고기 58		⑧	흙 속에 있는 씨앗은 계절 변화를 어떻게 알까요? 83
⑭	사람은 감정 표현을 잘해요 59		⑨	지진은 어떻게 관측할까요? 84
⑮	산의 높이는 어떻게 잴까요? 60		⑩	지진은 왜 일어날까요? 85
⑯	먹기만 하지 않아요! 의외의 곳에도 쓰이는 해조류 61		⑪	쓰나미는 왜 일어날까요? 86
⑰	판다는 왜 털이 흰색과 검은색일까요? 62		⑫	곰벌레는 웬만해서는 죽지 않아요! 87
⑱	심해에는 뱃속에 먹이를 기르는 동물이 있어요 63		⑬	딸기와 표주박이끼가 함께 살 수 있는 이유 88
⑲	산호도 움직일 수 있을까요? 64		⑭	새끼를 지키는 물고기가 있어요 89
⑳	새는 고산병에 걸리지 않아요 65		⑮	여왕벌은 꿀벌의 왕일까요? 90
㉑	2만 년 전의 사슴 똥으로 알 수 있는 것은? 66		⑯	개는 왜 사람을 잘 따를까요? 91
㉒	선인장과 비슷하지만 다른 유포르비아 67		⑰	푸른 모르포 나비의 날개는 왜 파랄까요? 92
㉓	콘크리트는 무엇으로 만들까요? 68		⑱	세계 각지에서 번식이 늘고 있는 미역 93
㉔	고래의 선조가 개라고요? 69		⑲	지느러미가 원래 손과 발이었대요 94
㉕	돌처럼 변하는 해조류가 있다고요? 70		⑳	꽃가루 알레르기는 왜 일어날까요? 95
㉖	돈벌레는 해충일까요, 익충일까요? 71		㉑	거미는 피를 빨아 먹을까요? 96
㉗	개만의 신기한 몸짓 언어 72		㉒	산이 튀어나와 보이는 지도 97
㉘	생물의 심장은 다 똑같을까요? 73		㉓	목이 긴 동물은 그만큼 뼈도 많을까요? 98
㉙	4년에 한 번 윤년이 찾아오는 이유 74		㉔	대나무통으로 벌을 유인해 보세요 99
			㉕	환경에 따라 변신하는 플랑크톤 100
			㉖	봄에 피는 노란 유채꽃의 친구들 101
			㉗	이파리과는 알이 아니라 애벌레를 낳아요 102

3월

① 눈에 보이지 않는 꽃가루 76
② 손발이 잘려도 다시 생기는 생물 77
③ 일본원숭이 암컷은 소꿉놀이를 좋아해요 78
④ 나비는 엉덩이에도 눈이 있어요 79

㉘ 섬을 형성하는 작은 생물 별모래 103
㉙ 꽃은 곤충과 서로 도우며 진화했어요 104
㉚ 사람은 왜 낮에 일하고 밤에 잘까요? 105
㉛ 꽃가루는 얼마나 날릴까요? 106

4월

1. 인공위성은 왜 떨어지지 않을까요? 108
2. 몇 번이고 결혼하는 새의 비밀! 109
3. 전 세계의 언어는 왜 서로 다를까요? 110
4. 소와 비슷한 원숭이가 있다고요? 111
5. 민들레가 멸종위기종이 된다고요? 112
6. 소금호수에서도 잘 사는 능력자 113
7. 휘파람새는 왜 봄에 울까요? 114
8. 구리가 있는 곳에서 자라는 구리이끼 115
9. 미역은 암컷일까요, 수컷일까요? 116
10. 꿀벌이 사라지면 생물들이 사라진대요 117
11. 일본원숭이는 어떻게 인사할까요? 118
12. 꽃가루 알레르기는 왜 생길까요? 119
13. 다채로운 해조류로 미술 작품을 만들어요 120
14. 나비는 우리 눈에 보이지 않는 자외선을 봐요 121
15. 빨갛고 작은 벌레의 정체 122
16. 하늘을 나는 우산이끼의 정자 123
17. 토끼는 도망치기 선수 124
18. 땅속은 어떤 모습일까요? 125
19. 사람 말고도 버섯을 키우는 생물은? 126
20. 꽃에서는 왜 좋은 향기가 날까요? 127
21. 지구상에서 가장 빨리 달리는 동물은? 128
22. 깡충거미의 눈은 왜 그렇게 클까요? 129
23. 인류의 조상은 어른의 키가 120cm이었대요 130
24. 나비 애벌레의 변신 131
25. 삼색 털 고양이는 대부분 암컷이에요 132
26. 꽃이 꿀벌을 감쪽같이 속인대요 133
27. 조개는 왜 봄에 많이 캘까요? 134
28. 숨바꼭질의 명수 참나무산누에나방 135
29. 잎은 왜 초록색일까요? 136
30. 맛있는 심해어를 앞으로도 계속 먹으려면? 137

돋보기를 가지고 풀꽃 산책을 떠나요 138

5월

1. 침팬지가 고기를 먹는다고요? 140
2. 높은 산 위에 꽃밭이 있는 이유는? 141
3. 여러 가지 모양의 꽃가루 142
4. 나비와 벌의 눈에는 색이 다르게 보여요 143
5. 부모는 왜 자식을 귀여워할까요? 144
6. 바위를 덮은 초록빛 융단의 정체 145
7. 비가 오면 물에 빠지는 수생곤충이 있어요 146
8. 벌은 왜 꿀을 모을까요? 147
9. 상어는 피부가 까칠까칠해요 148
10. 알을 품는 대신 흙무더기를 만드는 새 149
11. 나비 애벌레의 눈은 어디에 있을까요? 150
12. 이끼 잎은 부드러울까요, 까끌거릴까요? 151
13. 강물이 쉽게 줄어들지 않는 이유는? 152
14. 두껍질조개도 움직여서 달아날 수 있어요 153
15. 헤엄치는 식물이 있다고요? 154
16. 꿀벌은 꿀과 꽃가루를 먹어요 155
17. 흰개미는 개미가 아닙니다 156
18. 알록달록 예쁜 빛깔을 뽐내는 해조류 157

- ⑲ 어른이 되고 나서 우유를 못 마시는 사람 158
- ⑳ 세계에서 제일 큰 나무 하이페리온 159
- ㉑ 나비와 나방은 어떻게 날까요? 160
- ㉒ 해삼을 이용하는 여러 가지 생물 161
- ㉓ 산 정상에는 왜 눈이 남아 있을까요? 162
- ㉔ 곤충은 세계에 몇 종류나 있을까요? 163
- ㉕ 침팬지는 상대방의 기분을 알 수 있어요 164
- ㉖ 강에 사는 장어의 고향은 남쪽 바다 165
- ㉗ 그늘에만 있는 식물은 어떻게 살까요? 166
- ㉘ 불을 두려워하지 않는 새 167
- ㉙ 불가사리의 눈은 팔 끝에 있어요 168
- ㉚ 나뭇가지에서 떨어지지 않는 나비 애벌레 169
- ㉛ 사람의 손은 진화하지 않았다고요? 170

6월

- ① 장마는 어떻게 일어날까요? 172
- ② 뜨거운 물에도 끄떡없는 꽃가루 173
- ③ 달팽이와 민달팽이는 같은 종류인가요? 174
- ④ 상어는 충치가 생기지 않아요 175
- ⑤ 어둠 속에서도 빛이 나는 버섯 176
- ⑥ 나비의 날개는 물풍선처럼 부풀어 올라요 177
- ⑦ 비가 오면 왜 산사태가 잘 일어날까요? 178
- ⑧ 성게도 걸어 다닌대요 179
- ⑨ 씨앗은 3,000년 이상 살 수 있어요 180
- ⑩ 개는 왜 킁킁거리며 냄새를 맡을까요? 181
- ⑪ 토지가 메마르면서 멸망한 고대 문명 182
- ⑫ 달팽이 집이 왼나사 모양인 달팽이 183
- ⑬ 논은 물고기 천국? 184
- ⑭ 꽃벌은 길쭉한 꽃에 든 꿀을 어떻게 먹을까요? 185
- ⑮ 아빠 흰동가리가 나중에 엄마가 된다고요? 186
- ⑯ 천남성은 벌레를 속여 꽃가루받이를 해요 187
- ⑰ 몽구스는 왜 오키나와에 있으면 안 될까요? 188
- ⑱ 빛깔이 환상적인 나비 날개 189
- ⑲ 한국과 일본의 송사리는 사실 두 종류? 190
- ⑳ 일벌은 암컷인데 왜 자식을 낳지 않을까요? 191
- ㉑ 전 세계 사람들은 왜 피부색이 다를까요? 192
- ㉒ 별주부전에서 토끼를 데려간 바다거북 193
- ㉓ 동물 사체에서 자라는 파리 194
- ㉔ 사슴의 뿔은 왜 있을까요? 195
- ㉕ 하늘에서 떨어지는 돌은 무엇일까요? 196
- ㉖ 식물? 동물? 신기한 생물 유글레나 197
- ㉗ 흰발농게의 커다란 집게발 198
- ㉘ 지구에서 제일 처음 탄생한 생물은? 199
- ㉙ 달팽이도 꼬리를 자르고 도망가요 200
- ㉚ 색이 바뀌는 사향제비나비의 실 201

여름 방학 때 별똥별을 관찰해 보세요 202

찾아보기 203

이 책을 활용하는 법

주제 자연과학에 폭넓은 흥미를 가질 수 있도록 다양한 분야를 다루었습니다.

지구 　 곤충·거미 　 사람 　 어패류 　 포유류 　 균류 　 고대 생물 　 이끼·해조 　 미생물 　 조류 　 식물

교과 연계 주제마다 교육 과정의 단원명을 연계하여 심화 학습을 할 수 있도록 도왔어요.

핵심 용어 교육 과정과 연계했을 때 알아 두면 좋을 핵심 용어를 강조해 설명했습니다.

읽은 날짜 읽은 날짜를 적어 보세요. 형제자매가 함께 읽거나 반복해서 읽을 경우를 가정하여 3회분의 공간을 마련했습니다. 적는 횟수가 늘어날수록 성취도가 쑥쑥 늘어날 거예요.

매일매일 신기한 자연과학 이야기
39개의 자연사학회에 소속된 전문가들이 모여 자연과학 이야기를 재미있게 풀어냈습니다. 우리 주변에서 흔히 발견할 수 있는 소재를 다루는 한편, 최신 연구 결과를 반영하여 어린이들이 과학에 흥미를 높일 수 있습니다.

지식 돋보기 주제와 관련해 추가로 알아 두면 좋을 상식을 소개했습니다.

나도 과학자
하나의 주제마다 어린이들이 직접 자연을 관찰하고, 실험하고, 관련 내용을 생각하고, 조사해 볼 수 있도록 도움말을 마련했습니다. 어린이들이 과학자가 된 것처럼 참여하고 체험할 수 있어요.

생물은 어떻게 분류할까요?

여러 생물은 서로 닮은 것끼리 묶어서 나눌 수 있어요. 예를 들어 왕나비와 모르포 디디우스 나비는 서로 다른 특성을 가지고 있지만 크게 보면 '나비'라는 공통점이 있고, '곤충'에 속해요. 또 나비와 메뚜기는 서로 다른 종류이지만 같은 '곤충'입니다. 사람으로 치면 같은 성씨와 조상을 갖고 있는 거예요.

　아주 예전에는 모든 생물을 동물과 식물로 나누었대요. 하지만 지금은 분류하는 기준이 다양해져 3역 6계로 나누고, 각 계는 문으로, 문은 또 강으로, 계속해서 나눌 수 있답니다. 다음 그림으로 생물을 분류하는 단계를 알아보세요.

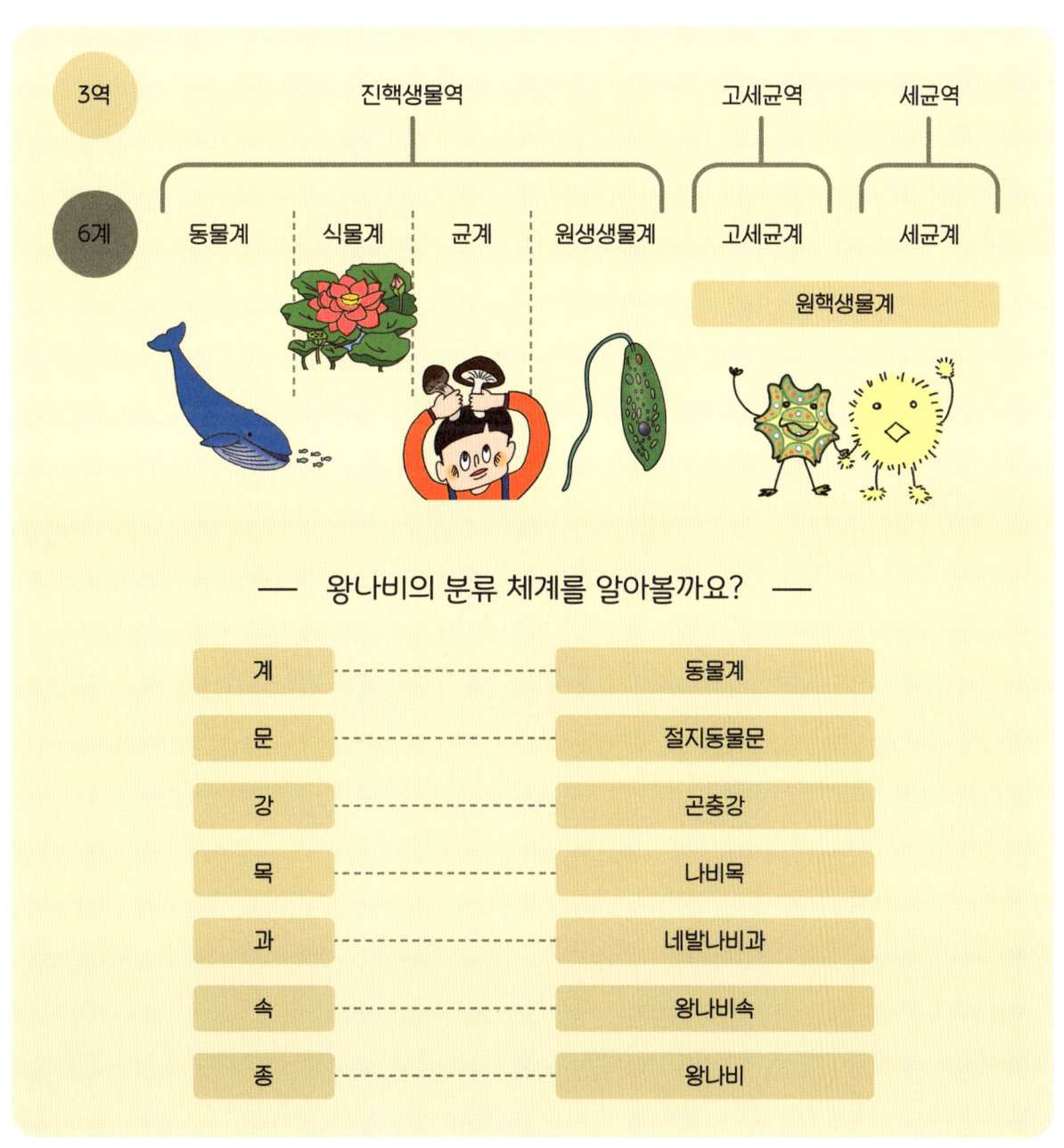

일러두기

- 이 책은 우리나라 독자를 위해 원서의 일부 내용을 변경했습니다.
- 현행 우리나라 학기제에 따라 '1학기'와 '2학기'로 나누되, 시기별로 찾아보기 쉽도록 각각 1월부터 6월까지, 7월부터 12월까지로 나누고 각 권을 날짜별로 구성했습니다.
- 주제마다 연계한 단원명은 2015년에 개정된 교육 과정을 반영하였습니다.
- 생물의 명칭은 '국가생물다양성센터'의 '국가생물종목록'을 기준으로 하였습니다. 우리나라 이름(국명)이 없는 것은 학명을 소리 나는 대로 적고 '(학)'이라고 표시했습니다. 우리나라 이름이 없더라도 통용하는 이름이 있는 경우에는 학명을 함께 적었습니다. 학명의 원어는 찾아보기에 함께 적었습니다. 단, 공룡의 이름은 통용되는 이름이 모두 학명이기 때문에 따로 표시하지 않았습니다.

  예) 파라폰타리아 라미나타(학)
      치즈 파리(피오필라 카세이)
      티라노사우루스

- 이 책에 참여한 전문가들의 소속과 이름을 모두 밝혀 두었습니다.
- '㎛'는 '마이크로미터'로 읽습니다. 1㎛는 '1m의 100만분의 1' 또는 '1000분의 1mm'를 뜻합니다. 1000㎛는 1mm와 같습니다.

우리는 겨울자나방 커플. 나는 수컷이야.

암컷은 날개가 없어.

1월

나는 암컷일까, 수컷일까?

사람은 왜 꿈을 꿀까요?

교과서 6학년 2학기 4단원 우리 몸의 구조와 기능

나고야대학 환경의학연구소 | 사와다 마코토

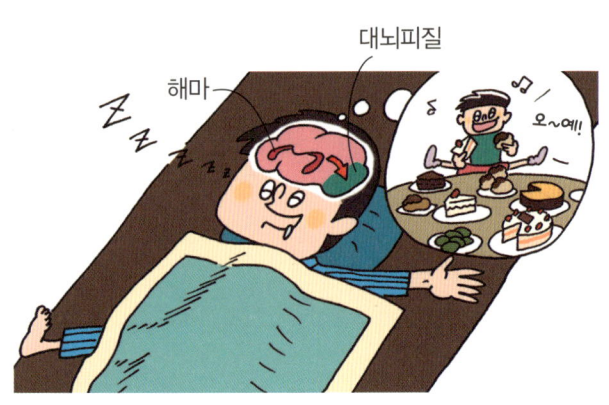

기억하고 싶은 것을 뇌에 간직해요

사람은 잠자는 동안 꿈을 꿉니다. 일어나서 잊어버릴 때도 있지만 매일 꿈을 꾸지요. 꿈은 기억과 깊은 관계가 있어요. 경험한 일을 잊지 않으려면 잠을 충분히 자는 것이 중요합니다. 기억과 꿈은 어떤 관련이 있을까요? 그리고 꿈은 왜 생기는 걸까요?

자지 않으면 기억할 수 없어요

사람이 깨어 있는 동안에는 눈과 귀 등으로 많은 정보가 쉴 새 없이 들어옵니다. 뇌는 정보를 받아들이는 것만으로도 벅차요. 날마다 겪는 여러 가지 일들은 제일 먼저 두뇌 안의 '해마'라는 부분에 저장한답니다.

하지만 해마는 기억을 오래 담지 못해요. 뇌는 해마에 저장한 기억을 정리할 여유가 없고요. 잠이 들어 바깥 정보가 거의 들어오지 않을 때가 되면, 그날 경험한 것 중 필요한 기억만 쏙쏙 뽑아 해마에서 '대뇌피질'이란 부위로 옮겨요. 사람은 이때 꿈을 꾼답니다. 덕분에 아주 예전에 일어난 일도 오랫동안 기억할 수 있어요. 시험 전날 열심히 밤샘 공부를 하면 공부한 내용을 금세 까먹어 버릴지도 몰라요. 뇌가 기억을 정리할 시간이 없었으니까요.

나도 과학자

어떤 꿈을 꾸었나요?

일본에서는 새해 첫날이나 그다음 날에 꾸는 꿈을 '초몽'(初夢)이라고 불러요. 이때 꾼 꿈의 내용으로 한 해의 운세를 점쳤다고 합니다. 하지만 꿈은 잠에서 깨면 금세 잊어버리기 쉽지요. 어떤 꿈을 꿨는지 기억하고 싶으면 잠에서 깨자마자 꿈 내용을 적어 보세요.

 사람뿐 아니라 동물도 꿈을 꾼다는 사실이 밝혀졌어요. 포유류는 대부분 꿈을 꾼다고 하는데, 유일하게 오리너구리만 꿈을 꾸지 않는다는 설도 있어요.

사계절은 어떻게 생길까요?

교과서 6학년 2학기 2단원 계절의 변화

아이즈대학 우주정보과학클러스트 | 데무라 히로히데

계절 변화가 일어나는 이유

지구는 태양에서 오는 빛과 열로 따뜻해집니다. 태양이 보내는 에너지의 양은 항상 똑같으니, 지역마다 기온이 늘 같아도 이상하지 않지요.

그런데 우리나라에는 사계절이 있어요. 봄은 따뜻하고 여름은 덥고, 가을은 쌀쌀하고 겨울은 춥습니다. 계절 변화가 일어나는 이유는 무엇일까요?

지구는 축이 기울어져 있어요

지구는 팽이처럼 뱅글뱅글 돌고 있어요. 그런데 이때 축이 살짝 기울어진 상태로 태양 주위를 돌아요. 우리가 서 있는 위치에서 보면 태양을 중심으로 지구가 어디에 있는지에 따라 태양 빛을 받는 모습이 달라집니다. 지구가 태양이 있는 방향으로 기울어져 있을 때 지구는 정면으로 태양 빛을 받아요. 그만큼 열을 많이 받아 무더운 여름이 되지요.

지구가 태양 빛을 비스듬히 받으면 똑같은 양이라도 더 넓은 범위에 빛이 닿아요. 같은 넓이에서 받는 에너지의 양이 그만큼 줄어든다는 이야기지요. 그만큼 받는 열이 적어서 추운 겨울이 됩니다.

지구는 축이 기울어진 채로 일 년 동안 태양의 주위를 돌아요.

나도 과학자

햇빛이 닿는 거리를 관찰해 보세요

창밖에서 들어오는 햇빛이 어디까지 닿는지 매일 똑같은 시각에 관찰해 보세요. 햇빛이 닿는 바닥의 넓이가 달라질 때마다 기온은 어떻게 변화할까요?

🔍 북반구와 남반구는 계절이 정반대입니다. 햇빛이 닿는 방향이 정반대이기 때문입니다. 그래서 북반구에 있는 한국과 일본이 여름일 때, 남반구에 있는 호주는 겨울이랍니다.

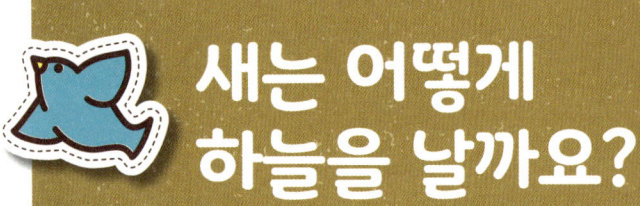

새는 어떻게 하늘을 날까요?

교과서 3학년 2학기 2단원 동물의 생활

야마시나조류연구소 자연지연구실 | 히라오카 다카시

텅 비어 있어도 튼튼한 새의 뼈

넓은 하늘을 자유로이 날아다니는 새를 보면 누구나 한 번쯤 하늘을 날고 싶은 생각이 들지요. 하지만 새처럼 날개를 만들어 펄럭여도 사람은 하늘을 날 수 없어요. 새의 몸에는 하늘을 날 수 있는 비밀이 있거든요. 그중 하나가 바로 가벼운 뼈입니다.

사람의 뼈는 몸을 지탱해야 하는 만큼 튼튼하고, 피를 만드는 골수로 차 있습니다. 반면 새의 뼈는 골수가 든 부분도 있지만 대부분 텅 비어서 무척 가볍습니다. 이 때문에 부러지기 쉬울 것 같지만, 새의 뼈는 안에 기둥이 있어서 튼튼하답니다.

음식물을 몸속에 저장하지 않아요

새의 부리에 턱이 없는 것도 몸을 가볍게 하는 데 도움이 됩니다. 사람은 음식물을 씹을 때 치아를 사용하지요. 치아를 받치려면 튼튼한 턱이 필요한데, 턱은 단단한 만큼 무거워요. 반면 새는 부리에 턱뼈가 없고, 대신 뱃속의 **모래주머니**라는 부위로 딱딱한 음식물을 잘게 쪼개요. 부리에 턱뼈가 없는 만큼 몸이 가볍지요.

그런데 뼈와 부리 덕분에 몸이 가볍다고 해도 몸속에 음식물이 들어가면 무거워지겠지요. 그래서 새는 먹이를 먹은 다음 재빨리 소화합니다. 빠른 시간 내에 변으로 만들어 바깥으로 내보내는 거예요.

 힘차게 날갯짓을 하려면 몸의 축이 고정되어야 하므로 새의 등뼈는 굳어 있습니다. 사람은 등뼈가 유연해서 몸을 구부릴 수 있지만, 새는 몸을 구부릴 수 없어요.

나도 과학자

날기 위해 필요한 근육을 관찰해 보세요

새가 하늘을 날려면 힘차게 날갯짓할 수 있는 근력이 반드시 필요해요. 그래서 새는 가슴근육이 아주 잘 발달되어 있답니다. 쉽게 구할 수 있는 닭고기 가슴살을 관찰해 보세요.

코끼리가 가장 좋아하는 것은 소금?

교과서 3학년 2학기 2단원 동물의 생활

군마사파리파크 | 가와카미 시게히사

풀을 영양소로 바꿔주는 미생물

코끼리는 잎과 나무껍질을 먹는 초식동물입니다. 소처럼 풀을 뜯어 먹고 살지요. 풀에서 영양분을 빨아들이기 때문에 코끼리와 소는 위장 구조가 비슷하다고 생각하기 쉽지만, 사실은 그렇지 않아요.

코끼리와 소에게 풀은 그리 소화가 잘되는 먹이가 아니에요. 그래서 소는 위장 하나로는 풀이 소화되지 않아 4개의 위장으로 소화하고 발효해 영양소로 바꾸지요.

하지만 코끼리는 위장이 하나밖에 없어요. 그 대신 맹장에 사는 미생물이 활발히 활동한답니다. 맹장은 펼치면 약 3.3제곱미터나 될 정도로 아주 커요. 이곳에 사는 미생물의 힘을 빌려 풀을 소화하고 발효해 영양소로 바꾸지요. 이 미생물은 소금을 제일 좋아합니다. 그래서 코끼리는 때때로 소금을 먹고 싶어 해요.

코끼리가 모여드는 '소금 핥는 곳'

야생 코끼리는 소금이 먹고 싶은데 없으면 대신 흙을 먹기도 합니다. 흙에 들어 있는 염분을 먹는 것이지요. 아무 흙에나 다 소금이 들어 있지는 않아요. 코끼리 무리의 대장은 소금이 있는 곳을 잘 기억합니다. 무리를 이끌고 소금이 있는 장소를 찾아 이동하기도 하지요. 아프리카에는 코끼리가 소금을 핥으러 오는 지역으로 유명한 동굴도 있어요.

동물원에서는 먹이에 소금을 묻혀서 코끼리에게 준다고 합니다. 양은 하루에 50~100g 정도입니다. 참고로 코끼리의 하루 먹이양은 약 80kg이라고 하네요.

나도 과학자

동물원의 코끼리는 어떻게 소금을 먹을까요?

동물원에 가면 코끼리를 쉽게 만날 수 있지요. 동물원을 찾아가서 코끼리가 소금을 어떻게 섭취하는지 사육사 아저씨에게 질문해 보세요.

오징어와 문어는 심장이 3개나 된대요

1월 5일

교과서 3학년 2학기 2단원 동물의 생활

도쿄대학 분자세포생물학연구소 | 모리야마 유타

몸 전체에 피를 보내는 체심장

왼쪽 가슴에 손을 얹으면 쿵쿵거리며 힘차게 뛰는 심장을 느낄 수 있지요. 사람은 하나의 심장이 몸 구석구석으로 혈액을 보냅니다. 그런데 다른 생물도 모두 심장이 하나인 것은 아니랍니다. 오징어와 문어는 심장이 3개나 있어요.

외투막이라 부르는 오징어와 문어의 몸을 갈라 보면 내장 주위에 심장이 3개 있는 것을 확인할 수 있습니다. 그중 하나는 우리의 심장과 똑같이 몸 전체에 피를 보내는 심장으로 **체심장**이라고 불러요. 체심장에서 내보낸 피는 몸 구석구석을 돈 후 **아가미심장**으로 가요. 2개의 아가미심장은 아가미로 피를 보낸답니다. 오징어와 문어는 체심장 1개, 아가미심장 2개로 모두 3개의 심장을 가진 셈이지요.

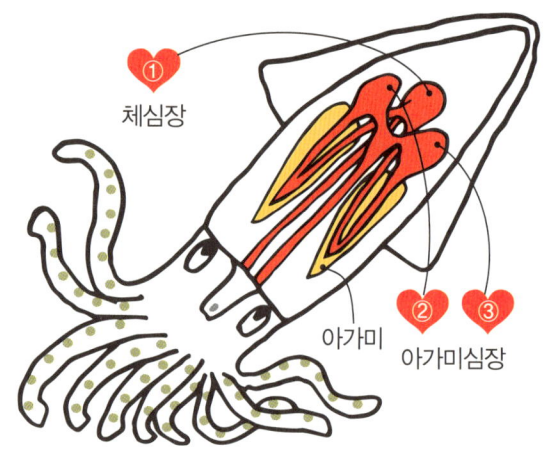

구석구석 피를 보내는 아가미심장

아가미심장이 있으면 좋은 점이 무엇일까요? 체심장이 아무리 힘껏 피를 보내도 몸 전체를 돈 후에 아가미로 돌아올 때쯤이면 피의 흐름이 약해지기 마련입니다. 그때 아가미심장이 피의 흐름에 힘을 실으면 더 많은 피를 아가미로 보낼 수 있어요. 아가미에서 산소를 받아들인 피를 온몸 구석구석에 보낸 오징어와 문어는 그만큼 활발하게 움직일 수 있답니다.

 사람의 피가 빨간 이유는 산소를 옮기는 적혈구의 '헤모글로빈'이 빨간색이기 때문입니다. 하지만 오징어와 문어의 피에서 산소를 옮기는 것은 파란색을 띠는 '헤모시아닌'입니다. 그래서 오징어와 문어의 피는 파란색이랍니다.

나도 과학자

오징어의 심장을 관찰해 보세요

어른의 도움을 받아 살아 있는 오징어를 구해서 외투막을 갈라 심장을 관찰해 보세요. 내장 주위에서 두근두근 움직이며 아가미와 온몸에 혈액을 보내는 3개의 심장을 찾을 수 있습니다.

오래된 책 속에는 벌레가 살아요

교과서 3학년 2학기 2단원 동물의 생활

홋카이도대학 농학부 | 요시자와 가즈노리

곤충을 분류하는 이름이 쉬워졌어요

곤충은 종류에 따라 다양하게 나눌 수 있어요. 예전에는 곤충을 분류해 이름을 붙일 때 곤충의 특징을 나타낼 수 있는 어려운 한자어를 사용했습니다. 하지만 요즘에는 점차 어려운 한자 대신 알기 쉬운 이름으로 부른답니다.

예를 들면 '인시류'라고 불렀던 나비와 나방은 '나비목'과 '나방목'으로, '쌍시류'라고 불렀던 파리는 '파리목'으로 부르는 것처럼 말이지요. 이제 바뀐 이름을 보면 곤충이 어떤 무리에 속하는지 바로 알 수 있어요.

머릿니

다듬이벌레

곤충은 거의 다 물지 않나요?

오래된 책을 펼쳤을 때 1mm 정도 크기의 벌레를 본 적 있나요? 오래된 책에 핀 곰팡이 등을 먹으며 사는 이 벌레는 흔히 책벌레라고 부르지요. 이 벌레의 진짜 이름은 다듬이벌레목에 속하는 '책다듬이벌레'랍니다. '다듬이벌레목'은 다듬이벌레, 이 등과 같은 벌레들을 말해요.

다듬이벌레목의 곤충들은 개미와 마찬가지로 먹이를 깨물어 먹어요. 매미목과 노린재목의 곤충들은 기다란 입으로 즙을 빨아 먹지요.

 **나도 과학자**

책벌레를 실제로 찾아볼까요?

오래된 책에서 벌레를 발견하면 돋보기를 들고 유심히 관찰해 보세요. 다듬이벌레목에 속하는 곤충은 밀가루 같은 건조한 음식물 속에서 대량으로 발생하기도 합니다. 우리가 몰랐을 뿐이지, 어느 집에나 다 있다고 하네요.

꼬물 꼬물

 다듬이벌레목에 속하는 이과, 사면발이과 등은 책다듬이벌레와 달리 동물의 피를 빨아 먹으며 삽니다.

두더지는 지렁이를 머리부터 먹어요

교과서 3학년 2학기 2단원 동물의 생활

도야마대학대학원 이공학연구부 | 요코하타 야스시

두더지가 가장 좋아하는 먹이는 지렁이

두더지는 흙 속에 굴을 파고 살아갑니다. 먹이도 흙에 사는 지렁이를 제일 좋아합니다. 지렁이는 흙 속에서 움직이다가 자기도 모르게 두더지가 파 놓은 굴로 들어갈 때가 있어요. 두더지는 그때 지렁이를 잡아먹는답니다.

지렁이가 두더지 굴에 들어간다고 해도 몸이 전부 다 들어가는 것은 아니겠지요. 머리만 들어갈 때도 있는가 하면 굴을 옆으로 가로지르는 동안 꼬리만 들어갈 때도 있습니다. 두더지가 지렁이를 발견하면 덥석 문 다음 잡아당깁니다. 그렇게 굴 안으로 질질 끌고 들어가지요.

머리부터 먹기 시작해서…
우적우적

지렁이를 손으로 쭉쭉 잡아당겨요.
스읍~

반 정도 먹으면 잠깐 휴식하고…

이번에는 꼬리부터 먹어요.
우적우적

도망가지 못하게 머리부터 먹어요

두더지는 잡은 지렁이가 도망가지 못하도록 머리부터 먹습니다. 지렁이는 위험을 느끼면 꼬리를 자르고 도망가거든요. 그리고 흙을 먹는 탓에 몸속에 흙이 들어 있어요. 흙을 싫어하는 두더지는 지렁이의 몸을 훑어 흙을 빼내고 우선 반만 먹어요. 남은 부분은 꼬리부터 먹어 치웁니다. 이렇게 하면 흙이 지렁이의 몸 밖으로 빠져나가겠지요.

그런데 흙 속에서 사는 두더지는 앞을 보지 못해요. 눈도 안 보이는데 지렁이의 머리가 어디인지 어떻게 알까요? 이것은 풀리지 않은 수수께끼랍니다.

나도 과학자

지렁이의 어느 쪽이 머리일까요?

지렁이의 머리와 꼬리가 어디인지 여러분은 구별할 수 있나요? 지렁이에게는 미세한 마디가 아주 많은데, 한쪽 끝을 보면 마디가 여러 개 이어진 '환대'라는 색이 옅은 부분이 있어요. 환대가 있는 쪽이 바로 머리랍니다.

머리

🔍 두더지는 잡은 지렁이를 저장해 두는 습성이 있습니다. 유럽에서는 두더지 굴 안에서 한 달 치 식량에 해당하는 지렁이를 무더기로 발견한 적도 있다고 하네요.

남극은 왜 추울까요?

1 **8**일

교과서 6학년 2학기 2단원 계절의 변화

가나자와대학 지역창조학류 | 아오키 다쓰토

태양이 기온을 결정해요

남극과 북극은 아주 추운 지역입니다. 반대로 적도 근처의 나라들은 아주 덥고요. 이러한 차이는 왜 생길까요?

지구의 기온은 태양열을 얼마나 많이 받느냐에 따라 달라져요. 적도와 북극, 남극을 비교하면 적도에 햇빛이 가장 많이 닿습니다. 적도는 태양이 정면으로 내리쬐어 열을 듬뿍 받기 때문에 따뜻해요. 반대로 남극과 북극은 태양열이 비스듬하게 닿아서 열을 받는 양이 적습니다. 열이 있어야 공기를 따뜻하게 데우는데, 남극과 북극은 태양열을 적게 받아 추운 것이랍니다.

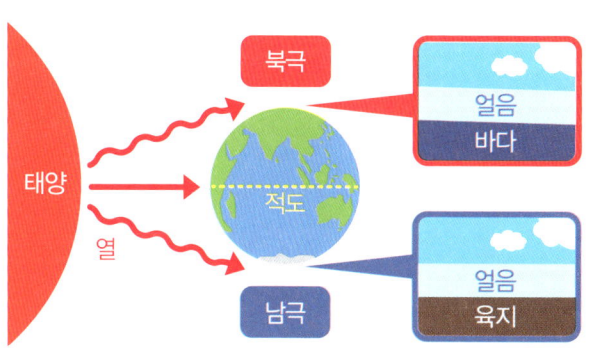

남극과 북극 중에 어디가 더 추울까요

태양의 위치에서 봤을 때 지구의 남극과 북극은 똑같은 위치에 있습니다. 그런데 남극이 북극보다 조금 더 춥답니다. 이유는 얼음 밑에 있어요.

남극은 얼음 밑이 육지입니다. 육지는 바다보다 열이 잘 식어서 금방 차가워져요. 반면 북극은 얼음 밑이 바다입니다. 바다는 육지보다 열이 잘 식지 않기 때문에 비교적 따뜻하답니다. 그래서 바다 위에 있는 북극보다 육지 위에 있는 남극이 더 추워요.

 남극은 땅이 온통 두꺼운 얼음으로 덮여 있습니다. 제일 두꺼운 곳은 4,000m가 넘어요. 얼음이 너무 무거운 나머지 땅이 바다보다 낮게 가라앉아 있답니다.

나도 과학자

얼음 밑 호수에는 어떤 생물이 살까요?

남극의 얼음 밑에 '보스토크호'라는 호수가 있습니다. 75만 년 전에 생긴 얼음 밑에 있으니 그보다 더 오래전에 형성된 호수입니다. 그곳에는 어떤 생물이 살고 있을까요?

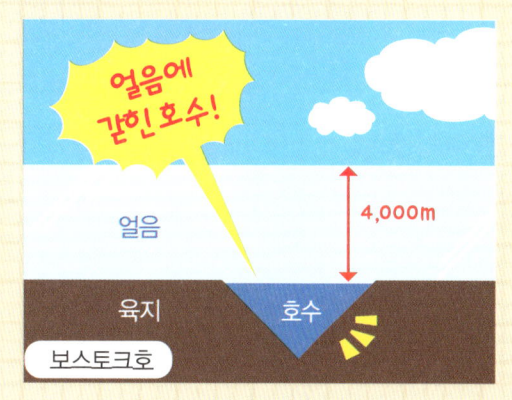

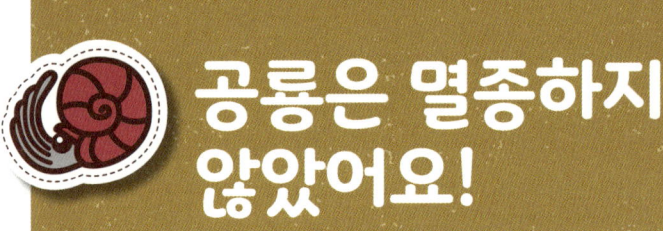

공룡은 멸종하지 않았어요!

교과서 4학년 1학기 2단원 지층과 화석

도쿄대학대학원 | 쓰이히지 다카노부

살아남은 공룡이 있다고요?

아주 먼 옛날, 지구에는 수많은 공룡이 살았습니다. 몸길이가 40m나 되는 '아르헨티노사우루스'와 이빨이 날카로운 '티라노사우루스'가 유명하지요.

공룡은 약 6,600만 년 전에 멸종했습니다. 그런데 사실은 그때 살아남은 공룡이 모습을 바꿔서 지금도 살고 있다고 해요.

새가 바로 공룡이에요

살아남은 공룡이란 바로 새를 가리킵니다. 공룡이 진화해서 새가 된 거지요. 새와 공룡이라니, 아무 상관없어 보이지요? 우리에게 친근한 참새와 티라노사우루스는 크기며 생김새 등이 하나도 닮지 않았으니까요.

그런데 공룡 중에는 몸집이 작은 것도 있어요. 예를 들면 '시조새'(아르카이오프테릭스)라는 공룡은 까마귀 정도 크기밖에 되지 않았습니다. 온몸이 깃털로 덮여 있고 날개도 있으며, 나무와 나무 사이를 자유자재로 날아다녔던 것으로 짐작됩니다. 어머나, 왠지 새와 비슷하지 않나요?

사실 현재 우리가 아는 새와 소형 육식 공룡의 한 부류는 모습에 그리 큰 차이가 없습니다. 말하자면 새는 수많은 공룡 가운데 한 종류였던 것입니다. 공룡이면서 오래된 동물이 조류인 거지요.

몸집은 작아도 나는 공룡의 후손이야!

 6,600만 년 전에 운석이 지구에 충돌해 조류 외의 공룡이 멸종한 후, 포유류가 번성했대요.

나도 과학자

새와 공룡의 뼈를 비교해 보세요

치킨을 먹고 난 후 남은 뼈를 도감이나 박물관 등에서 찾아볼 수 있는 공룡 뼈와 비교해 보세요. 비슷한 점이 있을까요?

수컷 상어는 생식기가 2개라고요?

1월 10일

교과서 3학년 2학기 2단원 동물의 생활

도카이대학 해양학부 | 다나카 쇼

배지느러미의 일부분이 변했어요

도미나 참치 등은 뼈가 딱딱한 '경골어류'입니다. 이 종류의 물고기는 암컷이 낳은 알에 수컷이 정자를 뿌려 수정합니다. 그렇게 자손을 번식하지요.

한편 뼈가 물렁한 '연골어류'인 상어나 가오리 등은 다른 방법으로 번식해요. 짝짓기를 해서 암컷의 몸속에 정자를 보내 수정합니다. 정자는 수컷의 몸에 있는 '교접기'라는 기관에서 보내지요. 교접기는 어려운 말로 '기각'이라고도 해요. 교접기는 배지느러미의 일부가 변해 수컷의 배에 달려 있답니다. 몸 양쪽으로 하나씩 있는 배지느러미에 각각 교접기가 있어요. 사람으로 비유하면 상어나 가오리는 생식기가 2개인 셈이에요.

수컷 상어는 암컷을 물어요

생식기가 2개라도 짝짓기할 때는 암컷의 몸에 하나만 넣을 수 있어요. 물속에서 헤엄치며 짝짓기를 하기 때문에 교접기를 넣을 때 아주 불안정하답니다. 그래서 수컷 상어는 몸의 균형을 잡기 위해 암컷의 가슴지느러미를 물어요.

상어는 날카로운 이를 가지고 있지요. 그래서 짝짓기 경험이 있는 암컷은 가슴지느러미 근처에 물린 상처가 남아 있답니다. 다만 상어의 피부는 회복력이 좋아서 상처를 입어도 금방 낫습니다. 청상아리같이 커다란 이를 가진 상어라고 해도 암컷의 몸에 난 상처가 평생 남지는 않아요.

상어는 암컷의 몸속에서 난자와 정자가 수정되고 나면, 어떤 종류는 알을 낳는 반면 어떤 종류는 몸속에서 새끼를 키웁니다. 왜 이런 차이가 생기는지 알아보는 연구가 한창 진행 중이에요.

나도 과학자

암컷일까요? 수컷일까요?

상어, 가오리의 수컷은 배에 교접기가 달려 있습니다. 눈에 잘 띄는 기관이니, 수족관에서 관찰할 때 교접기가 있는지 확인하면 암컷인지 수컷인지 금세 알 수 있답니다.

날개가 없는 겨울자나방 암컷

1월 11일

교과서 5학년 2학기 | 2단원 생물과 환경

일본국립과학박물관 동물연구부 | 진보 우쓰기

겨울에 활동하는 나방

'겨울자나방'은 이름을 보면 알 수 있듯이 겨울에 활동하는 나방입니다. 곤충이 겨울에 활동하는 것은 드문 일인데, 그보다 더 신기한 것은 '입이 없다'는 사실이에요. 성장이 끝난 겨울자나방은 아무것도 먹지 않기 때문에 입이 필요 없습니다. 겨울자나방은 먹이를 전혀 먹지 않아도 최대 한 달이나 살 수 있답니다. 그뿐만 아니라 암컷은 날개가 점점 **퇴화**해서 날지도 못해요. 정말 신기하지요?

암컷은 알을 낳는 데 집중해요

암컷은 날지 못하는 대신 독특한 냄새로 수컷을 유혹해요. 수컷은 날개가 있어서 냄새를 따라 암컷이 있는 곳으로 날아오지요. 수컷과 암컷이 짝짓기에 성공하면 그다음 날 암컷이 알을 낳습니다.

그런데 겨울자나방 암컷은 왜 날개가 없어질까요? 겨울에는 꽃이 별로 없어 먹이를 찾기가 힘들어요. 추운 환경 속에서 짝이나 먹이를 찾으려면 체력이 필요하겠지요. 그래서 짝이나 먹이 찾기에 체력을 쓰기보다는 알을 낳는 데 힘을 전부 쏟아붓는 것입니다. 암컷은 수컷이 찾아오길 기다리면서 알을 낳기 위한 준비를 합니다. 놀랍게도 겨울자나방 암컷 한 마리가 수백 개나 되는 알을 낳는대요.

 **나도 과학자**

겨울자나방을 찾으러 가요

겨울자나방은 3월 초저녁 나무 주변에서 찾을 수 있어요. 야행성이기 때문에 손전등으로 비추면 수컷이 불빛으로 날아온답니다. 겨울자나방은 종류가 15가지 정도 있으니, 도감이나 인터넷으로 확인한 후 직접 찾으러 나가 보세요.

 퇴화란 어떤 생물의 한 기관이 기능을 잃거나 사라지는 것을 말해요.

개의 코는 왜 축축할까요?

교과서 3학년 2학기 2단원 동물의 생활

아자부대학 수의학부 | 기쿠스이 다케후미

감각이 예민해져요

개의 코를 만지면 축축하게 젖은 것을 알 수 있습니다. 물기가 있으면 감각이 예민해져서 주변 상황을 파악하는 데 도움이 돼요. 예를 들면 코가 축축한 덕분에 바람을 느낄 수 있어요. 냄새를 맡는 데도 코의 물기가 아주 중요하지요. 그렇게 주변 상황을 파악한답니다.

사람도 콧속이 축축하게 젖어 있습니다. 점액이 콧속의 피부를 고루 덮고 있지요. 콧속이 젖어 있으면 냄새도 더 잘 맡을 수 있습니다. 겨울에 건조해서 콧속이 마르면 평소보다 냄새를 잘 못 맡는답니다. 콧속의 점액이 얼마나 중요한지 알겠지요?

사람보다 수만 배나 뛰어난 개의 후각

개는 후각이 매우 뛰어납니다. 사람보다 수만 배, 때로는 수백만 배 이상이나 냄새를 느낀대요. 이 말은 어떤 성분을 수만 배로 연하게 만들어도 그 냄새를 맡을 수 있다는 뜻입니다. 예를 들어 물 100L에 액체 1mL를 떨어뜨리면 액체가 정확히 10만 배 묽어집니다. 개는 액체가 10만 배 이상 묽어져도 그 냄새를 맡을 수 있어요.

개의 뛰어난 후각은 늑대로부터 물려받았다고 추측합니다. 늑대는 동물의 몸에서 나는 땀 냄새를 맡아 사냥하는 만큼 뛰어난 후각이 무기랍니다.

 **나도 과학자**

손가락에 침이나 물을 묻혀도 감각이 예민해질까요?

피부 표면이 젖으면 감각이 예민해져요. 손가락을 핥거나 물을 묻혀 보세요. 젖지 않았을 때와 비교하면 공기의 흐름이 더 잘 느껴진답니다.

🔍 냄새를 맡는 데 쓰는 세포를 **후각세포**라고 합니다. 사람의 후각세포 수는 500만 개입니다. 그에 비해 개는 2억 5,000만 ~ 30억 개나 된대요.

버섯이 채소가 아니라고요?

1 / 13일

교과서 5학년 1학기 5단원 다양한 생물과 우리 생활

일본국립과학박물관 식물연구부 | 호사카 겐타로

버섯은 식물도 세균도 아니에요

버섯은 곰팡이, 효모와 같은 '균류'에 속합니다. 옛날 교과서에서 균류는 식물에 속했어요. 버섯은 식물과 마찬가지로 움직이지 않으므로 같은 종류라고 생각해도 무리가 아니지요. 하지만 각 생물의 유전 정보 연구를 통해 버섯은 식물이 아니라는 사실이 밝혀졌어요. 따라서 버섯은 채소가 아닙니다. 놀랍게도 버섯은 식물보다 동물에 가깝다고 합니다.

균류를 죽이기란 어려워요

균류의 성분을 자세히 조사해 봐도 식물보다 동물에 가깝다는 사실을 알 수 있습니다. 그런데 균류가 동물에 가깝다는 것은 썩 좋은 이야기가 아닙니다. 균류 중에는 사람에게 질병을 일으키는 것도 있어요. 그러한 균류를 체내에서 죽이기란 사실 아주 어렵답니다.

우리의 체내에 들어온 것이 균류가 아니라 세균이라면 이야기는 달라집니다. 대장균이나 낫토균 등은 세균 또는 박테리아라고 불러요. 균류가 아닙니다. 세균은 항생제를 쓰면 몸속에서 죽일 수 있으니까요. 하지만 균류를 죽이는 약은 우리 몸에도 나쁜 영향을 줄 수 있어서, 개발하기가 아주 어렵답니다.

나도 과학자

버섯과 식물의 공통점과 차이점은?

버섯과 식물은 둘 다 움직일 수 없지요. 하지만 식물은 햇빛을 받아 영양분을 만들고, 버섯은 영양분을 못 만든다는 차이가 있습니다. 그 밖에 또 어떤 공통점과 차이점이 있는지 조사해 보세요. 예를 들면, 버섯은 씨앗을 만드나요?

 버섯의 세포벽은 '키틴'이라는 성분으로 형성되어 있습니다. 딱정벌레의 단단한 몸을 만드는 것 역시 키틴입니다. 몸을 지키기 위해 키틴을 쓴다는 점은 딱정벌레목의 곤충을 닮았네요.

세계에서 제일 깊은 바다에 사는 물고기

1월 14일

교과서 3학년 2학기 2단원 동물의 생활

도쿄대학 대기해양연구소 | 사루와타리 도시로

얕은 바다에 사는 물고기와 달라요

수심이 수천 미터가 넘는 깊은 바다. 그곳은 햇빛이 닿지 않아 사방이 어둡고 수압도 무척 높아 먹잇감이 별로 없습니다. 지구를 통틀어 생물이 살기에 아주 혹독한 곳이지요. 하지만 이런 곳에서도 살아가는 물고기가 있습니다. 깊은 바다에서 살기 때문에 '심해어'라고 하지요. 심해어 중 하나인 '프세우돌리파리스 암블리스토모프시스'(학)를 만나 볼까요?

이 심해어는 얕은 바다에 사는 물고기와 달라요. 우선 다른 물고기의 몸속에 있는 '부레'가 없어요. 여러분은 물 위에 뜨고 싶을 때 튜브를 사용하지요? 그와 마찬가지로 물고기는 부레가 있으면 힘을 쓰지 않고도 원하는 깊이에서 마음껏 헤엄칠 수 있답니다. 그런데 심해에서는 공기가 듬뿍 들어 있는 부레가 쓸모없어요. 수압이 무척 높아서 찌그러져 버릴 테니까요.

가라앉지도 붕 뜨지도 않는 이유

부레가 없으면 물에 가라앉지 않도록 자기 힘으로 계속 헤엄쳐 떠 있는 것이 불가능하겠지요. 먹이가 부족한 심해에서 계속 헤엄치며 돌아다니면 금세 힘이 빠지고 말 거예요. 그러면 심해어는 어떻게 살 수 있을까요?

비밀은 부드럽고 흐물흐물한 몸에 있습니다. 근육이 있는 단단한 몸이라면 무거워서 가라앉고 말겠지요. 하지만 근육이 없고 흐물흐물한 몸이라면 위로 붕 뜨지도 아예 가라앉지도 않습니다. 그래서 다른 어떤 생물보다도 깊은 바다의 바닥에서 잘 살 수 있답니다.

나도 과학자

대왕오징어는 어떻게 물에 뜰까요?

심해에 사는 대왕오징어는 몸에 물보다 가벼운 염화암모니아가 있어서 위로 뜨지도 아래로 가라앉지도 않는답니다.

🔍 세계에서 가장 깊은 바다인 태평양의 마리아나 해구에서 탐사 활동을 벌여 심해어를 발견한 기록이 있어요. 이 물고기는 꼼치로, 발견된 수심이 8,143m나 돼요. 꼼치가 헤엄치는 모습은 마치 젖은 화장지가 떠다니는 것 같다고 하네요.

최초로 눈을 가진 생물은?

1월 15일

교과서 4학년 1학기 2단원 지층과 화석

구마모토대학 | 다나카 겐고

처음으로 눈이 생긴 삼엽충

동물의 눈은 크게 두 종류로 나눌 수 있습니다. 우리 사람과 같은 눈과 곤충의 눈으로요. 사람은 눈 하나를 움직여서 여러 방향을 볼 수 있어요. 한편 곤충의 눈은 여러 개의 눈이 모인 **겹눈**이라서 눈을 움직이지 않아도 세상을 넓게 볼 수 있습니다.

그런데 지구 역사상 최초로 눈을 가진 생물은 무엇이었을까요? 화석을 조사해 보니 눈을 가진 최초의 동물은 약 5억 2,000만 년 전에 살았던 '삼엽충'이라는 절지동물이었습니다. **절지동물**은 몸에 마디가 많은 무척추동물을 뜻해요. 삼엽충의 눈은 곤충과 같은 겹눈이었습니다.

고생대에 번식했던 삼엽충

눈의 성분이 몸 껍데기 성분과 같아요

재미있는 사실은 삼엽충의 눈을 이루는 성분이 자신의 몸 껍데기와 같다는 점입니다. 이런 생물은 삼엽충이 유일합니다. 삼엽충의 몸 껍데기는 조개, 바지락 등 된장찌개에 들어가는 두껍질조개의 껍데기와 성분이 같아요. 삼엽충이 등장한 후 다양한 동물이 여러 형태의 눈을 가지고 탄생했어요.

삼엽충은 생물의 역사상 가장 빨리 눈이 생긴 동물이고, 그 후 왕성하게 번식했습니다. 하지만 지금으로부터 약 2억 5,000만 년 전에 자손을 남기지 못해 멸종하고 말아서 지금은 볼 수 없답니다.

🔍 삼엽충 이외에도 곤충류, 갑각류(새우, 게 등) 역시 절지동물에 속합니다. 삼엽충은 고생대에 크게 번식했는데, 그 종류가 1만 7,000종이 넘었다고 합니다.

나도 과학자

잠자리의 눈을 돋보기로 들여다보세요

삼엽충의 눈은 곤충과 똑같이 여러 개의 눈이 모인 **겹눈**입니다. 곤충을 채집해서 눈이 어떻게 생겼는지 관찰해 보세요.

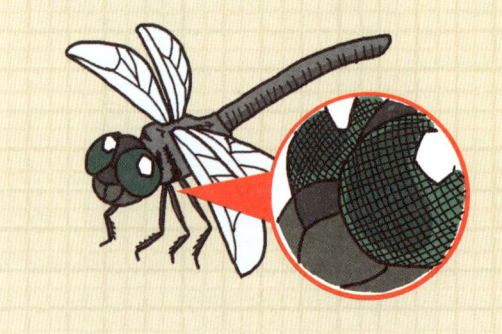

태백산맥을 경계로 기후가 많이 달라져요

교과서 5학년 2학기 3단원 날씨와 우리 생활

1 / 16일

쓰쿠바대학 계산과학연구센터 | 구사카 히로유키

지역별로 다른 우리나라 기후

우리나라는 사계절이 뚜렷해요. 그리고 대륙이 남북으로 길게 뻗어 있어 북쪽과 남쪽의 기온 차이가 크답니다. 북부 지방은 춥고 비가 적게 내리는 반면, 남부 지방은 따뜻하고 비가 많이 내리지요. 또한 동쪽과 서쪽의 기후 차이가 크게 나요. 어째서 그럴까요?

가장 큰 이유는 지형의 특징 때문입니다. 남북으로 뻗은 태백산맥이 내륙에서 불어오는 차가운 바람을 막기 때문에 같은 위도에 있는 강릉이 서울보다 겨울에는 더 따뜻하고, 여름에는 더 시원해요.

영동과 영서는 왜 기후가 다를까요?

같은 강원도여도 태백산맥을 경계로 동쪽에 자리한 영동 지방과 서쪽에 자리한 영서 지방은 기후가 달라요.

여름에는 동해에서 불어오는 북동풍이 태백산맥을 넘으면서 뜨겁고 건조한 바람으로 변해요. 그래서 영동 지방은 시원하고, 영서 지방은 덥습니다.

겨울이 되면 태백산맥이 차가운 바람을 막아 주고, 동해 쪽에서 따뜻한 바람이 불어 영동 지방이 따뜻해요. 반대로 영서 지방은 차가운 북서풍이 불어 춥지요.

겨울에는 특히 영동 지방에 폭설이 자주 내립니다. 겨울에 불어오는 북동계절풍이 동해를 지나며 바다에서 수증기를 많이 머금거든요. 수증기는 작은 물 알갱이가 되어 구름을 만들지요. 이 구름이 높은 태백산맥과 부딪히면 공기의 흐름이 위로 향해요. 그 바람에 눈구름이 점점 커지면서 산간 지역에 눈이 많이 내린답니다.

나도 과학자

가족과 함께 여름과 겨울에 강원도로 휴가를 떠나 보세요. 영동 지방과 영서 지방을 둘 다 가 보면 기후 차이를 느낄 수 있을 거예요.

🔍 늦은 봄부터 초여름에는 태백산맥을 넘어 영서 지방으로 북동풍이 불어요. 이를 **높새바람**이라고 해요.

벌은 꿀 모으는 일 외에도 중요한 일을 해요

교과서 4학년 2학기 1단원 식물의 생활

고베대학 이학연구과 | 스가하라 미치오

꿀을 모아요

꿀벌이 모은 꿀과 로열젤리는 사람에게 많은 도움을 줍니다. 양봉을 하면 꿀벌들이 모은 꿀을 채취해 맛있게 먹을 수 있지요. 여왕벌을 키우는 데 쓰이는 로열젤리는 사람에게도 귀중한 먹거리여서 비싼 값에 팔린답니다.

꽃가루를 옮겨요

식물이 열매를 맺으려면 꽃의 수술이 만든 꽃가루가 암술에 묻어야 해요. 이를 **꽃가루받이**라고 합니다. 꿀벌을 비롯한 일부 곤충이 꽃가루를 옮기지요.

그런데 자연환경이 파괴되어 곤충들이 보금자리를 잃으면서 꽃가루를 옮겨 줄 곤충이 줄어들었습니다. 특히 온실이나 비닐하우스에는 곤충이 들어갈 수 없어 열매를 맺는 데 문제가 생겨요. 그래서 딸기를 재배하는 비닐하우스 등에는 꽃가루를 옮기려고 일부러 꿀벌을 풀어 놓습니다.

참고로 토마토의 꽃가루는 벌의 몸에 붙어 옮겨지는 것이 아니라 벌이 내려앉을 때 수술이 흔들리면서 암술로 떨어져 옮겨 갑니다. 벌이 덩치가 크고 힘이 세야 수술이 잘 흔들리기 때문에 주로 꿀벌보다 몸이 큰 호박벌을 풀어 놓는답니다.

호박벌

나도 과학자

곤충 덕분에 맺을 수 있는 열매는?

씨가 단단해지고, 꽃이 자라고, 열매가 맺히려면 꽃가루받이가 이뤄져야 해요. 곤충의 힘을 빌려서 꽃가루받이를 하는 식물에는 어떤 종류가 있을까요? 그리고 그렇게 생기는 열매에는 어떤 것이 있는지 조사해 보세요.

딸기가 둥그스름하고 예쁜 모양이 되려면 꽃가루가 암술에 고르게 묻는 것이 중요하답니다.

굉장한 속도로 헤엄치는 클라미도모나스

교과서 4학년 2학기 | 1단원 식물의 생활

이화학연구소 | 이시카와 이쿠코

눈에 보이지 않을 만큼 작은 생물

바다와 강에는 많은 물고기가 헤엄치며 돌아다니지요. 문어, 해파리 등 다양한 생물들도 살고요. 그런데 눈에 보이지 않는 생물도 있어요. 몸이 투명하지는 않지만 너무 작아서 안 보여요. 이 작은 생물들은 '편모' 또는 '섬모'라는 털을 사용해서 헤엄칩니다. 마치 동물의 손발처럼 말이지요. 그렇게 해서 살기 편한 곳으로 이동하거나 짝을 찾아요.

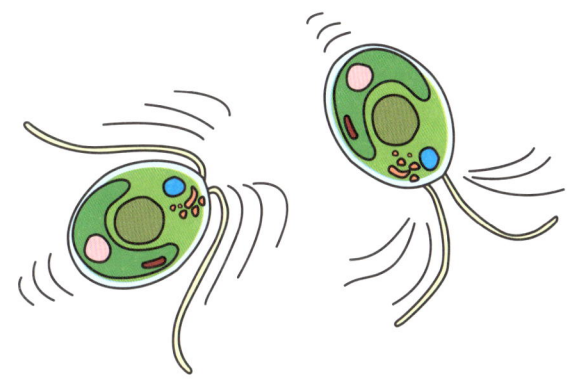

클라미도모나스

몸은 작아도 사람보다 빨라요!

놀라운 사실은 이렇게 작은 생물들이 헤엄치는 속도입니다. 늪이나 연못 등지에 사는 '클라미도모나스'(학)라는 생물을 예로 들어 볼까요? 클라미도모나스는 녹조류에 속합니다. 몸 크기는 약 $10\mu m$입니다. $1{,}000\mu m$가 1mm이니, 얼마나 작은지 알겠지요? 둥근 몸의 앞쪽에 편모 두 개가 달려 있습니다. 이 편모를 이용해서 물을 가르며 앞으로 나아가요.

어떤 연구에 따르면 크기가 $5\mu m$인 클라미도모나스가 초속 $88\mu m$로 헤엄쳤다고 합니다. 무려 1초 동안 몸길이의 17배가 넘는 긴 거리를 나아간 셈입니다. 키 175cm인 사람이 같은 속도로 나아간다고 가정하면 수영장의 50m 레인을 1.7초 만에 수영한 것이나 마찬가지입니다. 물론 그렇게 빨리 수영할 수 있는 사람은 없지요. 클라미도모나스는 비록 몸이 작지만 굉장한 능력을 가졌답니다.

 클라미도모나스는 몸 앞쪽에 편모가 2개 있습니다. 편모의 위치와 개수는 생물마다 다양해요.

나도 과학자

물속에서 누가 제일 빠를까요?

클라미도모나스는 1초에 자기 몸의 17배나 되는 거리를 나아갑니다. 한편 사람의 세계 신기록은 1초에 약 2.2m로 키보다 아주 조금 더 긴 거리를 나아간 것에 불과합니다. 다른 동물의 속도를 조사해서 서로 비교해 보세요.

언제부터 사람이 전 세계에 살았을까요?

1월 19일

교과서 3학년 2학기 2단원 동물의 생활 심화

일본국립과학박물관 인류연구부 | 가이후 요스케

세계 각지에 사는 것은 사람뿐이에요

지구에는 추운 지역이 있는가 하면 더운 지역도 있고, 메마른 곳이 있는가 하면 눅눅한 곳도 있습니다. 또 높은 산으로 둘러싸인 곳, 태평양에 한복판에 떠 있는 섬 등 지형도 여러 가지이지요.

사람은 이렇게 세계 각지의 다양한 곳에서 살고 있습니다. 이것은 동물의 세계에서 볼 때 아주 독특한 현상이랍니다. 조류, 파충류, 양서류 등 다른 동물은 이 정도로 전 세계에 살지 않아요. 오직 사람만이 가지는 특징이랍니다.

발명으로 세계가 넓어졌어요

현 인류의 선조는 아프리카에서 탄생했습니다. 그 후로 오랫동안 인류는 따뜻한 지역에서 살아왔어요. 추위에 약했고, 무엇보다도 '걷기' 말고는 이동 수단이 없었습니다.

그런데 약 5만 년 전부터 상황이 변하기 시작했습니다. 추위를 견딜 수 있는 옷과 이동 수단인 배를 발명한 것입니다. 사람은 따뜻한 옷을 입고 북쪽 영토로 진출했고, 배를 타고 드넓은 바다를 건넜습니다. 시베리아, 호주, 태평양의 섬까지 이동했지요. 약 1만 년 전에는 남극 외의 거의 모든 대륙에 도달했으며, 1천 년 전 무렵에는 태평양 전역으로 퍼져 나갔대요.

 전 세계 사람들은 피부색이 조금씩 다릅니다. 그래도 유전자에 큰 차이는 없다는 사실이 밝혀졌어요. 인류는 모두 친척 같은 관계랍니다.

나도 과학자

인류가 가장 마지막에 도달한 곳은?

아프리카에서 출발한 인류가 제일 멀리 도달한 곳은 어디일까요? 여러분이 당시의 인류라고 생각하고 한번 상상해 보세요.

후지산의 들판은 왜 그렇게 넓을까요?

교과서 3학년 2학기 3단원 지표의 변화

가나자와대학 지역창조학류 | 아오키 다쓰토

산의 형태는 물이 만들어요

일본 후지산의 모양을 떠올려 보세요. 후지산에는 완만한 들판이 넓게 펼쳐져 있습니다. 왜 그런 모양이 되었을까요?

후지산은 화산이어서 화구에서 흘러나온 용암과 '스코리아'라고 부르는 작은 화산암재가 높게 쌓여 있습니다. 처음에 분화했을 때는 원뿔에 가까운 모양이었지요. 산의 형태는 그후에 변했어요. 물이 모래를 쓸고 내려오면서 높게 쌓인 물질들이 점점 움직여 현재의 모습이 된 것이지요.

흙이 움직이면 산의 경사가 변해요

후지산의 경사를 측정하면 세 부분으로 나눌 수 있어요. 제일 윗부분은 약 32도인 급경사, 그다음은 약 20도인 경사면입니다. 그리고 그 아래의 완만한 들판 부분은 경사가 10도 이하입니다.

제일 위의 급경사면에서는 돌이 구를 때 흙과 모래가 떨어집니다. 중간 경사면에서는 작은 자갈 틈새로 흙이 물에 섞여 천천히 내려갑니다. 그리고 제일 아래 들판에서는 진흙과 돌이 섞인 물이 빠른 속도로 흘러갑니다. 이처럼 같은 산이라도 위치에 따라 산의 모양을 만드는 흙의 움직임이 달라져요. 후지산의 들판은 진흙과 돌이 섞인 물이 먼 곳까지 흘러가 펼쳐져 생겼답니다.

 후지산은 약 5,000년 전에 새롭게 폭발 활동을 시작한 신후지화산이에요. 이 화산 아래에 고미타케 화산과 지금은 화산 활동을 멈춘 고후지화산이 있어, 모두 3단으로 겹쳐져 있습니다.

나도 과학자

후지산같이 생긴 산 모양을 만들어 봅시다

바닷가의 모래사장에서 모래 산을 만들어 보아요. 그리고 물뿌리개를 이용해서 모래 산의 꼭대기에 물을 부어 보세요. 모래 산의 모양이 어떻게 변할까요? 한번 관찰해 봅시다.

아시아의 고둥은 어떻게 미국으로 갔을까요?

1월 21일

교과서 5학년 2학기 2단원 생물과 환경

도쿄대학 대기해양연구소 | 이토 하지메

멀리 이동하기 어려운 댕가리

바다에는 조개나 오징어 같은 무척추동물이 많이 살고 있습니다. 이러한 무척추동물은 대부분 어릴 때 플랑크톤의 모습으로 바다를 표류하며 생활하는 시기가 있어요. 그때 해류를 타고 멀리까지 이동할 수 있습니다.

다른 알에서 나올 때부터 작은 고둥 모습으로 태어나는 무척추동물도 있습니다. 한국, 일본, 중국 등 아시아의 해안에 서식하는 갯고둥과의 '댕가리'예요. 플랑크톤처럼 해류를 타고 먼 곳까지 가기는 힘들지요. 그런데 이 댕가리가 미국에서 어마어마하게 늘어나 문제가 되었습니다. 아시아에 사는 댕가리가 어떻게 미국까지 건너갔을까요?

굴과 함께 미국으로 팔려 간 댕가리

미국에서 발견한 댕가리의 유전자를 조사해 보았습니다. 그러자 일본 도호쿠 지방에 있는 것과 같은 종류라는 사실이 밝혀졌어요. 약 10년 전에 미국에서 굴을 양식하려고 일본에서 살아 있는 굴을 아주 많이 사 간 적이 있거든요. 아마도 이때 가져간 굴에 댕가리가 섞여 있던 것으로 보여요.

미국의 해안은 댕가리가 무척 살기 좋은 환경이었나 봐요. 댕가리가 번식하면서 원래 미국에 서식하던 고둥의 수가 줄었답니다. 이런 이유 때문에 댕가리의 엄청난 번식은 미국에서 큰 문제가 되었답니다. 한 생물의 수가 너무 많이 늘면, 살 곳과 먹이가 사라진 탓에 멸종하는 생물도 생겨요.

 황소개구리는 대표적인 '생태계 교란 외래종'이에요. 1970년대부터 농가 소득을 올리기 위해 미국과 일본에서 들여왔지요. 천적이 없는 탓에 물고기와 개구리 등의 많은 생물을 잡아먹어 생태계에 큰 피해를 입혔어요.

나도 과학자

우리나라에 들어온 외래종은?

댕가리처럼 원래 그곳에 살지 않았던 생물을 **외래종**이라고 불러요. 외래종 중에 생태계를 파괴하는 것이 있어 세계에서 문제가 되고 있어요. 예를 들면 블랙배스, 라쿤, 몽구스 등이 있습니다. 우리나라 생태계를 무너뜨리는 외래종은 무엇이 있는지 조사해 보세요.

추우면 풀도 얼까요?

1월 22일

교과서 4학년 1학기 3단원 식물의 한살이

야마나시현 후지산과학연구소 | 나카노 다카시

추위에 강한 식물도 있어요

날씨가 추워지면 땅이 얼어붙습니다. 흙 속의 수분이 얼기 때문이지요. 그런데 땅이 얼면 그 위에 사는 풀도 얼까요?

풀과 나무는 모두 세포로 형성되어 있어요. 뿌리와 잎, 줄기를 만드는 작은 세포 속에는 물이 들어 있답니다. 세포 속 수분이 얼어 버리면 그 세포는 죽고 말아요. 세포가 손상되면 식물은 시들지요. 즉, 날씨가 추워지면 풀도 얼어요. 반면 세포 속이 잘 얼지 않는 구조로 된 식물은 추위에 강하답니다.

눈의 보호를 받는 풀

날씨가 추워지면 풀은 세포 속에 당, 녹말 등을 많이 저장해 둡니다. 물은 당이 많이 녹아 있을수록 잘 얼지 않는 성질이 있어요. 그래서 세포가 잘 얼지 않지요. 겨울에 나는 시금치는 세포 안에 당이 듬뿍 들어 있기 때문에 잘 얼지 않는 데다 달고 맛있어요.

또 풀은 눈의 보호를 받습니다. 눈은 차갑지만 눈으로 뒤덮인 땅은 영하로 온도가 내려가지 않아요. 이글루 안이 춥지 않은 것과 같은 원리랍니다. 눈으로 뒤덮인 풀은 온도가 영하로 내려가지 않아 추위를 견딜 수 있어요.

나도 과학자

어느 쪽이 더 빨리 녹을까요?

물과 설탕물을 냉동실에 넣고 얼려 보세요. 그런 다음 꺼내서 어느 쪽이 더 빨리 녹는지 비교해 봅시다. 설탕물 쪽이 더 빨리 녹을 거예요.

🔍 겨울철에는 추위 때문에 나뭇가지가 세로로 터질 때가 있습니다. 이것을 **동해**라고 해요. 세포 속에 있는 수분이 얼면 세포가 파괴되어 동해가 일어난답니다.

모래는 어떻게 생길까요?

교과서 3학년 2학기 3단원 지표의 변화

시즈오카대학대학원 | 기타무라 아키히사

플랑크톤도 모래가 돼요

모래는 우리에게 무척 익숙한 물질이지요. 다들 한 번쯤은 놀이터의 모래밭이나 바닷가의 모래사장에서 놀아 본 기억이 있을 거예요. 반짝이는 모래는 무엇으로 이루어졌을까요?

모래는 바위와 돌이 깨지면서 생기는 아주 작은 입자입니다. 그런데 모래가 생기는 원인은 그게 다가 아니랍니다. 예를 들어 남쪽 바다에 가면 새하얀 백사장이 펼쳐져 있지요. 이 모래사장의 모래는 산호와 조개껍데기가 부서져서 생긴 것이에요. 또 깊은 바다 밑의 모래는 죽은 플랑크톤 껍데기로 만들어졌습니다. 모래는 바위, 돌뿐만이 아니라 아주 다양한 재료로 생긴답니다.

모래는 크기만으로 결정돼요!

모래란 지름이 0.02mm에서 2mm 사이에 해당하는 작은 돌 부스러기입니다.

모래의 빛깔은 원래 어떤 물질이었는가에 따라 달라집니다. 하얀 모래는 석영이나 장석 같은 광물이었거나 산호, 조개껍데기였을 것입니다. 또 새카만 모래는 원래 현무암이나 이암이라는 바위 따위였을 것입니다.

바닷가의 모래는 가까운 산이나 바다에서 쓸려 온 것들입니다. 옮겨진 모래의 종류는 산에 있는 암석, 바다 환경 등에 영향을 받겠지요. 새하얀 모래가 옮겨지면 하얀 모래사장이, 새카만 모래가 옮겨지면 검은 모래사장이 됩니다.

나도 과학자

모래를 수집해 보세요

셀로판테이프에 모래를 붙여 보세요. 어떤 장소에서 모은 모래인지 적으면서 다양한 곳의 모래를 수집해 보세요. 모은 모래를 비교하면서 어디에 어떤 종류의 모래가 있는지 알아보면 재미있을 거예요.

 이빨이 없는 새 중에 모래를 삼키는 새가 있습니다. 이 새의 뱃속에는 **모래주머니**라는 내장이 있어요. 이곳에 들어 있는 모래를 이용해 음식물을 잘게 부숴 소화한답니다. 모래주머니는 '모래집' 또는 '사낭'이라고도 해요.

올빼미는 목을 돌려 등 뒤도 볼 수 있나요?

교과서 3학년 2학기 2단원 동물의 생활

일본국립과학박물관 동물연구부 | 히구치 아키

밤에도 잘 보이지만 눈알은 못 굴려요

올빼미는 야행성 동물입니다. 캄캄한 어둠 속에서도 눈이 잘 보이기 때문에 한밤중에도 쥐와 같은 먹잇감을 쉽게 잡아요. 올빼미의 눈은 아주 특별해서, 밤에 아주 희미한 불빛도 느낄 수 있어요. 게다가 다른 새보다 눈이 아주 크답니다. 눈이 너무 커서 두개골 안쪽에 있는 눈알을 담는 구멍으로는 부족합니다. 그래서 '공막뼈'라는 뼈로 눈이 움직이지 않게 고정합니다. 이 뼈 때문에 우리처럼 눈알을 굴려 주위를 두리번거리지는 못해요.

목이 270도까지 회전해요

올빼미는 얼굴이 평평하고 눈알도 이리저리 굴릴 수 없습니다. 보이는 범위가 아주 좁아요. 움직이는 먹잇감을 잡는 사냥꾼인데도 보이는 범위가 좁다니 얼마나 불편할까요?

하지만 올빼미는 목이 아주 유연해서, 그러한 단점을 만회하고도 남는답니다. 목을 무려 270도나 돌릴 수 있어요. 사람이 목을 돌릴 수 있는 범위는 왼쪽에서 오른쪽까지 180도 정도이지만, 올빼미는 거기서 90도나 더 돌릴 수 있답니다. 몸을 움직이지 않고도 등 뒤까지 볼 수 있지요.

나도 과학자

사람은 좌우 어디까지 보일까요?

의자에 앉아 목은 돌리지 말고, 눈알을 굴리지도 말고 어디까지 보이는지 실험해 보세요. 그다음에는 눈을 데굴데굴 굴려서 어디까지 보이는지, 그다음에는 목을 돌려서 어디까지 보이는지 알아보세요.

 올빼미의 얼굴이 평평한 것도 늦은 밤 먹잇감을 사냥하는 데 도움이 됩니다. 참새나 비둘기처럼 눈이 양옆으로 하나씩 있는 새와 달리, 비록 시야는 좁지만 그만큼 넓은 범위를 입체적으로 볼 수 있답니다.

전갈은 곤충일까요?

1월 25일

교과서 3학년 2학기 2단원 동물의 생활

일본국립과학박물관 동물연구부 | 오노 히로쓰구

4억 년 전부터 변함없는 모습

전갈은 몸을 감싸는 단단한 껍질과 두 개의 집게발을 가지고 있습니다. 언뜻 보면 새우나 게와 닮았지요. 하지만 전갈은 거미에 가까운 생물이에요.

새우, 게와 가장 큰 차이점은 입 모양입니다. 전갈은 턱이 튀어나왔답니다. 또 촉각이 없고, 눈이 새우와 다르게 생겼어요. 전갈은 눈이 머리 위에 2개, 머리 옆에 2~5개가 있습니다.

전갈은 4억 년 전부터 지구상에 존재했던 생물이에요. 4억 년 전이라면 삼엽충, 암모나이트 등이 살았던 시대지요. 지구상에 공룡이 나타나기 전부터 변함없는 모습으로 지금까지 계속 살아온 셈입니다.

따뜻한 곳을 좋아하는 전갈

세계에는 1,000종이 넘는 전갈이 있습니다. 전갈은 전 세계에서 볼 수 있어요. 특히 따뜻한 곳을 좋아하기 때문에 중남아메리카와 아프리카, 동남아시아 등에 많이 살아요.

전갈의 먹이는 주로 곤충이에요. 집게발로 누른 다음 꼬리 끝의 독침을 찔러 먹이를 잡는답니다. 대부분의 전갈이 독을 갖고 있지만 약 20종을 제외하면 사람에게 크게 해를 끼치지 않아요. 오히려 전갈의 독은 예부터 약으로 사용해 왔고 오늘날에도 계속 연구되고 있어요.

 북한에 있는 극동전갈의 서식지는 천연기념물로 지정되어 있대요.

나도 과학자

곤충이 아니면 무엇인지 조사해 보세요

곤충은 다리 6개와 더듬이가 있으며, 몸이 머리와 가슴, 배로 구분됩니다. 장수풍뎅이, 나비, 매미 등이 곤충에 속하지요.

그런데 전갈과 거미는 몸이 다르게 생겨서 곤충에 속하지 않아요. 그 밖에 곤충이 아닌 벌레에는 공벌레 등이 있습니다. 전갈과 거미, 공벌레는 몸이 곤충과 달리 어떻게 생겼는지, 곤충이 아니면 어디에 속하는지 조사해 보세요.

지구의 물은 언제, 어디에서 생겼을까요?

교과서 3학년 1학기 5단원 지구의 모습

대학강사 | 야지마 미치코

지구의 물은 지구에서 생겼어요

지구는 물의 행성이라는 별명처럼 물이 풍부합니다. 이 물은 어디에서 생겼을까요? 여기에는 두 가지 설이 있습니다.

하나는 물이 지구에서 생겼다는 설입니다. 지구는 작은 천체가 충돌을 거듭하면서 점점 커져서 탄생했어요. 갓 태어난 지구는 무척 뜨거웠고, 표면의 암석은 녹아 흘렀습니다. 그러자 고체와 함께 있던 기체 성분이 고체에서 빠져나왔습니다. 이렇게 기체인 수소와 산소가 만나 수증기가 되었습니다. 마침내 지구가 식자 수증기는 비로 바뀌어 내리기 시작했습니다. 그리고 바다가 생겼답니다.

운석이 물을 옮겨 왔어요

또 하나는 운석이 물을 옮겨 왔다는 설입니다. 호주에서 '머치슨 운석'이 발견되었는데, 이 운석에 열을 가하는 실험을 했더니 수증기가 나왔습니다. 이러한 결과를 볼 때, 어딘가에서 만들어진 물이 운석에 포함되어 지구로 날아왔다고 생각할 수 있어요. 게다가 이 머치슨 운석에서 아미노산이 발견되었습니다. 아미노산이란 생물의 몸을 형성하는 단백질입니다. 어쩌면 물뿐만이 아니라 생명도 운석에 실려 먼 우주에서 날아왔을지도 모른답니다.

 최초의 생명이 우주에서 날아왔다는 이론은 '판스페르미아설'이라고 부릅니다. 하지만 지구로 찾아온 생명이 어디에서 탄생했는지는 아직 알려지지 않았어요.

나도 과학자

수증기가 물로 변하는 과정을 알아볼까요?

지구에 생긴 수증기가 식어서 액체가 되는 모습을 재현해 봅시다. 물이 끓는 주전자의 입구 끝에 차가운 컵을 가까이 가져가면 컵의 표면에 물방울이 맺히면서 뚝뚝 떨어져요.

※주의! 반드시 어른과 함께하고, 화상을 입지 않도록 조심하세요.

우리 주변에 흡혈 곤충이 있대요!

1월 27일

교과서 3학년 2학기 2단원 동물의 생활

효고현립대학 자연·환경과학연구소 | 야마우치 다케오

피를 빨아 먹으며 성장하는 참진드기

참진드기는 새, 포유류, 파충류 등의 몸에 달라붙어서 최대 일주일 넘게 피를 빨아 먹으며 성장합니다. 사람의 몸에도 마찬가지입니다. 다만 아프거나 가렵지 않아서 알아차리기 어려워요. 참진드기는 빨아 먹은 피에서 영양분만 취하고, 남은 피는 동물의 몸속으로 다시 돌려보냅니다. 이때 참진드기의 몸속에 있던 **병원체**(세균이나 바이러스처럼 질환을 일으키는 미생물)가 동물의 몸에 들어가면서 질병을 일으킨답니다.

풀숲과 공원에 숨어 있어요

참진드기는 풀이 우거진 곳에 숨어서 동물이 오기만을 기다립니다. 야산이나 삼림 외에도 공원, 하천 부지 등 우리와 가까운 곳에도 있어요. 도시 한복판에서도 발견된 적이 있답니다.

참진드기는 사람의 몸에 달라붙으면 피부 위를 기어 다니며 좋아하는 장소를 물색한 다음 피를 빨아 먹습니다. 참진드기가 피부까지 다다르지 않도록 풀숲 등에 들어갈 때는 반드시 바지 끝자락을 양말 안에 넣도록 하세요. 그리고 풀숲에 들어갔다 나온 후에는 목욕을 하세요. 만약 피부에 참진드기가 있다면 최대한 빨리 떼어 내야 합니다.

 뱀 같은 파충류의 몸에 달라붙어 피를 빠는 참진드기는 길면 한 달이나 달라붙어 있대요. 1~2주의 잠복기를 거쳐 40도에 이르는 고열과 구토, 설사 등을 일으키니 주의하세요.

나도 과학자

진드기에게 물리지 않는 방법을 더 알아보세요

긴팔, 긴바지, 모자 등을 착용해 피부 노출을 줄이고, 풀밭 위에 돗자리를 펴고 앉으세요. 외출 후 입었던 옷은 반드시 세탁하세요.

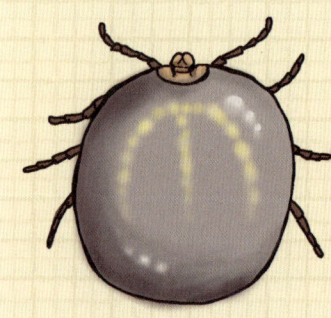

피를 빨아 먹은 참진드기의 모습

세계에서 가장 오래 산 나무

교과서 4학년 1학기 3단원 식물의 한살이

후쿠시마대학 공생시스템 이공학류 | 구로사와 다카히데

청동기 시대에 싹을 틔웠어요

세계에서 제일 오래 산 나무는 미국 캘리포니아 주의 화이트마운틴에 있습니다. 이름은 브리슬콘 소나무(피너스 롱가이바)라고 해요. 나무의 나이는 약 5,000살입니다.

약 5,000년 전이라면 고대 메소포타미아 문명이 꽃피었을 무렵입니다. 청동기 시대였지요. 그때 싹을 틔운 브리슬콘 소나무가 5,000년이라는 긴 세월을 거쳐 지금까지 살아 있는 것입니다.

척박한 산악 지대에서 자라나요

자라는 곳은 산악 지대로, 겨울에는 몹시 춥고 여름에는 몹시 건조해요. 환경이 척박해서인지 아주 천천히 성장합니다. 나무줄기를 보면 껍질이 대부분 벗겨져 있고, 줄기는 쩍쩍 갈라져서 속이 훤히 보여요. 그래도 줄기 일부는 살아서 잎을 틔운답니다. 어떻게 오래 사는지는 아직 밝혀내지 못했어요.

우리나라에도 오래된 나무가 있습니다. 강원도 정선에 있는 주목의 수령이 1,400년이고, 경기도 양평 용문사의 은행나무는 1,100년이 넘었대요.

무려 5,000살!

나도 과학자

세계에서 제일 오래된 잎은?

잎에도 수명이 있어요. 겨울에 일제히 잎을 떨구는 낙엽수라면 잎의 수명이 보통 1년보다 조금 짧습니다. 가장 수명이 긴 잎을 틔우는 나무는 북미에서 자라는 소나무입니다. 잎의 수명이 무려 45년이라고 하네요.

🔍 나무줄기를 자른 단면을 보면 둥그런 갈색 원을 관찰할 수 있어요. 이것을 **나이테**라고 하는데, 나무가 봄부터 여름까지 햇빛을 충분히 쐬고 물을 흡수해 성장하다가, 가을부터는 건조해져서 성장이 느려지다가 멈출 때 생깁니다. 나이테의 개수를 세어 보면 나무의 나이를 알 수 있어요.

지구상에 물고기는 몇 종류나 있을까요?

1월 29일

교과서 3학년 2학기 2단원 동물의 생활

도쿄대학 대기해양연구소 | 사루와타리 도시로

물고기 종류는 포유류의 5배

가까운 시냇가에서 먼 바다의 심해까지, 물이 있는 곳에는 다양한 물고기가 살아요. 지구상에 물고기는 모두 몇 종류나 있을까요?

매년 새로운 물고기가 발견되는 만큼 그 수는 계속 늘고 있습니다. 2014년 8월을 기준으로 3만 2,800종의 물고기가 있다고 알려졌어요. 이 수는 척추동물(등뼈가 있는 동물. 포유류, 조류, 파충류, 양서류)의 절반이나 됩니다. 사람이 포함된 포유류는 약 6,000종이에요. 그에 비하면 물고기의 종류가 얼마나 많은지 짐작이 가지요?

물고기의 종류가 많은 이유

물고기는 척추동물 중 제일 먼저 지구에 등장했습니다. 강의 상류나 심해 등 여러 환경에 맞춰 진화해 왔지요. 긴 시간에 걸쳐 여러 장소에서 적응해야 했기 때문에 종류가 늘어났던 것입니다.

또 지구 표면적의 약 70%를 점하는 바다의 넓이와도 상관있습니다. 북극과 남극의 차가운 바다에서부터 열대지방의 따뜻한 바다까지, 지구의 바다 환경은 무척 다양해요. 물고기는 그러한 환경에 적응하면서 종류가 점차 늘었다고 추측할 수 있어요.

강의 상류 / 산호 암초 / 심해

나도 과학자

수족관에 가서 물고기를 관찰해요

수족관에서는 산호 암초나 차가운 북극 바다 등 환경별로 수조를 꾸며서 다양한 종류의 물고기를 사육합니다. 수족관을 찾아 물고기를 직접 관찰해 보세요.

물고기 종류가 정말 많구나!

 물고기뿐만 아니라 다른 생물도 새로운 종이 발견되면서 점차 종류가 늘어나고 있어요. 반대로 다른 종류라고 생각했던 두 생물이 사실은 같은 종류임이 밝혀지면서 종류가 줄어들기도 해요.

일본원숭이는 언제부터 일본에 살았을까요?

교과서 3학년 2학기 2단원 동물의 생활

교토대학 영장류연구소 | 하마다 유즈루

지구상에서 가장 북쪽에 사는 원숭이

일본원숭이는 일본의 거의 모든 지역에서 살고 있어요. 제일 남쪽의 서식지는 가고시마 현의 야쿠시마입니다. 야쿠시마의 일본원숭이는 다른 지역의 일본원숭이와 생김새가 조금 다릅니다. 제일 북쪽의 서식지는 아오모리 현의 시모키타반도예요.

이시카와 현의 하쿠산에는 겨울이 되면 눈이 아주 많이 내려요. 이곳에 사는 일본원숭이는 따뜻한 지역에 사는 원숭이보다 털이 세 배나 많고, 지방을 축적해 추위를 이겨 낸다고 합니다. 겨울잠은 자지 않고, 아주 적은 먹이로 겨울을 납니다. 그리고 봄이 되면 새끼를 낳아요. 봄과 여름에 새끼를 키우고 가을이 되면 또 새끼를 배지요.

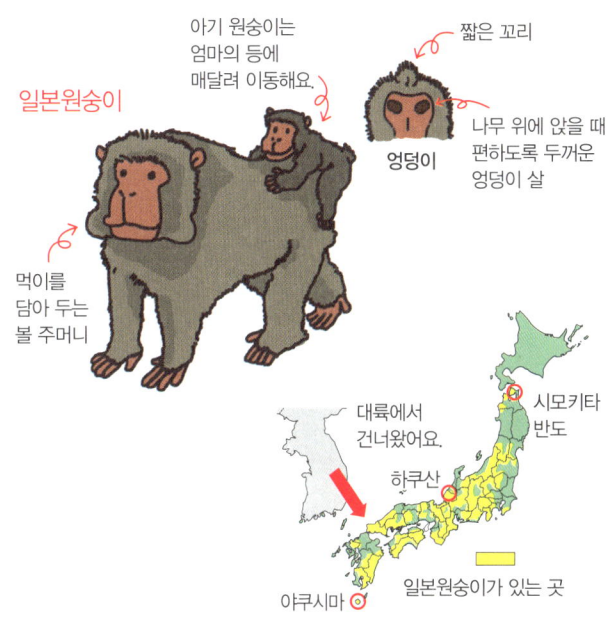

언제부터 일본에서 살았을까요?

일본원숭이는 지금으로부터 약 40만~50만 년 전에 일본열도에 출현한 것으로 보여요. 그때는 사람이 아직 일본열도에 살지 않았어요. 일본원숭이는 일본열도와 대륙이 하나로 이어져 있었을 때 지금의 한국 등지에서 걸어간 듯합니다. 그 후 일본원숭이는 추위 때문에 몇 번의 멸종 위기를 겪었지만, 그때마다 다행히 위기를 극복해서 지금까지 살아남았답니다.

 일본원숭이의 선조는 지금으로부터 약 800만 년 전에 아프리카에서 살았던 원숭이류입니다. 아프리카를 떠난 원숭이가 유럽과 아시아로 퍼졌는데, 그중 하나가 일본으로 건너간 듯해요.

나도 과학자

추우면 추울수록 몸집이 커진다고요?

야쿠시마에 사는 수컷 일본원숭이의 몸무게는 6kg 정도인 데 비해, 하쿠산에 사는 수컷 일본원숭이는 20kg이나 됩니다. 이렇게 북쪽에 사는 동물일수록 몸집이 커지는 것은 자연계에서 흔히 볼 수 있는 현상으로, **베르그만의 법칙**이라고 불러요. 그런데 왜 몸이 커질까요? 한번 추측해 보고, 직접 조사해 보세요.

넓적부리황새가 잘 움직이지 않는 이유

교과서 3학년 2학기 2단원 동물의 생활

일본국립과학박물관 동물연구부 | 니시우미 이사오

가장 좋아하는 먹이는 폐어

아프리카에 사는 '넓적부리황새'는 잘 움직이지 않는 새로 유명해요. 왜 잘 움직이지 않을까요? 그 이유는 넓적부리황새의 식생활과 관련이 있어요.

넓적부리황새가 가장 좋아하는 먹이는 '폐어'입니다. 폐어는 사람처럼 폐가 있어서 폐 호흡을 합니다. 그래서 이따금 수면 위로 올라와 숨을 쉬어야 하지요. 넓적부리황새는 그 순간을 포착해서 큼직한 입으로 폐어를 잡아먹어요. 부리가 구두처럼 넓적하게 생겨 흔히 '슈빌'(Shoebill)이라고 부릅니다.

먹이가 방심하도록 움직이지 않아요

폐어는 아가미도 있어서 물속에서 오래 머물 수 있습니다. 게다가 폐어가 사는 곳은 물 색깔이 흐린 연못이나 늪이랍니다. 그러니 폐어가 수면 위로 올라오지 않으면 잡을 수 없겠지요. 만약 넓적부리황새가 여기저기 돌아다닌다면 폐어는 새를 경계해서 수면 위로 올라오지 않을 거예요. 폐어가 수면 가까이 올라올 때 생기는 공기 방울을 본 넓적부리황새는 폐어가 수면 위로 완전히 모습을 드러낼 때까지 꾹 참고 가만히 기다립니다.

대부분의 들새가 활발히 돌아다니며 먹이를 사냥하는데 넓적부리황새는 움직이지 않고도 먹이를 낚도록 진화했습니다. 움직이지 않는 것도 혹독한 자연계에서 살아남기 위한 작전인 셈이지요.

 넓적부리황새와 비슷한 '황새'는 부리를 물속에 넣고 있다가 먹잇감이 닿으면 재빨리 붙잡아 먹어요.

나도 과학자

넓적부리황새는 많이 먹을까요, 적게 먹을까요?

넓적부리황새는 웬만해서는 움직이지 않기 때문에 필요한 에너지도 적습니다. 몸무게가 5kg이나 되는 큰 새인데도 적은 먹이로 충분히 살아갈 수 있답니다.

2월

나 같은 새우 본 적 있어?
뜨거운 물속에서도 죽지 않아.

비늘 멋있지?
멋있기만 한 게 아니야.

나에게 좋은 냄새가 남에게도 좋을까요?

2 1일

교과서 6학년 2학기 4단원 우리 몸의 구조와 기능

도쿄대학대학원 교수 | 가와무라 쇼지

감지기로 냄새를 맡아요

냄새에는 원인이 되는 물질이 있어요. 눈에 보이지 않을 만큼 아주 작아요. 그것이 공기를 타고 이동하다가 콧구멍 안의 감지기에 닿으면 냄새로 느껴집니다. 사람은 감지기가 약 400종류 있습니다. 그런데 이는 동물치고는 적은 편이에요. 감지기 수를 비교하자면 개는 사람보다 두 배 더 많고, 코끼리는 훨씬 더 많다고 합니다.

한편 최근 연구에 따르면 어떤 냄새는 사람이 다른 동물보다 더 자세히 구별해서 맡을 수 있대요. 비록 감지기 수는 적지만, 사람의 코도 쓸 만하지요?

좋은 냄새란?

사람이 맡을 수 있는 냄새의 종류는 약 1조 개입니다. 콧속 감지기는 여러 가지 냄새를 느끼는데, 그 방법은 사람마다 조금씩 차이가 있어요.

또 같은 냄새라도 사람에 따라 느끼는 방식이 달라요. 예를 들어 된장 냄새를 좋아하는 사람과 싫어하는 사람이 있지요. 좋아하는 사람은 다른 사람에게 고약한 냄새일지라도 좋다고 느끼는 거예요. 향수 냄새라도 너무 진하면 싫어하기도 하고요.

나도 과학자

여러분이 좋아하는 냄새는 무엇인가요?

음식이나 꽃에서는 다양한 냄새가 납니다. 바다도 산도 특유의 냄새가 있지요. 여러분이 어떤 냄새를 좋아하고 싫어하는지 실험으로 알아보세요.

🔍 콧속 감지기는 같은 냄새를 오랜 시간 계속 느끼면 활동이 둔해져요. 땀을 뻘뻘 흘린 후 자신의 몸에서 나는 냄새를 자신만 모르는 것은 바로 그 때문이랍니다.

물고기는 왜 비늘이 있을까요?

교과서 3학년 2학기 2단원 동물의 생활

일본국립과학박물관 동물연구부 | 시노하라 겐토

물의 저항을 줄여요

물고기의 몸을 덮은 비늘은 피부가 변한 거예요. 병균이나 짠 바닷물로부터 몸을 지키지요. 그런데 이 외에도 비늘은 여러 역할을 해요. 우리가 흔히 보는 물고기와 마찬가지로 어류에 속하는 상어는 어떨까요? 상어는 물속에서 별로 힘을 들이지 않고 빠르게 헤엄칩니다. 비늘이 물의 저항을 줄이기 때문입니다. 그래서 상어의 비늘을 모방한 경기용 수영복이 개발되기도 했어요.

몸을 깨끗하게 유지해요

물고기의 비늘은 또 어떤 역할을 할까요? 물고기 몸에 더러운 물질이나 따개비 같은 다른 생물이 달라붙지 못하게 한대요. 이 기능은 중요해요. 따개비를 달라붙지 못하게 하는 게 왜 중요하냐고요? 예를 들어 바다를 오가는 큰 배에 따개비가 달라붙으면 앞으로 나아가기 힘들어져요. 같은 거리를 움직여도 더 많은 연료를 써야 하지요. 이 문제를 해결하기 위해 따개비가 달라붙지 못하는 페인트를 개발해 지금까지 써 왔습니다. 지금은 페인트 속의 유해물질이 문제가 되고 있어요.

비늘의 비밀이 전부 밝혀지면 오물이나 따개비가 붙지 않는 배를 개발할 수 있겠지요. 그때는 좀 더 적은 에너지로 움직이는 배가 나올지도 몰라요.

 상어의 비늘을 응용해 만든 수영복처럼 생물이 가진 훌륭한 기능을 따라 하는 기술을 '생체모방공학'(바이오미메틱스)이라고 불러요.

나도 과학자

물고기 종류에 따라 비늘이 다를까요?

여러 물고기의 비늘을 떼어 내어 현미경이나 돋보기로 관찰해 봅시다. 물고기의 크기나 비늘이 붙은 위치에 따라 비늘의 모양이 다를 거예요.

참진드기는 물 없이도 10년 넘게 살아요

2 **3일**

교과서 3학년 2학기 2단원 동물의 생활

효고현립대학 자연·환경과학연구소 | 야마우치 다케오

먹이를 먹지 않고도 10년 넘게 살아요!

참진드기는 사육하기가 무척 쉽습니다. 환경을 건조하지 않게만 하면 나머지는 아무것도 손댈 필요가 없어요. 먹이를 주지 않아도 돼요. 그래서 생물학의 실험 대상으로 많이 사용한답니다.

사람은 물 한 모금 먹지 않으면 한 달도 채 견디지 못합니다. 그런데 참진드기목에 속하는 '물렁진드기'는 물도 밥도 주지 않았는데 10년 넘게 살았다는 기록이 있습니다. 정말 놀라운 생명력이지요.

이제 곧 20년째…

잠복하기 위한 능력

참진드기의 먹이는 조류, 포유류, 파충류 등 동물의 혈액입니다. 피를 빠는 곤충 하면 모기가 제일 먼저 떠오르지요. 모기는 날아다니며 동물을 찾습니다. 그런데 참진드기는 대부분 풀숲에 몰래 숨어 동물이 지나가기만을 기다립니다. 동물이 지나가면 그 몸에 달라붙지요.

철새의 피를 빠는 물렁진드기는 철새가 찾아올 때까지 철새 둥지 속에서 하염없이 기다립니다. 철새가 이듬해에 다른 둥지를 쓸지 모르는데도 기다린답니다. 이러한 습성이 있어서 10년 넘게 물 한 모금 마시지 않고도 살 수 있겠지요.

🔍 참진드기는 공기가 전혀 없는 진공 상태에서도 30분 정도는 죽지 않습니다. 또, 며칠 물에 잠겨 있어도 살아남아요.

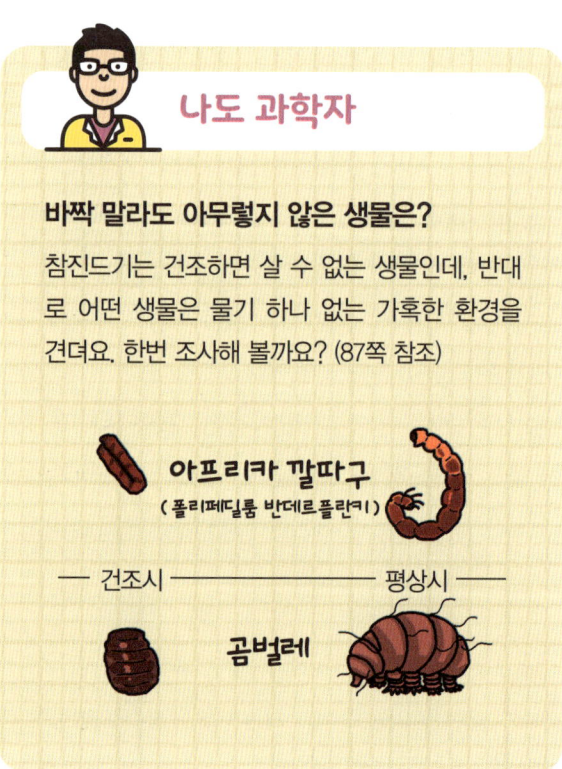

나도 과학자

바짝 말라도 아무렇지 않은 생물은?

참진드기는 건조하면 살 수 없는 생물인데, 반대로 어떤 생물은 물기 하나 없는 가혹한 환경을 견뎌요. 한번 조사해 볼까요? (87쪽 참조)

아프리카 깔따구
(폴리페딜룸 반데르플란키)

― 건조시 ― 평상시 ―

곰벌레

생물의 사체와 배설물이 만드는 지층

2일 4

교과서 4학년 1학기 2단원 지층과 화석

/ / /

일본국립과학박물관 지학연구부 | 사이토 메구미

화석은 지층에서 나와요

공룡, 암모나이트, 그 밖의 여러 화석은 지층 속에 있어요. **지층**은 모래나 진흙이 여러 겹으로 쌓여 생긴 것입니다. 화산재와 크고 작은 돌이 쌓여서 생긴 지층도 있답니다. 이러한 지층 중에는 생물이 만든 것도 있어요. 대표적인 것이 규조토입니다.

미생물의 사체와 배설물이 재료

규조토 성분은 이름으로 짐작할 수 있듯 **규조류**와 관련이 있어요. 규조류는 껍데기를 가진 조류로 연못, 늪, 호수, 강, 바다 등 물이 있는 거의 모든 곳에 살고 있습니다. 작은 물고기의 먹이도 되지요.

규조류 사체나 물고기에 먹혀서 배설물로 나온 규조 껍질이 바닥에 쌓인 채로 수만 년이 지나면서 점차 지층을 형성합니다. 이렇게 생긴 것이 바로 **규조토**입니다.

규조토는 우리나라에도 있는데, 강원도와 경상북도에서 많이 발견됩니다. 옛날에는 규조토가 보온성이 좋아서 화로의 재료로 사용하기도 했습니다. 지금은 주택을 지을 때 벽의 재료로 쓰기도 합니다. 규조토는 습기를 빨아들이는 성질이 있어서 벽을 만들 때 쓰면 집 안의 습도를 조절할 수 있답니다.

🔍 '스트로마톨라이트'라는 암석이 있습니다. 산소를 만드는 미생물(시아노박테리아)을 비롯한 생물이 광합성을 하면서 생기는 암석이에요.

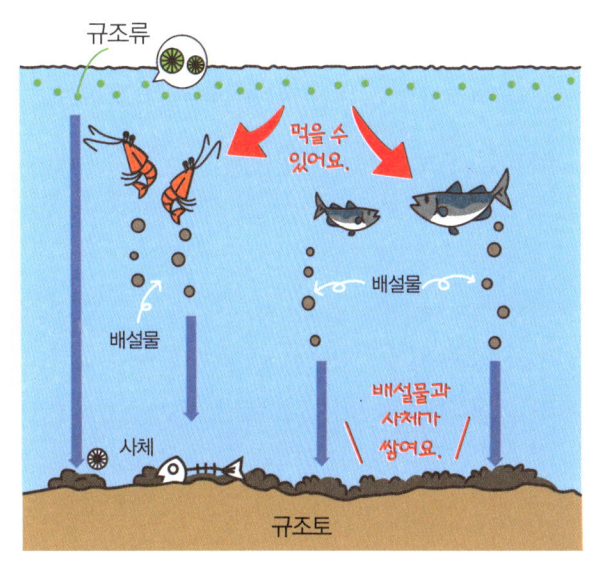

나도 과학자

지층을 이루는 규조류를 관찰해 보세요

학교나 공원 연못에서 규조류를 찾아보세요. 찾으면 컵으로 뜬 다음 과학실의 현미경으로 관찰해 보세요.

마리모는 왜 둥근 모양일까요?

2 / 5 일

교과서 4학년 2학기 1단원 식물의 생활

아칸호반 에코뮤지엄센터 | 와카나 이사무

어떤 방향에서든 광합성을 할 수 있어요

일본 홋카이도에 있는 아칸 호수에는 공처럼 둥근 녹조류가 있습니다. 이름은 '마리모'(아이가그로필라 리나에이)입니다. 동글동글해서 초록색 성게처럼 보이기도 하지만, 광합성을 하는 조류랍니다. 그런데 왜 둥근 모양일까요?

마리모는 뿌리가 없어서 물결에 실려 이리저리 옮겨 다닙니다. 물결이 거칠 때면 뒤로 뒤집히기도 하겠지요. 하지만 어떤 방향에서든 광합성을 해야만 합니다. 그래서 모든 방향으로 성장해 둥근 공 모양으로 구석구석까지 광합성을 한답니다. 만약 둥근 모양이 아니라 길쭉하거나 구르기 힘든 모양이면 마리모는 표면이 진흙과 모래로 뒤덮여 시들어 버릴 거예요. 구를 수 있어야 표면에 달라붙은 먼지를 떨어뜨리고, 제대로 광합성을 할 수 있답니다.

호수 바닥을 구르는 마리모

아칸 호수에만 있는 예쁜 마리모

마리모는 전 세계에 있지만 동글동글 예쁜 모양의 마리모는 아칸 호수에만 있어요. 이는 아칸 호수의 크기와 상관있답니다. 아칸 호수보다 작은 호수는 물결이 잔잔한 편이어서 마리모가 많이 구르지 못합니다. 반대로 아칸 호수보다 큰 호수는 물결이 세서 마리모가 너무 멀리까지 굴러가 깊은 곳에 빠져 버릴 수도 있습니다. 다시 말해서 아칸 호수야말로 마리모가 구르는 데 딱 좋은 크기의 호수랍니다.

 마리모가 테니스공 크기로 성장하려면 약 100년이 걸린대요.

나도 과학자

마리모를 보호해요

마리모는 전 세계에 있지만 번식하는 호수는 한정되어 있습니다. 일본에서도 수가 점점 줄어서 아칸 호수의 마리모는 특별천연기념물로 지정되었어요. 왜 마리모의 수가 줄어들었을까요? 한번 생각해 봅시다.

생물을 구한 물의 신기한 성질

2 6일

교과서 4학년 2학기 2단원 물의 상태 변화

대학강사 | 야지마 미치코

고체가 뜨는 액체는 물뿐이에요

물에 얼음을 넣으면 위로 둥둥 떠오르지요. 당연하게 생각할지도 모르지만, 얼음처럼 딱딱한 고체가 뜨는 액체는 물뿐이랍니다. 예를 들어 액체로 만든 밀랍에 고체 밀랍을 넣으면 가라앉고 맙니다. 즉, 물은 무척 신기한 성질이 있는 물질인 셈입니다. 이러한 성질이 생물의 목숨을 지켜 준답니다.

얼음 아래에서 봄을 기다려요

추운 겨울이 되면 연못의 표면이 얼어붙지요. 그런데 이때 어는 것은 표면뿐이고, 밑바닥까지는 얼지 않습니다. 그래서 연못에 사는 물고기들은 연못 바닥에서 봄이 오기를 가만히 기다릴 수 있어요.

만약 얼음이 물에 뜨지 않는다면 표면에 생긴 얼음이 점점 아래로 가라앉겠지요. 바닥에 얼음이 쌓이면 연못 전체가 점점 얼어붙을 거예요. 그렇게 되면 연못에 사는 물고기들은 겨울을 이겨내지 못하고 죽고 맙니다.

오랜 지구의 역사를 돌아보면 지금보다 훨씬 추워서 지구 전체가 얼음으로 뒤덮였던 시대가 있었어요. 그때 지상에 사는 많은 생물이 멸종했습니다. 그런데 심해처럼 얼지 않은 몇몇 곳의 생물들은 무사히 생명을 이어 갔답니다. 얼음을 띄우는 물의 신기한 성질이 생물의 목숨을 구한 거예요.

얼음은 물에 뜨지만, 사실 아주 일부만 수면 위로 올라온답니다. 수면 위에 뜬 부분은 얼음의 8%에 불과할 뿐 나머지 92%는 물속에 잠겨 있어요.

 **나도 과학자**

물과 어떤 점이 다른지 알아보아요

밀랍을 따뜻하게 녹인 후 점점 식어서 굳어 가는 모습을 관찰해 보세요. 굳어 버린 고체 밀랍은 가라앉으므로 아래부터 굳는답니다.

나비는 어떻게 겨울 추위를 견딜까요?

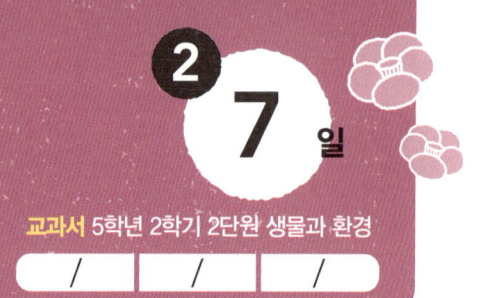

교과서 5학년 2학기 2단원 생물과 환경

야마구치대학 이학부 | 야마나카 아키라

보호색을 띠는 날개로 몸을 숨겨요

우리나라에는 약 280종의 나비가 살아요. 그중 폭넓게 분포하는 네발나비를 살펴볼까요? 날개의 윗면은 주황색 바탕에 검은 반점이 있어요. 날개의 아랫면은 여름에는 노란색, 가을과 겨울에는 낙엽처럼 갈색을 띱니다. 겨울철 낙엽 위에 날개를 접고 가만히 앉아 있으면 주변 환경과 비슷한 색깔 덕분에 적으로부터 몸을 보호할 수 있답니다.

그런데 네발나비는 추운 겨울을 어떻게 견딜까요? 비밀은 나비의 날개를 덮고 있는 비늘 모양의 분비물에 있습니다.

비늘 가루 코트로 추위를 견뎌요

나비의 날개는 **인분**이라고 부르는 비늘 가루로 덮여 있어요. 보통 물고기의 비늘같이 생겼지만, 겨울을 나는 네발나비의 날개 아랫면은 나비 비늘의 일부가 길쭉한 털 모양입니다. 이렇게 생긴 것은 **비늘털**이라고 불러요. 여름에는 비늘 모양이 가벼운 차림이었다가 추운 겨울이 되면 따뜻한 코트를 걸치듯이 비늘 모양이 비늘털로 바뀐답니다. 네발나비로 예를 들면 여름에는 날개 아랫면의 바탕색이 노란색이에요. 나비의 비늘은 물고기 비늘 같은 삼각형 모양이고 털은 조금밖에 자라지 않습니다. 반대로 겨울에는 날개 아랫면의 바탕색이 갈색으로 변하고, 나비 비늘털이 아주 많이 나요.

네발나비의 날개 윗면

여름

겨울

네발나비의 날개 아랫면

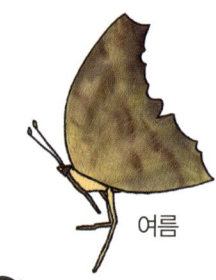
여름

겨울

 나비의 비늘은 기왓장처럼 겹쳐져 있어 겨울에는 따뜻한 코트 역할을 하고, 평소에는 물을 튕겨 내서 빗물이 스며들지 않게 막아 줘요. 비늘의 색깔은 나비의 종류와 개체를 식별하는 데 도움이 됩니다. 검은색 비늘은 햇빛을 흡수해서 온도를 높이는 작용도 한대요.

나도 과학자

나비의 비늘 가루를 관찰해요

나비는 네발나비의 여름과 겨울만큼 큰 차이는 아니더라도, 종류에 따라 비늘의 색과 모양이 달라져요. 채집한 나비의 날개를 확대경이나 돋보기로 관찰하면 나비 비늘이 어떻게 다른지 알 수 있어요.

귀지가 마른 사람, 젖은 사람

교과서 6학년 2학기 4단원 우리 몸의 구조와 기능

2월 8일

일본국립유전학연구소 | 사이토 나루야

귀지의 특징은 유전자로 정해요

귀 청소를 하면 귀지가 나오지요. 아시아인의 귀지는 대부분 귀지가 말라 있지만, 이따금 귀지가 축축한 사람도 있습니다. 이런 차이는 왜 생길까요?

귀지의 특징은 유전자로 결정됩니다. 유전자란 몸의 특징을 결정하는 물질이에요. 그 유전자 정보는 A(아데닌), T(티민), C(시토신), G(구아닌)이라는 네 종류의 암호로 입력됩니다. 이 암호의 차이로 유전자 정보가 달라지고, 생성되는 단백질도 변화해요. 그래서 사람마다 몸의 특징이 달라져요.

단 하나의 암호 차이

귀지가 마르거나 축축한 차이는 세포 속 단백질 때문에 나타나요. 단백질은 노폐물을 버리는 펌프 같은 작용을 합니다. 단백질이 정상적으로 일하면 귀지가 축축해요. 그런데 유전자 정보의 암호가 하나 달라 펌프 작용이 나빠지거나 노폐물이 잘 버려지지 않으면 귀지가 말라 퍼석퍼석해집니다.

귀지가 마른 사람은 세포 속에 노폐물이 많이 쌓인 것 같아 걱정되나요? 하지만 안심해도 좋아요. 펌프 작용을 하는 단백질은 그것 말고도 또 있으니까요. 귀지가 마른 사람도 세포 밖으로 노폐물을 배출할 수 있답니다.

나도 과학자

우리 가족의 귀지는 어떤 유형일까요?

유전자는 부모님이 아이에게 물려주지요. 여러분의 귀지도 아버지, 어머니로부터 물려받은 것입니다. 가족의 귀지가 말랐는지 젖었는지 한번 조사해 보세요.

🔍 귀지가 마른 사람과 젖은 사람의 비율은 인종에 따라 달라져요. 유전자 분석에 따르면 한국인은 약 90% 이상이 마른 귀지를 가진 몽골 인종이래요.

조개가 물을 깨끗하게 만든다고요?

2월 9일

교과서 3학년 2학기 2단원 동물의 생활

도쿄대학대학원 | 야마무로 마스미

쓰고 버린 물이 강과 바다를 더럽혀요

물이 더러워지는 이유는 무엇일까요? 사람들이 일하고 생활하는 곳에서는 많은 물을 씁니다. 쓰고 버린 물은 강과 바다로 흘러가지요. 흘러간 물에 남은 물질을 영양분으로 삼아서 강과 바다의 작은 식물성 플랑크톤이 많이 번식합니다. 그런데 너무 많이 늘어나면 바닷속에 산소가 부족해져요. 플랑크톤의 사체를 분해할 때 산소가 많이 쓰이거든요. 그 결과 물이 더러워져요.

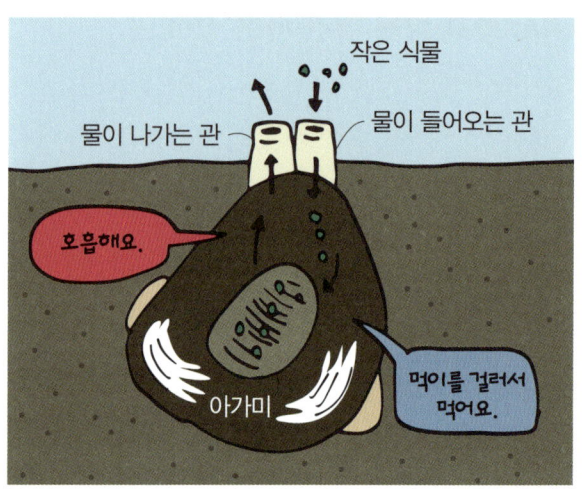

물을 더럽히는 식물을 맛있게 먹는 조개

모시조개, 바지락 등 껍데기가 두 개인 조개를 **두껍질조개** 또는 **이매패**라고 불러요. 대부분 물 밑이나 갯벌의 진흙 속에 숨어 산답니다. 두껍질조개의 먹이는 물을 더럽히는 원인인 작은 식물성 플랑크톤입니다.(100쪽 참조) 두껍질조개는 식물성 플랑크톤을 물과 함께 빨아들인 후 걸러서 먹어요. 그래서 두껍질조개가 많이 늘어나면 물의 오염을 막을 수 있어요.

하지만 그렇다고 두껍질조개가 식물성 플랑크톤을 전부 먹어 치우는 것은 아닙니다. 오히려 먹이가 너무 늘어나 물이 오염되는 바람에 두껍질조개가 살 수 없는 환경이 될까 봐 걱정이에요. 조개를 너무 많이 캐지 않아야 조개도 멸종되지 않고 물도 깨끗이 하는 일석이조 효과를 볼 수 있겠지요.

 서해안에는 바닷물이 빠진 후 갯벌이 넓게 생겨요. 갯벌이 있는 곳에 놀러 가면 조개를 찾아보세요.

나도 과학자

바지락으로 물을 깨끗하게 만들어 보세요

물에 물고기 사료를 작게 으깨 넣어 혼탁하게 만듭니다. 물의 온도는 20~28℃ 정도가 좋아요. 그런 다음 살아 있는 바지락을 물에 넣어 보세요. 30분에서 1시간 정도 지나면 물이 투명해진답니다.

진화의 역사는 어떻게 알 수 있을까요?

2 10일

교과서 4학년 1학기 | 2단원 지층과 화석

독립행정법인 농업환경기술연구소 | 미나카 노부히로

진화해서 탄생한 생물들

지구에는 생물이 넘쳐납니다. 이름이 붙은 생물만 해도 현재 175만여 종이 알려져 있습니다. 아직 발견하지 못한 생물도 있겠지요. 그런데 이렇게 셀 수 없을 만큼 많은 생물이 아주 먼 옛날에 태어난 단 하나의 생물에서 진화했다는 사실이 밝혀졌습니다.

그래서 진화 과정을 알면 생물에 대해 조금 더 잘 알 수 있습니다. 예를 들어 원숭이, 사람, 지렁이를 비교하면 원숭이와 사람이 더 가까운 관계라는 사실을 알 수 있지요. 형태가 비슷한 동물끼리는 대부분 가까운 관계라고 예상할 수 있기 때문입니다. 진화 과정을 밝히기 위해서 어떤 특징을 비교하는가는 과학자가 알아낼 부분입니다.

겉모습뿐만 아니라 뼈도 살펴보세요!

뼈를 비교하면 진화 과정을 더욱 자세히 알 수 있어요. 사람, 박쥐, 새를 비교해 봅시다. 겉으로 보기에는 새와 박쥐가 닮아 보이지요. 그런데 새의 날개 뼈, 박쥐의 날개 뼈, 사람의 손뼈 표본을 비교하면 박쥐의 날개 뼈는 새의 날개 뼈보다 사람의 손뼈와 조금 더 비슷하다는 사실을 알 수 있습니다. 이처럼 뼈를 비교할 수 있다면 공룡의 진화 과정도 추측할 수 있을 거예요.

형태만 비교해서는 '우연히 닮은' 것인지 '진화한' 것인지 분별할 수 없어요. 그래서 현재는 DNA 정보를 연구해요. 이 과정에서 진화의 역사가 바뀌기도 합니다.

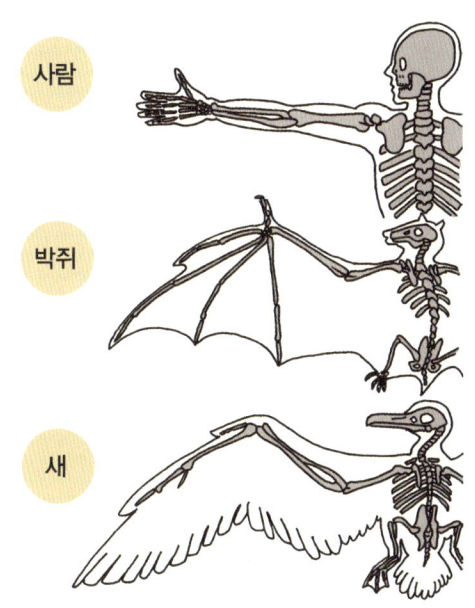

사람

박쥐

새

나도 과학자

원숭이, 개, 꿩의 관계를 생각해 봅시다

원숭이, 개, 꿩의 몸에는 어떤 특징이 있나요? 예를 들어 꿩은 깃털로 뒤덮여 있고 알을 낳습니다. 한편 원숭이와 개는 털로 덮여 있고, 젖을 먹여 새끼를 키웁니다. 이런 식으로 비교하면 원숭이와 개는 꿩보다 가까운 관계라고 예상할 수 있어요.

동식물의 다양성과 고유종

교과서 5학년 2학기 2단원 생물과 환경

홋카이도대학대학원 지구환경과학연구원 | 스즈키 히토시

생물을 지키고 보호해요

여러분은 어쩌면 자연을 당연히 있는 것으로 생각하고, 자연이 얼마나 멋지고 소중한지 모를 수도 있어요. 그래서 세계에서는 여러 기준과 약속을 만들어 자연을 지키려고 노력한답니다. **생물다양성 협약**은 다양한 생물이 여러 생태계에서 유전적으로 다양성을 띠며 살아가도록 보호하려는 약속이지요. 생물다양성이 풍부하지만 서식지 파괴가 심각한 지역은 '생물다양성 보존 중요지점'이라고 부릅니다. 2013년을 기준으로 기니의 삼림, 보르네오와 수마트라를 포함한 순다랜드, 일본 열도 등 전 세계에 35군데가 선정되었습니다.

생물다양성 보존 중요지점

생물다양성의 보존

특정한 지역에만 사는 동물과 식물을 **고유종**이라고 해요. 고유종을 지키는 것은 생물다양성을 지키는 일이기 때문에 중요합니다. 우리나라의 고유종에는 하늘다람쥐, 제주도롱뇽, 멧토끼, 고라니 등이 있지요.

동물은 생물의 종과 사는 곳에 따라 유전자가 달라요. 한국 내에서도 다람쥐는 지역에 따라 북부, 중부, 남부로 구별됩니다. 그래서 만약 북부인 강원도에서 다람쥐를 잡아 남부인 부산에 풀어 놓으면 유전자가 달라져 생태계 교란이 일어날 수 있어요.

동물을 키우다가 함부로 버리는 일은 삼가야 해요. 동물과 생태계에 상처를 입히니까요.

나도 과학자

한국 고유종을 더 찾아보세요

한국에는 다른 지역에 없는 고유종이 아주 많이 있습니다. 이 고유종들이 사라지는 것은 곧 지구상에서 없어지는 것을 의미하지요. 생물이 한 종류 멸종하면 그 생물과 관련한 다른 생물에도 영향을 미칩니다. 언젠가는 사람이 살아가는 환경도 사라지고 말 거예요. 지켜야 할 우리나라 고유종에는 무엇이 있는지 조사해 보세요.

하늘다람쥐, 제주도롱뇽, 멧토끼

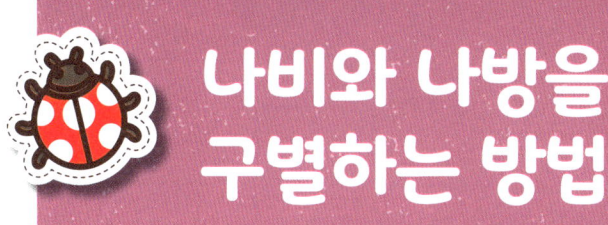

나비와 나방을 구별하는 방법

2월 12일

교과서 3학년 2학기 2단원 동물의 생활

/ / /

일본국립과학박물관 동물연구부 | 진보 우쓰기

어떻게 다른지 생각해 보세요

나비 하면 예쁜 색깔의 날개가 생각나고, 나방 하면 갈색 날개가 약간 더럽다는 느낌이 들지도 모르겠네요. 흔히 나비와 나방을 구별할 때 더듬이와 앉은 모습을 비교합니다. 더듬이가 봉처럼 생겼으면 나비고, 더듬이 끝이 둥글지 않거나 털이 덥수룩하게 나 있으면 나방이라고 해요. 날개를 가지런히 접고 앉으면 나비고, 날개를 산 모양으로 접거나 펼친 채 앉아 있으면 나방이라고 합니다. 가장 쉽게는 낮에 날아다니면 나비고, 밤에 날아다니면 나방이라고 구별하기도 하지요.

사실 겉보기로는 구별할 수 없어요

앞에서 말한 구별 방법은 대부분 들어맞습니다. 하지만 그렇지 않은 종류도 있어요. 예를 들어 자나방은 밤에 날아다니고 날개를 펼친 채 앉습니다. 앉은 모습이 나방 같지만 사실은 나비목입니다.

사실 나비와 나방은 같은 부류로 가까운 친척 같은 관계랍니다. 그래서 한눈에 알 수 있는 나비와 나방만의 특징은 없답니다. 나비와 나방의 진짜 차이는 현미경으로 들여다보지 않으면 알 수 없는, 아주 작은 차이밖에 없어요.

한국이나 일본에서는 보통 나비와 나방을 구분하지만, 프랑스와 독일에서는 둘 다 같은 이름으로 부를 때가 많대요.

나도 과학자

나비와 나방을 직접 눈으로 비교해 봅시다

주변에서 흔히 볼 수 있는 나비와 나방의 더듬이 모양, 색깔, 앉은 모습 등을 가만히 관찰해 보세요. 흔히 말하는 나비와 나방의 특징에 해당하는지 직접 확인해 보세요.

바다와 강을 오가는 물고기

2 13일

교과서 3학년 2학기 2단원 동물의 생활

도쿄대학대학원 농학생명과학연구과 | 구로키 마리

강에서 태어나 바다에서 자라는 연어

바다와 강을 오가려면 아주 먼 거리를 이동해야 하니 꽤 힘이 들 텐데도, 연어와 장어는 바다와 강을 오갑니다. 그 이유는 무엇일까요?

연어는 강에서 태어나 바다에서 자랍니다. 먼 옛날, 연어의 조상은 원래 강에서만 살았대요. 어쩌다가 먹이가 많은 추운 지방의 바다로 갔는데, 바다에서 자란 연어는 강에 남은 연어보다 몸집이 컸습니다. 고향인 강에 돌아와 건강한 알도 많이 낳았고요. 그 후 새로 태어난 연어는 바다로 가기 시작했어요. 바다에서 자라다가 알을 낳을 때가 되면 다시 강으로 돌아오고요.

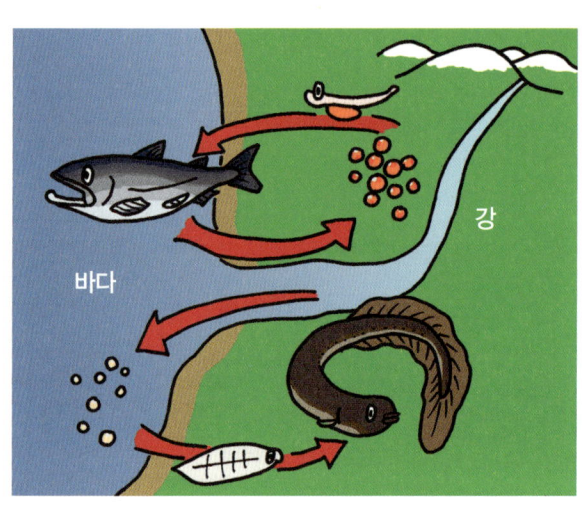

바다에서 태어나 강에서 자라는 장어

연어와 반대로 장어는 바다에서 태어나 강에서 자랍니다. 알을 낳을 시기가 되면 강을 내려와 자신이 태어난 바다로 향해요. 원래 장어는 차가운 바다에서 살던 심해어였는데, 우연히 먹이가 많은 더운 지방의 강에 흘러들어 갔대요. 강으로 간 장어는 몸집이 커졌습니다. 강이 바다보다 더 살기 좋았던 거예요. 결국 장어는 바다에서 태어나 강에서 자라고, 산란할 때는 바다로 돌아가는 습성이 생겼어요. 연어와 장어는 각각 성장에 더 알맞은 다른 장소로 이동하려고 바다와 강 사이를 오가는 거지요.

 우리나라의 호수에서 사는 빙어는 원래 바다에서 살다가 강으로 거슬러 올라오는 무리를 잡아 저수지에 풀어 놓은 것입니다. 바다와 분리되어 호수에서 태어나고 사는 거지요.

나도 과학자

바다와 강을 오가는 다른 물고기는?

연어와 장어 이외에도 송어, 빙어, 사백어 같은 물고기는 연어와 마찬가지로 강에서 태어나 바다에서 자랍니다. 한편 장어처럼 바다에서 태어나 강에서 자라는 물고기에는 무엇이 있는지 알아보세요.

사람은 감정 표현을 잘해요

교과서 6학년 2학기 4단원 우리 몸의 구조와 기능

/   /   /

일본국립과학박물관 인류연구부 | 가이후 요스케

표정으로 감정을 나타내요

사람은 다양한 표정을 짓습니다. 표정으로 기쁨, 슬픔, 분노, 즐거움 등 다양한 감정을 상대방에게 전달할 수 있어요. 표정은 얼굴의 피부를 움직이는 '표정근'이라는 근육이 만듭니다. 사람은 포유류 중에서도 특히 표정근이 잘 발달했습니다. 게다가 얼굴에 털이 거의 없어서 표정이 털에 가려지지도 않습니다. 또 원숭이와 달리 사람은 눈에 흰자가 있지요. 그 덕분에 눈을 보면 상대방이 어디를 보고 있는지 금방 알 수 있어요. 이처럼 표정을 잘 사용해서 감정을 전달할 수 있답니다.

언어로 소통하는 것은 사람뿐이에요.

사람의 목은 특별한 구조여서 성장하면서 점점 여러 가지 소리를 낼 수 있어요. 그리고 다양한 소리를 나열해 단어를 만들고, 나아가 단어를 조합해서 말을 할 수 있습니다.

사람 이외에도 소리로 의사소통하는 포유동물은 아주 많습니다. 개와 고양이는 울음소리로, 돌고래는 초음파로 동료와 의사소통을 하지요. 그런데 이 동물들이 내는 소리는 종류가 그리 많지 않아요. 단어를 잇기 위한 복잡한 문법도 없답니다.

표정과 언어로 자신의 감정을 전달할 수 있는 것은 오직 사람만 가진 특기입니다. 이는 아주 어려운 기술이랍니다.

 개구리, 도롱뇽 등 양서류와 도마뱀 같은 파충류는 표정근이 없어서 웃지도 눈썹을 찡그리지도 못해요.

나도 과학자

개와 고양이의 표정은 읽기 어려울까요?

여러분 또는 동물이 어떤 표정을 짓는지 관찰하면서 사진을 찍어 보세요. 사람과 비교하면 표정이 얼마나 다를까요?

산의 높이는 어떻게 잴까요?

2월 15일

교과서 3학년 2학기 3단원 지표의 변화 심화

일본국토교통성 국토지리원 | 사토 준

커다란 자로 높이 차이를 알아내요

산의 높이를 재는 방법에는 여러 가지가 있습니다. 첫 번째는 '수준측량'입니다. 두 곳의 높이 차이를 **표척**이라는 커다란 자를 사용해서 알아내는 방법입니다. 우선 높이를 아는 곳과 높이를 알고 싶은 곳에 표척을 세웁니다. 측정하려는 두 곳 사이의 중앙에 '수준의'라고 부르는 기계를 두고, 각각 표척의 눈금을 읽습니다. 이 눈금의 차이가 땅의 높이 차이입니다. 이미 아는 곳의 높이에 그 차이를 더하거나 빼면 알고 싶은 곳의 높이를 알 수 있습니다.

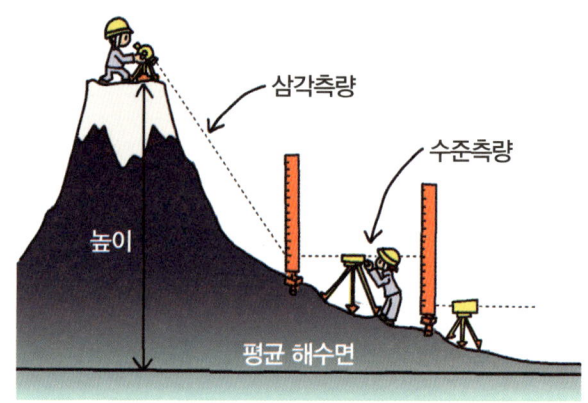

지금은 인공위성도 활용해요

수준측량 방법을 쓰면 정확한 높이를 알아낼 수 있습니다. 하지만 먼 곳의 높이를 알고 싶으면 이 과정을 계속 반복해야 해요. 높은 산의 정상까지 이 방법으로 올라가기란 무척 힘들겠지요. 그래서 '삼각측량'이라는 방법을 사용합니다. 계산으로 높이를 알아내는 거예요.

높이를 알고 싶은 곳까지의 거리와 각도를 알면 계산으로 높이를 알아낼 수 있습니다. 산의 높이를 기슭까지는 수준측량으로 재고, 기슭부터 정상까지는 삼각측량으로 계산해서 잴 수도 있지요. 지금은 인공위성에서 나오는 전파를 산 정상에서 포착해 높이를 재는 방법도 생겼어요.

 독일인 지리학자인 지그프리드 겐테는 1901년에 한라산을 등반하면서 무수은 기압계와 고도계를 이용해 한라산의 높이를 처음 측정했어요. 1,950m였지요. 이 높이는 최근에 삼각측량 방법으로 측정한 높이와 같답니다.

나도 과학자

계산으로 높이를 알아봅시다

여러분 앞에 긴 막대기를 세운 후 알고 싶은 높이와 겹쳐지는 부분에 표시합니다. 높이를 알고 싶은 곳까지의 거리가 자신과 막대기 사이의 몇 배인지 알아낸 다음, 표시한 높이에서 눈높이를 뺀 수와 곱하세요. 그 값에 눈높이를 다시 더하면 알고 싶은 높이가 얼마인지 알아낼 수 있어요.

① 표시를 남겨요.
② 거리가 몇 배인지 계산해요.
③ ②에서 조사한 값을 곱해요.
④ 높이를 알아냈어요!

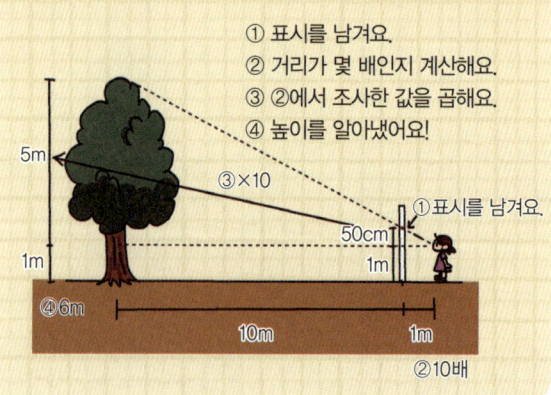

먹기만 하지 않아요! 의외의 곳에도 쓰이는 해조류

2월 16일

교과서 4학년 2학기 1단원 식물의 생활

지바현립중앙박물관 | 미야타 마사히코

해조류가 약이 된다고요?

우리는 예부터 해조류를 즐겨 먹었습니다. 지금도 식탁 위에 미역, 김, 다시마 등 많은 해조류가 올라오지요. 그런데 해조류는 이렇게 먹는 것 이외에도 쓰임새가 다양합니다. 옛 의학서에 홍조류인 해인초와 녹조류인 청각채는 회충약으로 쓰이고, 갈조류인 모자반은 부종을 낫게 한다고 나와 있답니다. 일본에서는 예부터 벽에 바르는 회반죽에 해조류로 만든 풀을 사용하기도 했어요. 또한 밭의 비료, 화약의 원료 등으로 썼습니다. 지금도 해조류에서 추출한 성분을 식품과 화장품의 원료로 활용하고 있습니다.

정약전의 《자산어보》에 기록된 해조류

조선시대에 흑산도로 유배를 떠났던 정약전은 근처의 수산물을 조사해 책을 썼어요. 바로 《자산어보》랍니다. 이 책에는 물고기, 조개뿐만 아니라 해조류도 설명되어 있어요. 바다 생물을 종합적으로 조사해 정리한 최초의 책이랍니다.

이 책에서는 해조류 중 하나인 매생이를 '매산태'라고 부르며 "빛깔은 검푸른 게 누에 실보다 가늘다. 끓이면 연하고 미끄럽고 맛이 달다."라고 썼습니다.

나도 과학자

우리가 먹는 해조류에는 무엇이 있을까요?

해조류는 지금도 즐겨 먹는 음식 재료입니다. 식사할 때 식탁에서 해조류를 찾아보세요.

🔍 중국에서는 기원전 3세기의 고분에서 김을 사용한 요리법이 적힌 대나무 조각이 발견되었습니다. 어쩌면 김을 먹는 풍습은 중국에서 전해진 것인지도 몰라요.

판다는 왜 털이 흰색과 검은색일까요?

교과서 3학년 2학기 2단원 동물의 생활

온시우에노동물원 사육계 | 구라모치 히로시

흰색과 검은색 털로 몸을 지켜요

어른 자이언트 판다의 털색은 귀와 눈 주위, 어깨에서 앞발까지와 뒷발은 검은색이고 그 밖의 부분은 전부 흰색이에요. 왜 판다는 털이 흰색과 검은색일까요? 여기에는 여러 가지 설이 있습니다.

판다는 중국에 있는 높이 2,500~3,500m의 산속에 서식해요. 흰색과 검은색 털은 겨울에 눈이 아주 많이 내리는 지역이나 대나무 숲에서 눈에 잘 띄지 않아요. 다른 동물로부터 몸을 지키기 위해 일부러 눈에 잘 띄지 않으려고 지금과 같은 색을 띠게 되었다는 거지요.

판다는 비밀이 많은 동물

그런데 최근 연구에서 전혀 반대인 설이 나왔습니다. 판다끼리 서로 찾기 쉽도록, 오히려 눈에 띄는 색을 지녔다는 주장이에요. 그 밖에 검은색은 열을 잘 흡수하므로 몸에서 제일 차가워지기 쉬운 손발과 귀가 검은색이라는 설도 있습니다. 또 눈 주위가 검은 이유는 겨울에 눈이 반사되어 눈부신 것을 막아주기 위해서라고 생각하는 사람도 있습니다. 이처럼 판다의 털이 왜 흰색과 검은색인지, 진실은 아직 밝혀지지 않았어요. 판다는 아직 풀어야 할 수수께끼가 많은 동물이랍니다.

 자이언트 판다는 중국 발음으로 '따슝마오'(大熊猫)입니다. 한자를 풀면 '고양이를 닮은 큰 곰'이라는 뜻이에요. 그런데 자이언트 판다는 이름과 달리 화났을 때는 개처럼 크게 멍멍 짖고, 불안할 때는 강아지처럼 웁니다. 때로는 양처럼 메에 울기도 해요.

나도 과학자

꼬리는 어떤 색일까요?

판다의 꼬리는 흰색일까요, 아니면 검은색일까요? 정답은 흰색입니다. 판다의 꼬리는 어른의 새끼손가락만 한 크기이고, 털은 별로 자라지 않아요. 사실 꼬리처럼 보이는 것은 대부분 몸의 털이랍니다.

심해에는 뱃속에 먹이를 기르는 동물이 있어요

2월 18일

교과서 3학년 2학기 2단원 동물의 생활

/ / /

도쿄대학 대기해양연구소 | 고지마 시게아키

뜨끈한 물에 몸을 담그는 우아한 생활?

일본 류큐 열도의 남쪽 심해에는 바다 밑바닥에서 뜨거운 물이 솟는 곳이 몇 군데나 있습니다. 이런 곳에는 생물이 살지 못할 것 같은데, '신카이아 크로스니에리'(학)라는 흰색 새우가 엄청나게 많이 살고 있대요. 사는 곳만큼이나 색깔도 특이하지요? 이 새우는 뜨거운 물에서도 죽지 않아요. 온종일 뜨거운 물을 맞으며 거의 움직이지 않고 살아갑니다.

혹독한 자연에서 살아남기 위해 생물은 대부분 먹이를 구하러 돌아다녀요. 그런데 심해에는 먹잇감이 거의 없답니다. 이 새우는 어떻게 먹이를 찾으러 돌아다니지 않고도 잘 살 수 있을까요?

배에 난 털로 먹이를 키워요

'신카이아 크로스니에리' 새우의 배에는 털이 빽빽하게 나 있습니다. 놀랍게도 배에 난 털 속에 자기가 먹는 박테리아를 키운답니다. 털을 전자 현미경으로 관찰해 보았더니, 실같이 생긴 박테리아가 털의 표면을 덮고 있었어요. 이 박테리아는 바다 밑바닥에서 솟는 뜨거운 물에서 영양분을 얻습니다. 새우가 아무것도 하지 않아도, 박테리아는 스스로 번식할 수 있어요. 스스로 먹이를 키우는 동물은 사람 이외에 거의 없습니다. 심해에 사는 흰 새우는 참 희귀한 동물이지요?

 바다 밑바닥에서 뜨거운 물이 나오는 부분을 '열수 분출공'이라고 해요. 바다의 온천이라고 할 수 있지요. 여기에는 새우 말고도 아주 큰 홍합과 바다 벌레 등 다양한 생물이 산대요.

나도 과학자

심해에 사는 동물은 어떻게 생겼을까요?

도감이나 수족관에서 심해에 사는 동물을 볼 기회가 생기면, 우리가 흔히 아는 물고기와 어떤 부분이 다른지 자세히 관찰해 보세요. 수족관 사육사나 학교 선생님께 심해어의 모습은 왜 다른지 질문해 보세요.

산호도 움직일 수 있을까요?

2월 19일

교과서 3학년 2학기 2단원 동물의 생활

일본생물지리학회 | 야마다 가즈유키

해류를 타고 이동하는 생물

바닷물은 가만히 있지 않고 일정한 방향과 빠르기로 움직입니다. 이러한 바닷물의 흐름을 **해류**라고 해요. 해류를 따라 바다 속 생물도 이동한답니다.

우리나라 서해와 동해로 갈라져 흘러드는 쿠로시오해류는 필리핀 열대 바다에서 시작하여 대만과 일본을 지나 북쪽으로 흐릅니다. 주변 바닷물보다 더 따뜻한 이 해류를 따라 다양한 생물이 이동합니다. 열대 바다에 사는 산호도 마찬가지예요. 그런데 산호가 모여 만들어진 거대한 산호초는 일본 지바 현 주변까지밖에 발견되지 않습니다. 북쪽으로 더 올라가면 추워서 살아남지 못하기 때문이에요.

방의 생물이기 때문에 겨울에 수온이 많이 내려가면 대부분 살아남지 못합니다. 그렇다고 해류를 거슬러 원래 살던 바다로 돌아가기도 힘들어져요.

추운 바다에서는 살 수 없어요

해류를 따라 이동하는 생물에는 바다달팽이도 있어요. 우리나라 바다에는 '파랑갯민숭달팽이' '군소' 등의 바다달팽이가 있는데, 쿠로시오해류를 따라 찾아온 바다달팽이도 그 수가 상당해요. 그 밖에도 자리돔, 흰동가리, 두동가리돔 등 열대어도 찾아와요. 주로 따뜻한 제주도로 오지요.

이렇게 쿠로시오해류를 따라 찾아온 생물은 그 후에 어떻게 될까요? 여름에는 바닷물의 온도가 높으므로 살 수 있습니다. 하지만 이들은 원래 열대지

 지구온난화로 인해 바다의 온도가 올라갔어요. 바다가 따뜻해진 만큼 열대어종이 해류를 따라 북쪽으로 올라옵니다. 애니메이션 〈니모를 찾아서〉로 알려진 주인공 '흰동가리'는 해류를 따라 제주도로 온 뒤 겨울철에도 떠나지 않고 근처 바다에 정착했어요.

나도 과학자

해파리는 어디에서 왔을까요?

여름철 해안가에 대량으로 출현하는 '노무라입깃해파리'는 동중국해나 남중국해 북쪽에서 생겨 쿠로시오해류를 타고 옵니다. 해파리가 어떤 길로 오는지 한 번 찾아보세요. 실제로 보면 조심하고요. 독성이 아주 강하니까요.

노무라입깃해파리

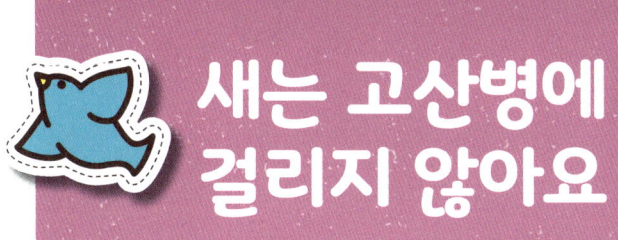

새는 고산병에 걸리지 않아요

교과서 3학년 2학기 2단원 동물의 생활

일본국립과학박물관 동물연구부 | 니시우미 이사오

고산병의 원인은 산소 부족

사람이 갑자기 높은 산에 오르면 고산병에 걸리기 쉽습니다. 높이 올라갈수록 공기가 희박해지면서 덩달아 산소도 부족해지는데, 이때 두통과 구토감 등이 나타나요. 그런데 사람보다 몸집이 작은 새는 갑자기 높은 곳으로 올라가도 고산병에 걸리지 않습니다. '쇠재두루미'라는 두루미과의 새는 8,000m가 넘는 히말라야 산맥도 거뜬히 날아 넘어요. 왜 새는 고산병에 걸리지 않을까요? 그 비밀의 열쇠는 **기낭**이라는 공기주머니에 있습니다.

날숨과 들숨은 뒤섞이지 않는다고요?

사람이든 새든 마신 공기는 폐로 들어갑니다. 폐에서 산소만 거른 공기를 혈액으로 보내요. 숨을 쉴 때 산소가 빠진 공기는 몸 밖으로 배출되고, 산소가 들어 있는 새 공기가 다시 폐로 들어가기를 반복한답니다. 그런데 사람은 폐 속에 들어온 공기를 전부 내보내지는 못해요. 산소가 줄어든 공기가 조금 폐에 남지요.

한편 새는 폐의 앞뒤에 기낭(전기낭과 후기낭)이 있습니다. 들이쉰 공기는 일단 후기낭으로 들어갑니다. 그 후 공기는 폐로 이동하고, 공기 속의 산소를 혈액으로 보내고 나면 남은 공기는 전기낭으로 이동해요. 그래서 들이쉰 공기와 내쉬는 공기가 뒤섞일 일이 없답니다. 다시 말해 새의 폐 속 공기는 늘 산소로 가득 차서 호흡을 효율적으로 할 수 있죠. 이 덕분에 새는 고산병에 걸리지 않아요.

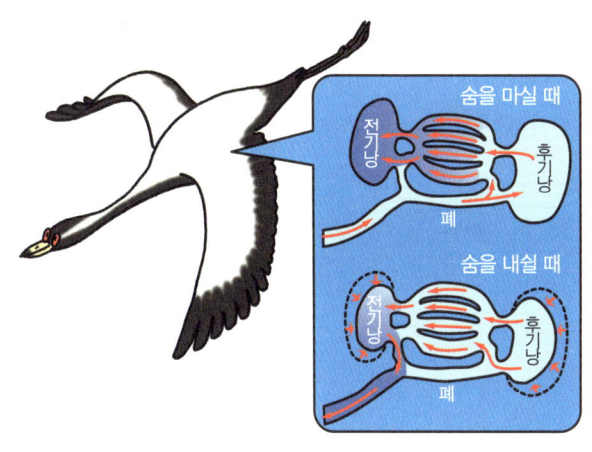

나도 과학자

한라산에서도 고산병에 걸릴까요?

우리나라는 3,000m가 넘는 높은 산이 없어요. 그래서 고산병에 걸릴 확률이 아주 적대요.

🔍 새의 조상인 공룡 중에 기낭 역할을 하는 기관을 가진 공룡이 있었어요. 발굴된 팔뼈가 텅 빈 점으로 미루어, 뼈의 빈틈이 기낭의 역할을 했으리라고 추측해요.

2만 년 전의 사슴 똥으로 알 수 있는 것은?

교과서 6학년 1학기 4단원. 식물의 구조와 기능

오카야마이과내학 이학부 기초이학과 | 모리타 요시무네

누구의 똥일까요?

일본 미야기 현의 도미자와 유적은 2만 년 전 구석기 시대에 생긴 것입니다. 이 유적에서 석기와 숯 말고도 죽은 동식물과 동물 똥을 발견했대요. 똥 한 덩어리에 도토리 같은 모양과 크기의 똥이 60~70개 정도 있었다고 합니다. 그런데 이 똥의 주인은 누구였을까요? 말이나 멧돼지의 똥은 도토리 같은 모양이 아닙니다. 염소와 양 등의 똥은 계란 모양으로 한 덩어리에 200~360개나 눕니다. 토끼는 동글동글한 똥을 눕니다. 이러한 특징으로 볼 때 똥의 주인은 꽃사슴 정도 크기의 사슴으로 예상해요.

똥이 알려줘요

발견한 똥에는 나무껍질과 침엽수 잎 등이 들어 있었습니다. 이것들은 사슴이 겨울철에 먹는 먹이예요. 똥에는 꽃가루도 있었어요. 꽃가루는 단단한 성분으로 이루어져 있어서 아주 옛날 것이라고 해도 형태가 남을 때가 많아요. 꽃가루의 형태는 식물마다 다르기 때문에 꽃가루 모양으로 식물의 정체를 알아낼 수 있답니다. 똥에 섞인 꽃가루를 조사해 보았더니 개암나무와 자작나무의 꽃가루였어요. 이 나무들은 겨울에서 초봄까지 꽃이 핍니다. 사슴이 그 꽃봉오리를 먹었기 때문에 똥에도 꽃가루가 들어 있었던 거예요. 만 년 전 초봄에 나무껍질과 개암나무 꽃봉오리를 먹는 사슴의 모습이 눈에 선하게 그려지지 않나요?

 꽃가루는 현미경으로 관찰할 수 있어요. 받침 유리의 가운데에 꽃가루를 올리고 그 위에 소독용 알코올을 한 방울 떨어뜨리세요. 나팔꽃, 호박꽃은 꽃가루가 크니 좀 더 관찰하기 쉬울 거예요.

나도 과학자

꽃가루를 살펴보세요

꽃가루 한 알은 무척 작아서 맨눈으로 관찰할 수 없습니다. 현미경으로 자세히 들여다보면 식물 종류별로 꽃가루 모양에 특징이 있다는 사실을 알 수 있어요.

선인장과 비슷하지만 다른 유포르비아

2월 22일

교과서 4학년 2학기 1단원 식물의 생활

/ / /

후쿠시마대학 공생시스템 이공학류 | 구로사와 다카히데

다육식물의 한 종류인 선인장

뾰족뾰족 가시가 난 선인장의 모습은 무척 독특하지요. 선인장처럼 잎과 줄기가 두껍고 몸에 수분을 품고 있는 것을 **다육식물**이라고 부릅니다.

선인장은 가시가 나는 자리(자좌)에서 가시가 여러 개씩 나와요. 가시 하나는 잎 한 장이 가늘어져 굳은 거예요. 가시가 나는 자리는 가지가 짧아진 부분이고, 다육 부분은 줄기가 두꺼워진 것입니다. 선인장은 아름답고 큰 꽃을 피웁니다.

선인장과 닮았지만 다른 유포르비아

다육식물 중에는 가시가 나는 자리에서 가시가 두 개씩 나는 것이 있습니다. 그런데 사실 이것은 선인장이 아니라 '유포르비아 그란디코르니스'(학)라는 식물입니다. 잡초인 등대풀, 크리스마스 때 인기 있는 포인세티아와 함께 유포르비아과에 속해요.

선인장과 유포르비아는 우연히 닮았을 뿐 서로 다른 과라서 아무 상관이 없어요. 하지만 둘 다 건조하고 햇볕이 강한 곳에서 삽니다. 그래서 몸에 물을 저장하고, 가시로 몸을 지켜요. 비슷한 환경에서 살기 때문에 비슷한 모양이 된 셈이지요.

가까운 과 / 포인세티아 / 같은 과가 아니에요. / 선인장 / 유포르비아 그란디코르니스

나도 과학자

가시가 두 개일까요?

식물원이나 꽃집에서 '유포르비아 그란디코르니스'를 관찰해 보세요. 한 자리에서 가시가 두 개 나는 모습을 볼 수 있답니다. 가시가 예쁘게 나열된 것도 관찰하며 선인장과 비교해 보세요.

가시가 두 개? / 유포르비아 그란디코르니스 / 선인장

 '유포르비아 그란디코르니스'의 꽃은 작아서 눈에 띄지 않아요.

콘크리트는 무엇으로 만들까요?

교과서 3학년 2학기 3단원 지표의 변화

석탄석광업협회 | 요시노 아쓰시

시멘트와 자갈로 만들어요

집이나 건물 공사를 할 때 콘크리트는 빼놓을 수 없는 재료입니다. 거대한 댐과 다리를 세울 때도 사용하지요. 콘크리트는 무엇으로 만들기에 그렇게 단단하고 튼튼할까요? 콘크리트는 시멘트와 자갈, 물을 섞어서 만들어요. 시멘트는 주성분인 석회암이 전체의 약 80%나 차지해요. 여기에 점토, 경석, 철을 만들 때 나오는 불순물 등을 섞어서 구운 다음 가늘게 부숴 만듭니다.

콘크리트는 약 70%를 차지하는 자갈이나 모래 따위로 만들어요. 이러한 재료를 '골재'라고 부릅니다. 사용하는 자갈의 크기와 종류에 따라 콘크리트의 강도가 달라져요.

화학 반응으로 단단해져요!

시멘트와 물을 섞으면 화학 반응이 일어나면서 굳습니다. 단단하고 튼튼한 콘크리트는 이렇게 탄생한답니다. 그러면 골재는 어떤 역할을 할까요?

시멘트는 굳을 때 열을 냅니다. 그런데 골재는 열에 반응하지 않아서 시멘트가 너무 뜨거워지는 것을 막아요. 또 시멘트가 굳으면 수분이 증발해 부피가 조금 줄어듭니다. 이때 쩍쩍 갈라질 수 있는데, 골재가 그것을 막아요. 게다가 시멘트는 비싸기 때문에 값싼 골재를 넣으면 비용 절약에 도움이 된답니다.

시멘트의 역사는 무척 오래되었어요. 고대 이집트와 그리스·로마 시대부터 사용했습니다. 흔히 사용하는 포틀랜드 시멘트는 1824년 영국에서 발명했습니다.

나도 과학자

어떤 골재를 사용했을까요?

콘크리트에 사용하는 골재는 다양합니다. 하얀색이면 석회암, 초록색이나 검은색이라면 사암이나 안산암일지도 몰라요. 주위 콘크리트를 살펴보면서 어떤 돌을 사용했는지 짐작해 보세요.

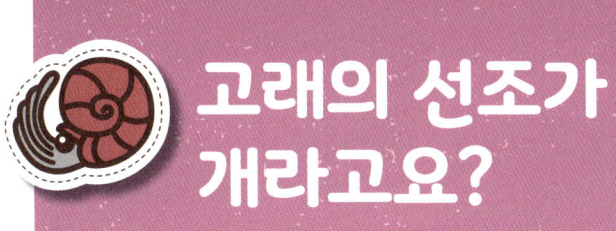

고래의 선조가 개라고요?

2월 24일

교과서 4학년 1학기 2단원 지층과 화석

일본국립과학박물관 지학연구부 | 고노 나오키

원래는 인도 부근에 있었어요

고래는 우리와 같은 포유동물입니다. 알이 아닌 새끼를 낳아 젖을 먹여 키우고, 모두가 알다시피 바다에서 살지요. 그런데 화석을 조사한 결과 고래의 선조가 원래 육지에서 살았다는 놀라운 사실이 밝혀졌습니다. 지금부터 5,300만 년 전의 고래는 지금의 고래와는 달리 지느러미가 없고 다리가 있었으며, 인도와 파키스탄 일대의 물가에서 살았다고 합니다. 최초의 고래 이름은 '파키케투스'입니다. '파키스탄의 고래'라는 의미예요.

고래의 선조?

눈이 머리 위쪽에 달렸어요

파키케투스는 몸길이가 1.5m 정도였습니다. 모습이 지금의 늑대나 개와 비슷했고, 지금의 고래와는 하나도 닮지 않았습니다. 하지만 눈이 머리 위쪽에 달렸고 물속에서도 잘 들리는 귀를 가지고 있는 점 등은 늑대, 개와 다른 부분이었습니다. 이러한 특징은 늑대와 개보다도 현재의 고래와 같습니다.

육지 동물이었던 파키케투스는 점점 진화하여 물속에서만 사는 현재의 고래가 되었습니다. 앞다리는 지느러미로 변했고, 뒷다리는 퇴화해서 헤엄치기 좋은 현재 모습으로 진화해 전 세계의 바다를 누비기 시작했답니다.

나도 과학자

왜 눈이 높이 달렸을까요?

파키케투스는 물가에 사는 조개 같은 동물을 주로 먹었다고 합니다. 여러분도 파키케투스처럼 네 발로 기어 다니면서, 방바닥에 무엇이 있는지 찾아보세요. 만약 파키케투스처럼 우리 눈이 머리 위에 달려 있다면 어떤 장점이 있는지 생각해 보세요. 이를테면 주위가 좀 더 잘 보일지도 몰라요.

🔍 약 5,000만 년 전 인도 일대에는 얕은 여울이 있었습니다. 고래의 선조는 얕은 여울에서 살다가 점점 물속으로 들어갔어요.

돌처럼 변하는 해조류가 있다고요?

2월 25일

교과서 4학년 2학기 1단원 식물의 생활

해양생물환경연구소 | 바바 마사스케

산호처럼 딱딱해져요

해조류라고 하면 바다 물결에 하늘하늘 흔들리는 모습이 떠오르지요. 그런데 사실 부드러운 해조류만 있는 것은 아니랍니다. 돌처럼 딱딱한 해조류도 있어요. 그 해조류는 마치 산호처럼 동물의 뼈와 똑같은 성분으로 단단한 몸을 만듭니다. 겉모습도 산호랑 닮아서 **산호말**이라고 불러요. 산호말은 가까운 바다에도 흔히 있는 해조류입니다. 그런데 언뜻 보기에는 산호인지 돌인지 산호말인지 구분하기가 쉽지 않아요.

산호말의 다양한 형태

산호말로 생긴 섬이 있어요!

산호초라는 지형이 있습니다. 산호가 많이 모여 만들어진 암초 또는 섬을 말해요. 산호초가 생기려면 '산호'뿐 아니라 '산호말'도 필요합니다. 산호는 죽으면 물러지는데, 그렇게 생긴 산호의 틈을 산호말이 대신 채워서 견고한 구조를 만든답니다. 그래서 산호말이 없으면 산호초는 생성될 수 없어요.

반대로 대부분이 산호말로 된 섬이 있습니다. 브라질에 있는, 세계 유산에도 등재된 '로카스 환초'라는 곳입니다. 아직 살아 있는 산호말로 이루어져 지금도 1년에 1~2mm씩 자라 두꺼워지고 있어요.

나도 과학자

산호말과 돌의 차이를 알아보세요

산호말은 바다에서 쉽게 찾을 수 있지만, 돌과 산호말을 구별하기가 어렵습니다. 그러니 자연 관찰 모임, 박물관 등을 활용해 전문가에게 차이를 배우면 좋을 거예요.

 산호말과는 수명이 긴데, 100년에서 200년에 달한다고 해요. 그런데 성장 속도가 느려서 1년에 고작 1~2mm밖에 자라지 않습니다. 100년이 지나도 10~20cm밖에 되지 않는 셈입니다.

돈벌레는 해충일까요, 익충일까요?

2월 26일

교과서 3학년 2학기 | 2단원 동물의 생활

효고현립대학 자연·환경과학연구소 | 야마우치 다케오

사람에게 유익한 돈벌레

까맣게 생긴 긴 벌레가 바쁘게 기어가는 모습을 본 적 있나요? 정식 명칭은 '그리마'로, 흔히 '돈벌레'라고 불러요. 긴 다리가 아주 많이 달린 다족류라서 재빠르게 움직입니다. 육식을 하고 독도 있지만, 사람에게 유익한 벌레예요. 바퀴벌레나 모기, 파리와 같은 해충을 비롯해 해충의 알까지 먹어 치우는 습성이 있거든요. "돈벌레가 집 안에 들어오면 부자가 된다."라는 속담도 있지요. 그런데 겉모습이 혐오스럽고 불쾌감을 줘서 해충으로 취급되곤 해요.

다리가 아주 많은 다족류

그리마와 마찬가지로 지네강에 속하는 지네를 알아볼까요? 지네는 숲 속의 약간 축축한 흙에서 쉽게 찾아볼 수 있어요. 지네는 육식을 하며 독이 있습니다. 독으로 먹잇감을 마비시킨 후에 잡아먹지요.

어미 지네는 자기가 낳은 알을 몸으로 감싼 채 하루 종일 쉬지 않고 핥아서 알을 깨끗하게 보살핍니다. 애벌레가 홀로서기에 나설 때까지 대략 50일 동안 아무것도 먹지 않고 새끼를 돌봅니다.

지네와 닮은 다족류에는 노래기가 있습니다. 주로 낙엽을 먹어요. 빠르게 움직이지는 못하는데, 대신 몸을 둥글게 말아 적에게서 몸을 보호합니다.

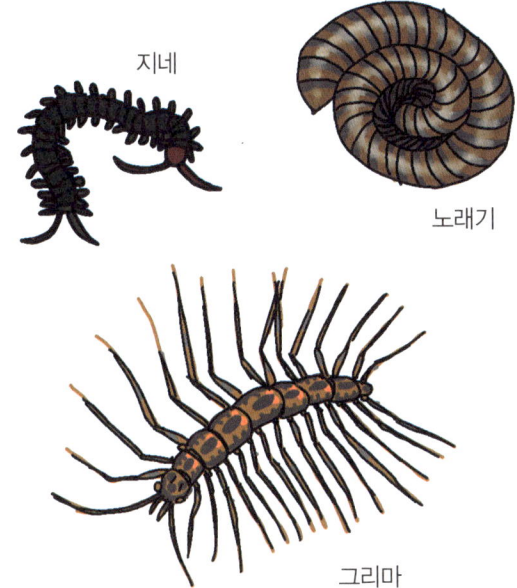

지네

노래기

그리마

나도 과학자

지네와 그리마, 노래기는 어디에 있을까요?

지네, 그리마, 노래기는 숲 속 낙엽 밑이나 돌 아래, 마른 나무껍질 속에서 잘 발견됩니다. 물릴지도 모르니 채집할 때는 핀셋을 사용하세요.

사육하기 쉬워요

 별명이 기차노래기인 '파라폰타리아 라미나타'(학)가 있습니다. 기차를 멈추게 할 정도로 엄청나게 많이 발생해서 이런 별명이 붙었어요. 8년에 한 번꼴로 이렇게 많이 발생한다고 합니다.

개만의 신기한 몸짓 언어

2월 27일

교과서 3학년 2학기 2단원 동물의 생활

아자부대학 수의학부 | 기쿠스이 다케후미

꼬리를 흔드는 모습에 의미가 있어요

개는 감정을 몸으로 표현해요. 우선 '꼬리'를 살펴보세요. 흥분하면 꼬리를 막 흔들기 시작합니다. 공놀이를 하거나 먹이를 먹을 때 주로 흥분하지요. 공격성을 띨 때도 꼬리를 흔드는데, 이때는 꼬리를 흔드는 속도가 빨라져요. 기쁠 때와는 흔드는 모습이 다른 것을 알 수 있어요.

그다음은 '어금니' 드러내기입니다. 시베리안 허스키, 알래스칸 맬러뮤트와 같은 개는 상대에게 이를 보이며 위협합니다. 한편 닥스훈트나 푸들은 그런 동작을 보이지 않아요. 이빨을 드러내는 행동은 늑대도 보인답니다. 개는 늑대와 가까운 종이에요. 그중에서도 비교적 늑대와 더 가까운 개가 늑대처럼 이빨을 드러내는 거예요.

애착심을 표현하는 눈 마주치기

개는 '눈'으로도 감정을 표현해요. 개는 주인의 눈을 자주 바라보는데, 주인의 눈빛을 읽어 내기 위해서라고 해요. 이러한 행동을 늑대와 비교하면, 아무래도 눈을 마주치는 의미에 차이가 있는 듯 보입니다. 개가 시선을 마주치는 것은 주인에게 애착심이 있기 때문이에요. 반면 늑대는 동료끼리 의사소통할 때뿐만 아니라 상대방을 위협할 때도 시선을 맞추곤 합니다.

 개의 항문에서는 냄새가 나는 물질이 나와요. 개마다 다른 냄새가 나지요. 개끼리 엉덩이 냄새를 맡는 것은 상대를 알기 위한 행동이랍니다.

나도 과학자

개는 부탁할 때 어떤 행동을 할까요?

개는 주인에게 원하는 바가 있을 때 눈을 마주치려고 합니다. 개에게 간식을 보여 준 다음 개가 닿을 수 없는 곳에 간식을 내려놓아 보세요. 그러면 개가 눈을 마주치려고 할 거예요.

생물의 심장은 다 똑같을까요?

교과서 6학년 2학기 4단원 우리 몸의 구조와 기능

도쿄대학 분자세포생물학연구소 | 고시바 가즈코

네 개의 방으로 나뉜 심장

사람은 살기 위해 반드시 산소를 마셔야 합니다. 그래서 숨을 들이쉬어 공기 중의 산소를 폐로 보내지요. 들이쉰 산소를 온몸으로 보내는 일을 담당하는 기관은 바로 심장입니다. 혈액 속의 '적혈구'가 산소를 온몸으로 실어 나른답니다.

심장의 생김새는 생물마다 달라요. 포유류, 조류, 파충류(악어)의 심장은 심방 2개와 심실 2개로 나뉩니다. 이처럼 방 4개를 가진 경우, 온몸을 도는 혈액은 산소가 줄어든 상태로 우심방을 지나 우심실로 들어갑니다. 그리고 이곳에서 폐로 이동해 산소를 듬뿍 받습니다. 그 후에 좌심방을 지나 좌심실로 들어가고, 다시 온몸으로 이동한답니다.

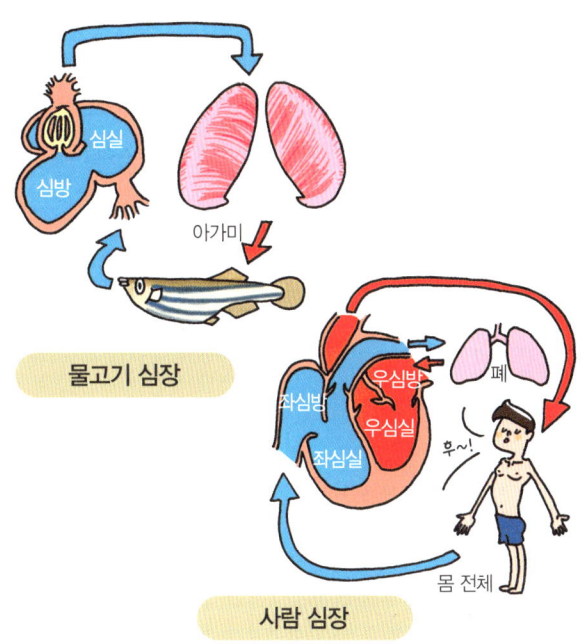

물고기 심장

사람 심장

물고기의 심장은 방이 2개뿐이에요

한편 물고기의 심장은 심방과 심실이 각각 하나씩으로 방이 2개뿐입니다. 물고기는 폐가 없기 때문에 피가 심실에서 아가미로 보내집니다. 그리고 아가미에서 산소를 받아 온몸으로 이동한답니다.

물속은 공기 중보다 산소가 적기 때문에 심실에서 많은 혈액을 보내도 공기 중에서처럼 많은 산소를 빨아들일 수 없어요. 그래서 사람처럼 4개의 방이 있는 커다란 심장은 필요 없습니다. 물고기의 심장은 산소가 적은 물속 생활에 적합하게 진화했답니다.

🔍 심장을 순우리말로 '염통'이라고 해요. 주로 동물의 심장을 가리킬 때 씁니다. 우리나라에서는 돼지, 소, 닭 등의 염통을 요리해 먹는답니다.

나도 과학자

닭의 심장을 관찰해 보세요

슈퍼에서 파는 닭의 심장(염통)을 칼로 잘라 보세요. 단면을 관찰하면 심실과 심방이 2개씩 있는 것을 확인할 수 있습니다.

※주의! 다칠 수 있으니 반드시 어른과 함께하세요.

4년에 한 번 윤년이 찾아오는 이유

2월 29일

교과서 6학년 1학기 2단원 지구와 달의 운동

아이즈대학 우주정보과학클러스트 | 데무라 히로히데

365일로는 1년이 채 안 된다고요?!

지구는 태양의 주위를 돌고 있습니다. 지구가 태양 주위를 한 바퀴 돌면 계절이 네 번 바뀌어 1년이 지나지요. 동시에 지구는 스스로 회전하는데, 한 번 돌면 하루가 지납니다. 1년은 365일이니, 지구는 태양 주위를 한 바퀴 도는 동안 스스로 365번 회전하는 셈입니다.

그런데 태양의 주위를 도는 움직임과 스스로 회전하는 움직임은 사실 아무런 관계가 없습니다. 각각 따로 움직이는 것이지요. 그래서 지구가 365번 회전했을 때 정확히 1년 전과 똑같은 위치로 돌아오는 것은 아니랍니다. 아주 살짝, 한 바퀴에 못 미치는 위치에 와요.

윤년으로 엇갈리는 부분을 채워요

이 엇갈리는 차이를 바로잡는 것이 4년에 한 번 있는 윤년입니다. 엇갈리는 차이는 4년에 약 하루 분입니다. 그래서 4년에 한 번, 2월 29일을 만들어 366일을 1년으로 보는 것이에요. 그러면 부족했던 부분이 채워져서 지구가 다시 원래 위치에 올 수 있답니다.

만약 이 엇갈리는 부분을 바로잡지 않는다면 달력과 계절이 점점 차이가 나 버려서, 달력은 2월인데 매미가 울거나 8월인데 눈이 내리게 될지도 몰

라요. 달력은 사람이 생활에 맞춰 만든 것입니다. 그래서 2월 29일을 만들지 않으면 자연과 차이가 생길 수 있답니다.

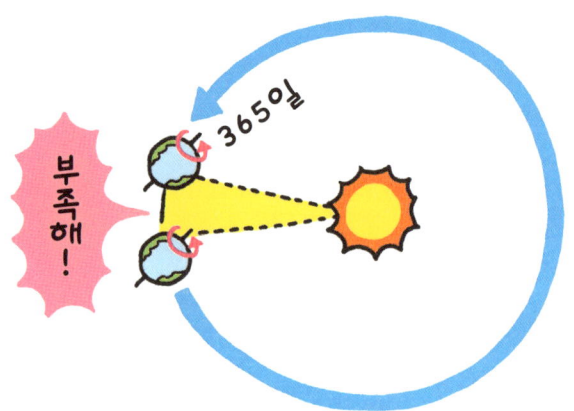

지구가 회전하는 속도는 해마다 느려진다고 해요. 지금은 1년에 365번 회전하지만, 5억 년 정도 전에는 444번 회전해서 1년이 444일이었다는 설도 있어요. 산호 화석의 나이테에 근거한 이야기지요.

 **나도 과학자**

달을 기준으로 한 달력

현재 달력은 태양의 움직임을 바탕으로 만들어서 '태양력'이라고 부릅니다. 그런데 달의 움직임을 기준으로 한 '태음력'이라는 달력도 있어요. 구정처럼 지금도 태음력을 바탕으로 치르는 행사도 있답니다. 우리나라는 명절을 음력으로 쇠지요.

3월

나는 물이 아주 조금만 있어도 살 수 있지롱.

고구마는 씻어 먹어야 제맛이지.

눈에 보이지 않는 꽃가루

교과서 6학년 1학기 4단원 식물의 구조와 기능

의료법인사단 창조회 평화대병원 | 이마이 도오루

연기처럼 흩날리는 꽃가루

나무에 달린 꽃눈은 쌀알만큼 작은 크기여서 우리 눈에 잘 띄지 않아요. 꽃눈 하나에 약 40만 개의 꽃가루가 나옵니다. 꽃가루는 콧물, 재채기, 눈 가려움증 등의 꽃가루 알레르기 증상을 일으켜요.

꽃가루의 크기는 대개 30㎛ 정도입니다. 무척 작아서 꽃가루를 하나하나 맨눈으로 보는 것은 불가능해요. 많은 양이 날리면 연기처럼 보인답니다. 꽃가루 하나를 관찰하려면 반드시 현미경이 필요해요.

꽃가루 알레르기의 원인

꽃가루가 많이 날리는 날 공기 중에 떠도는 꽃가루의 양은 얼마나 될까요? 받침 유리 위에 24시간 동안 떨어진 꽃가루를 올린 후 세면 알 수 있어요.

꽃가루 알레르기의 원인이 되는 꽃가루는 그 밖에도 다양해요. 우리나라에서는 노송나무, 돼지풀, 벼과 식물 등도 꽃가루 알레르기를 일으킵니다. 다른 나라는 어떤지 알아볼까요? 북아메리카에서는 돼지풀, 유럽에서는 벼과 식물, 북유럽에서는 자작나무가 대표적이에요. 세계 각지의 사람들이 다양한 꽃가루 알레르기 때문에 고생한답니다.

 **나도 과학자**

꽃가루는 얼마나 날아다닐까요?

보통 꽃이 피는 4월이 되면 꽃가루가 아주 많이 날립니다. 받침 유리에 양면테이프를 붙이고 야외나 실내에 놔두어 보세요. 시간이 지난 후 현미경으로 관찰하면 꽃가루가 보일 거예요.

접착테이프

🔍 제주도에 서식하는 삼나무 꽃가루는 우리의 폐 깊숙이 들어오지 않습니다. 폐에 들어오기에는 입자가 너무 크기 때문입니다. 꽃가루 알레르기의 증상은 몸의 표면에 노출된 눈과 코를 중심으로 나타납니다.

손발이 잘려도 다시 생기는 생물

교과서 3학년 2학기 2단원 동물의 생활

오카야마대학 이분야융합첨단단코어 | 사토 아키라

멕시코도롱뇽과 사람의 손

'멕시코도롱뇽'은 이름대로 멕시코가 원산지입니다. '아홀로틀' 또는 '우파루파'라고도 불러요. 도롱뇽, 도마뱀붙이와 같은 종류로 꼬리가 있는 양서류입니다. 멕시코도롱뇽의 손은 사람의 손보다 훨씬 작지만 모양은 많이 닮았습니다. 그런데 큰 차이도 있습니다. 잘려 나가도 다시 자란다는 점입니다.

우리는 찰과상이나 베인 상처 등에 반창고를 붙이지요. 그렇게 얼마간 두면 상처가 깨끗하게 낫습니다. 하지만 만약 팔이 완전히 잘려 나간다면 수술을 해야 할 거예요. 그런데 멕시코도롱뇽은 찰과상을 입었을 때는 물론 팔이 잘려 나가도 원래 모습으로 돌아올 수 있대요.

마법 같은 재생 약의 발견

멕시코도롱뇽의 손발이 왜 다시 생기는지는 200년 전부터 사람들이 궁금해 하던 문제였어요. 그런데 최근 멕시코도롱뇽에게서 손발을 원래대로 되돌리는 성분을 발견했습니다. 이 성분은 신체를 재생하는 특수 효소인 '암브록스'예요. 오직 멕시코도롱뇽만 만들어 낼 수 있대요. 이 효소를 발견하면서 200년 전부터 이어졌던 궁금증이 드디어 풀렸습니다. 사람의 상처를 치료하고 피부를 빨리 재생하는 데 활용하는 것도 머지 않은 것 같지요?

🔍 멕시코도롱뇽은 재생력이 무척 강해요. 예를 들면 손발뿐만이 아니라 꼬리와 턱도 재생합니다. 무려 뇌와 심장의 일부를 3분의 1 정도 잘라 내도 재생한대요.

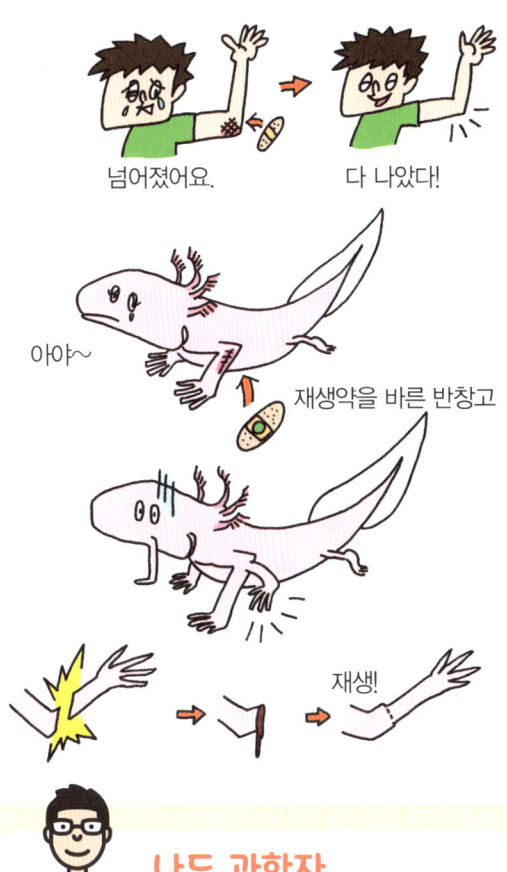

나도 과학자

멕시코도롱뇽처럼 몸을 재생하는 동물은?

아래 그림에서 몸을 재생하는 동물은 플라나리아, 불가사리, 도마뱀, 가재입니다. 쥐와 원숭이는 몸이 재생되지 않아요. 몸을 재생할 수 있는 동물에는 물속에서 사는 수생동물이 많답니다.

일본원숭이 암컷은 소꿉놀이를 좋아해요

3월 3일

교과서 3학년 2학기 2단원 동물의 생활

/ / /

오카야마이과대학 이학부 동물학과 | 시미즈 게이코

초여름에 태어나요

일본원숭이 새끼는 초여름에 태어납니다. 나뭇잎 같은 원숭이의 먹이가 풍부한 시기이지요. 일본원숭이 새끼는 태어나자마자 손발로 엄마의 털을 붙잡을 수 있습니다. 그래서 처음에는 엄마의 배에 매달려 있다가 조금 성장하면 등에 업혀 이동해요. 반년 정도 엄마의 젖을 먹으며 자라고, 그 이후부터는 스스로 먹잇감을 찾아다닌답니다.

암컷과 수컷의 놀이

일본원숭이의 암컷과 수컷은 덩치와 울음소리가 거의 비슷합니다. 그래서 노는 모습으로 암컷과 수컷을 구분한답니다.

암컷은 무리에 있는 새끼 원숭이 중 한 마리를 자기 아기로 골라, 안아 주기도 하고 털을 골라 주기도 합니다. 어미원숭이를 흉내 내는 것이지요. 또 돌과 나뭇잎을 가지고 소꿉놀이를 해요. 반면 일본원숭이 수컷은 쫓기 놀이를 하거나 레슬링을 하면서 활발하게 뛰어놉니다.

사람도 여자아이는 대부분 인형놀이나 소꿉놀이를 많이 하는 데 비해 남자아이는 달리기를 하거나 자동차 장난감을 가지고 놀지요. 일본원숭이도 마찬가지랍니다.

나도 과학자

암컷과 수컷을 구분할 수 있을까요?

6~7월 무렵 동물원에 가면 그해 봄에 태어난 새끼원숭이를 볼 수 있어요. 노는 모습과 생김새로 암컷과 수컷을 구분해 보세요.

수컷의 엉덩이에는 흔들거리는 주머니 같은 것(음낭)이 달려 있어요.

음낭

사람이든 일본원숭이든 몸속에 '호르몬'이라는 물질이 있어요. 암컷이 대부분 소꿉놀이를 하고 수컷이 뛰어노는 이유는 호르몬이 다르기 때문입니다.

나비는 엉덩이에도 눈이 있어요

교과서 3학년 2학기 2단원 동물의 생활

도쿄대학 종합연구박물관 | 야고 마사야

짝짓기할 때 사용하는 눈

나비는 얼굴에 있는 눈 말고도 눈이 하나 더 있다고 합니다. 도대체 어디에 쓰는 눈일까요?

그 눈은 엉덩이 끝에 있습니다. 이 눈은 암컷이냐 수컷이냐에 따라 역할이 조금 달라요. 먼저 수컷의 눈이 어떤 역할을 하는지 알아볼까요? 호랑나비가 알을 잘 낳으려면 짝짓기를 할 때 수컷과 암컷의 엉덩이가 꼭 맞아야 해요. 그래서 수컷은 엉덩이에 달린 눈을 두 엉덩이가 잘 붙어 있는지 확인하기 위해 사용합니다. 엉덩이에 달린 눈으로 봤을 때 완전히 컴컴하다고 느끼면 수컷과 암컷의 엉덩이가 빛이 들어오지 않을 정도로 딱 맞았다는 뜻입니다. 이 상태라면 짝짓기가 순조롭게 이루어지겠지요.

알을 낳을 때 사용하는 눈

암컷의 엉덩이에 달린 눈은 알을 낳을 때 중요한 역할을 합니다. 이 눈은 알이 나오는 관과 가까운 곳에 있고, 평소에는 엉덩이 속에 있어 보이지 않아요. 그러다 알을 낳을 때가 되어 관이 길어지면 눈도 엉덩이 밖으로 튀어나옵니다. 이때 빛을 받은 눈은 밝다고 느끼지요. 다시 말해, 눈이 밖의 밝기를 감지해서 알을 낳는 관이 제대로 밖으로 나왔는지 확인하는 거예요. 엉덩이에 있는 눈이 알을 낳을 때 중요하다니 흥미롭지 않나요?

나비 엉덩이의 눈은 일본 종합연구대학원대학의 아리가와 겐타로 교수가 발견했습니다. 나비에 대한 새로운 발견에 세계가 깜짝 놀랐답니다.

나도 과학자

알을 낳는 모습을 관찰해 보세요

호랑나비나 배추흰나비가 알을 낳는 모습을 발견하면 엉덩이를 주목하면서 관찰해 보세요.

원숭이도 흉내를 낼까요?

3월 5일

교과서 3학년 2학기 2단원 동물의 생활

교토대학 영장류연구소 | 도모나가 마사키

의미 없는 행동은 흉내 내지 않아요

'원숭이 흉내'라는 말이 있어요. 남이 하는 행동을 의미 없이 똑같이 따라 하는 것을 말합니다. 그런데 실제로 원숭이는 흉내를 내지 않아요. 일본원숭이, 침팬지 앞에서 머리를 긁거나 제자리걸음을 해도 원숭이는 그렇게 의미 없는 행동은 흉내 내지 않는답니다. 반면 사람은 어린아이라고 해도 의미 없는 행동을 얼마든지 따라 할 수 있어요.

철퍽철퍽

흉내를 내면서 배워요

하지만 원숭이가 누군가의 행동을 봤을 때 아무것도 느끼지 못하는 것은 아닙니다. 오히려 다른 원숭이가 하는 행동에 무척 흥미가 많아서 자신도 따라 해 보려고 합니다.

일본 미야자키 현의 고지마 섬에 사는 일본원숭이는 고구마를 먹기 전에 바닷물에 씻는 행동을 하는 것으로 유명합니다. 새끼 원숭이 한 마리가 우연히 했던 행동이 점점 퍼지면서 지금은 고지마의 거의 모든 원숭이가 고구마를 씻어 먹습니다.

고구마 씻는 방법을 서로 가르쳐 주는 것은 아니에요. 원숭이들은 가족, 친구가 하는 행동을 유심히 관찰합니다. 그리고 여러 방법으로 따라 해 보며 스스로 방법을 익힌답니다. 그런 점은 우리 사람도 비슷하지요.

 원숭이는 아무 의미 없는 행동을 따라 하는 것을 무척 어려워합니다. 도구를 사용하는 행동이라면 흉내 내기 조금 쉬워져요.

나도 과학자

흉내를 내거나 시험해 보세요

동물원을 찾아가 여러 원숭이들 앞에서 몸을 이리저리 움직여 보세요. 원숭이가 여러분의 행동을 따라 할까요? 반대로 여러분이 원숭이의 행동을 흉내 내면 어떨까요? 원숭이가 스트레스를 받을지도 모르니 너무 오래 하지는 마세요.

국경을 넘어 찾아오는 조개

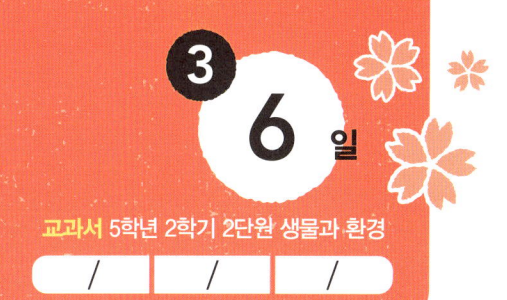

교과서 5학년 2학기 2단원 생물과 환경

일본생물지리학회 | 야마다 가즈유키

수입으로 옮겨 온 바지락

바다 생물이 사람에 의해 이동할 때가 있습니다. 예를 들면 바지락은 외국에서 수입해 오기도 합니다. 1990년대에는 7만여 톤 하던 바지락 어획량이 2015년에는 2만 5천여 톤으로 66%나 줄어들었거든요. 이렇게 우리나라 바다에 새로운 외국산 바지락이 흘러들어 왔어요.

화물선에 딸려 들어오는 조개

한편 배에 딸려 들어오는 조개도 있습니다. 화물을 운반하는 배는 짐을 싣고 내릴 때 무게 차이가 생겨 심하게 흔들릴 수 있어요. 그래서 균형을 유지하기 위해 배 밑에 바닷물(평형수)을 실어요. 화물을 내리는 항구에서 배 안에 싣고, 화물을 싣는 항구에서 버립니다. 바로 이 바닷물에 조개 따위가 함께 쓸려 들어가기도 해요. 예를 들면 북아메리카산 대합, 지중해담치 등입니다.

원래 있던 나라에서 외국으로 나가는 조개도 있습니다. 일본산 피뿔고둥은 일본에서 흑해로 옮겨 가서, 원래 흑해에 사는 조개를 먹어 치우고 말았어요. 이처럼 선박의 평형을 유지하기 위해 실었다 버리는 바닷물을 따라 생물이 이동하는 것은 바다 생태계에 나쁜 영향을 끼칩니다. 그래서 대책을 마련하는 중이라고 해요.

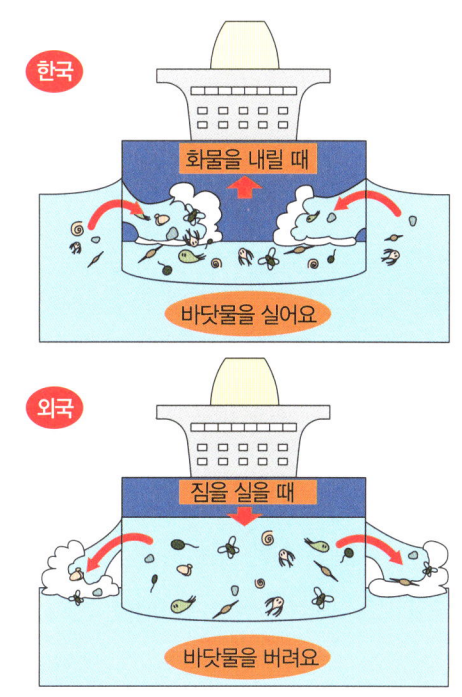

조개가 배 바닥에 달라붙거나 새끼 조개가 배의 균형을 맞추는 바닷물에 섞여 들어오기도 합니다. 그 밖에 해파리, 불가사리, 미역, 적조 플랑크톤 등이 바닷물을 따라 전 세계로 퍼진대요.(93쪽 참조)

나도 과학자

외국 조개를 먹을 수 있을까요?

언제부턴가 우리나라 바다에서 발견되는 외국 조개가 있습니다. 그중에서도 대합과 지중해담치 등은 식용으로 이용됩니다. 어떤 조개인지 한번 조사해 보세요.

지금까지 발견되지 않은 신종 곤충

3월 7일

교과서 3학년 2학기 2단원 동물의 생활

일본국립과학박물관 | 도모쿠니 마사아키

발견한 사람이나 발견 지역명을 따서 학명을 붙여요

세상에는 아직 알려지지 않은 생물이 많아요. 과학자들은 새로운 생물을 발견해 연구한답니다. 생물의 종 이름인 학명은 주로 발견한 사람의 이름이나 발견 지역명을 따서 지을 때가 많아요.

최근 강원도 인제군에서는 생물자원조사를 벌여 신종 곤충 2종을 발견했어요. 이때 '신종'이라는 말은 세계 최초로 발견했다는 뜻입니다. 이들 신종 곤충은 노린재목 장님노린재과의 곤충으로 용대자연휴양림에서 채집했대요. 학명은 발견한 지역의 이름을 따서 '프살루스 인젠시스'(학)와 '프살루스 용다이리'(학)로 정해졌습니다.

대도시에도 신종 곤충이 있어요!

대도시에서도 신종 곤충을 발견할 때가 있습니다. 2013년에는 일본의 도쿄 시내 한복판에 있는 도쿄대학에서 장님노린재과의 신종을 발견했습니다. 이렇게 흙이나 풀숲 등을 잘 살펴보면 신종 곤충을 찾을 수 있을지도 몰라요. 곤충을 자세히 알면 신종 발견의 기회가 더 늘어나지 않을까요?

케이로토누스 얌바르(학)

일본 오키나와에서 발견된 풍뎅이과. 오키나와 북부 산지의 이름인 '얀바루'를 따서 '얀바루테나가코가네'라고도 불러요.

 나비나 잠자리는 여러 연구로 잘 알려진 만큼 새롭게 발견하는 신종이 적을지도 몰라요. 다만, 겉으로 보기에는 비슷해도 사실 별종일 때도 있습니다. 그러한 예는 아주 많은 표본을 조사하지 않으면 알 수 없답니다.

나도 과학자

몸이 어떻게 생겼을까요?

풀숲에 있는 작은 곤충을 찾아보세요. 곤충을 발견하면 돋보기로 관찰합니다. 이름을 몰라도 상관없어요. 몸이 어떻게 생겼는지 살펴보세요.

흙 속에 있는 씨앗은 계절 변화를 어떻게 알까요?

교과서 4학년 1학기 3단원 식물의 한살이

3월 8일

후쿠이현립대학 생물자원학부 | 요시오카 도시히토

씨앗이 일찍 또는 늦게 싹을 틔우면?

봄철에 먹을 수 있는 대표적인 일곱 가지 풀 중에 별꽃이 있습니다. 특히 푸른별꽃은 꽃이 지면 씨앗이 생겨 땅에 떨어지는데, 곧바로 싹을 틔우지는 않습니다. 여름 동안 씨앗 상태로 흙 속에서 잠을 자며 지내다가, 가을이 되면 드디어 싹을 틔웁니다. 그런데 만약 그보다 빨리 싹이 나 버리면 어떻게 될까요? 주위에 풀이 무성하게 우거져서 햇빛을 받지 못하는 바람에 모처럼 나온 싹이 말라 버리고 말 거예요.

그러면 만약 반대로 싹이 너무 늦게 나면 어떻게 될까요? 싹이 늦게 나면 겨울까지 성장할 시간이 부족해요. 미처 다 자라지 못한 상태로 겨울을 맞이하니 추위를 견디지 못하고 시들어 버린답니다.

계절 변화를 땅의 온도로 알아차려요

푸른별꽃은 가장 적절한 시기인 가을에 싹을 틔워야 살아남을 수 있어요. 그래서 땅속에 있는 씨앗은 땅의 온도 변화를 민감하게 알아차립니다. 봄에서 여름까지는 땅 온도가 높아요. 가을, 겨울이 될수록 점점 온도가 내려가겠지요.

푸른별꽃 씨앗은 온도가 높으면 싹이 나지 않아요. 그래서 여름에는 싹이 나지 않고, 마침내 가을이 되어 온도가 내려가면 그제야 싹이 나온답니다.

 별꽃에는 일반적인 별꽃과 푸른별꽃이 있어요. 여기서 소개한 푸른별꽃과 달리 일반적인 별꽃은 온도를 그리 민감하게 느끼지 않아서 사시사철 핀답니다.

나도 과학자

씨앗 속은 어떻게 생겼을까요?

과일을 먹을 때 씨앗 속을 관찰해 보세요. 씨앗에는 배와 배젖이 있어요. 씨앗은 새의 알 또는 사람의 태아와 같습니다. 알에 비유하면 배는 알의 노른자, 배젖은 알의 흰자와 같답니다. **배**는 자라서 식물체가 될 부분이고, **배젖**은 배에 양분을 제공해요.

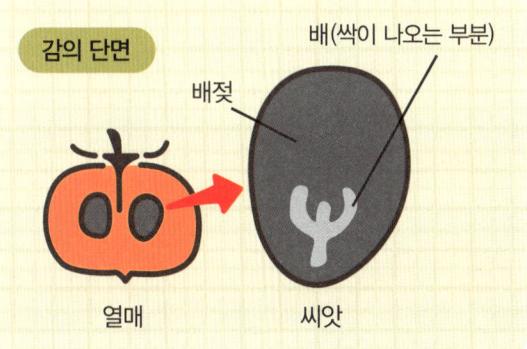

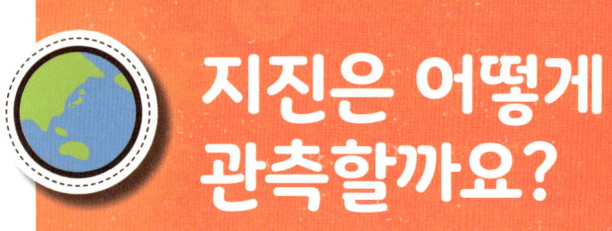

지진은 어떻게 관측할까요?

교과서 4학년 2학기 4단원 화산과 지진

쓰쿠바대학 생명환경계 | 야기 유지

움직이지 않는 추로 지진을 관측해요

종종 지진이 일어나 건물이 흔들리거나 무너지는 피해가 생기곤 합니다. 이러한 지진의 움직임을 기록하는 기계를 **지진계**라고 해요. 가장 단순한 원리의 지진계는 추를 사용합니다. 지진이 일어나면 땅이 흔들리지요. 이때 땅이 흔들리지 않는 지점을 기준으로 땅이 얼마나 흔들리는지 조사할 수 있어요.

물질은 무거울수록 그곳에 머무르려고 하는 성질이 있습니다. 그래서 무거운 추를 끈으로 매달아 두면 지진이 일어나 땅이 흔들려도 추는 흔들리지 않아요. 추에 펜을 달고, 밑에 종이를 깔아 두면 땅이 얼마나 흔들리는지 기록할 수 있어요.

그 밖에 자석과 코일을 사용한 지진계도 있답니다. 영구자석의 틀 안에 코일을 감은 추를 둔 형태입니다. 지진이 일어나면 이 코일이 흔들리면서 전류가 발생해요. 전류의 세기로 땅의 진동을 측정하는 원리입니다.

우주에서 지진을 조사해요

최근에는 우주에서 땅 위의 움직임을 조사할 수 있어요. 바로 GPS 지진계입니다. 우주에 있는 인공위성은 지상에서 지진이 발생한다고 해도 움직이지 않겠지요. 인공위성을 지진계로 활용해 지상에 수신기와 안테나를 설치하고, 지진이 발생한 위치를 조사한답니다.

세계 최초로 땅의 진동을 기록한 지진계는 1880년 영국인 지진학자 존 밀른, 토머스 그레이와 제임스 유잉이 발명했답니다.

나도 과학자

추가 어떻게 움직이는지 실험해 보세요

점토 따위로 추를 만든 다음 끈을 달아 손으로 흔들어 보세요. 추의 무게와 흔드는 방법에 따라 추의 움직임이 어떻게 달라지는지 관찰합니다. 끈 대신에 용수철을 사용해도 재미있어요.

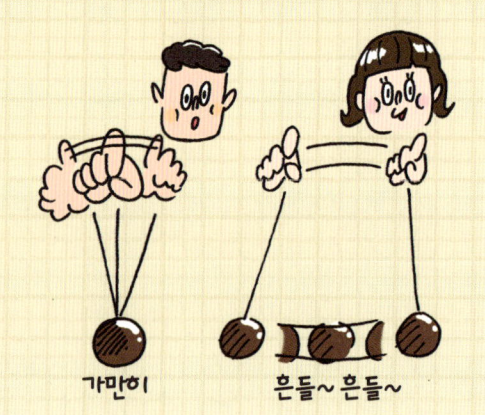

지진은 왜 일어날까요?

3월 10일

교과서 4학년 2학기 4단원 화산과 지진

쓰쿠바대학 생명환경계 | 야기 유지

지구의 땅은 움직이고 있어요!

지구의 속은 안쪽부터 핵, 맨틀, 지각이라는 부분으로 이루어져 있어요. 마치 달걀이 노른자, 흰자, 껍데기로 되어 있는 것처럼 말입니다.

지각은 달걀 껍데기처럼 지구의 크기에 비해 무척 얇아요. 몇 개로 나뉘는 판들은 저마다 다른 방향으로 움직입니다. 1년에 불과 몇 센티미터만큼 아주 천천히 움직여요. 한반도가 있는 유라시아판은 동쪽의 태평양판 쪽으로 이동합니다. 두 판이 부딪히는 경계에서 지진이 발생하는데, 이 경계에 있는 나라가 일본이에요. 우리나라는 경계가 아닌 유라시아판 위에 있기 때문에 그동안 지진이 자주 일어나지 않았어요.

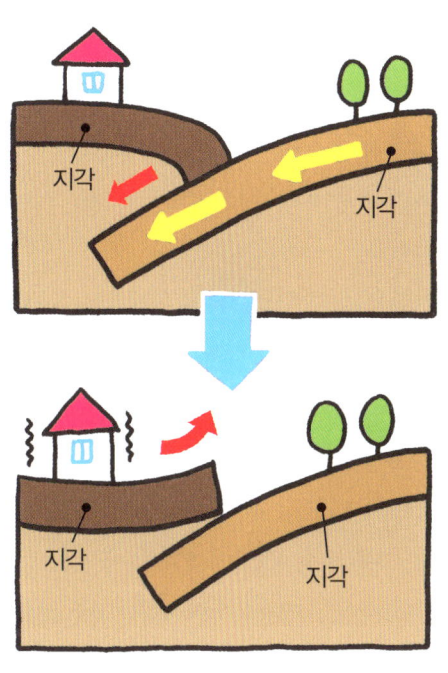

땅이 갈라질 때 지진이 일어나요

지각끼리 충돌하면 그 움직임에 따라 지각이 조금씩 맞물려 일그러집니다. 그러다 한계에 도달하면 일그러진 판이 다시 원래대로 돌아가려고 합니다. 그때 땅이 갈라지는 현상인 '단층' 때문에 땅이 움직이는데, 이것이 지진의 정체입니다. 땅의 진동은 파도처럼 주위로 퍼져 나가는데, 이때 우리가 지진이 일어났다고 느끼는 것입니다.

 유라시아판 속에는 여기저기 **단층**이 있어서, 단층이 움직이며 지진이 일어날 수 있어요. 2016년 경주에서 일어난 지진도 단층이 움직이며 생겼어요.

나도 과학자

곤약으로 지진을 재현해 보세요

곤약을 30도 정도 각도로 칼집을 낸 다음 양쪽에서 천천히 밉니다. 그러면 처음에는 움직이지 않지만, 계속 힘을 줘서 밀면 갑자기 중간 부분이 위로 치솟아요.

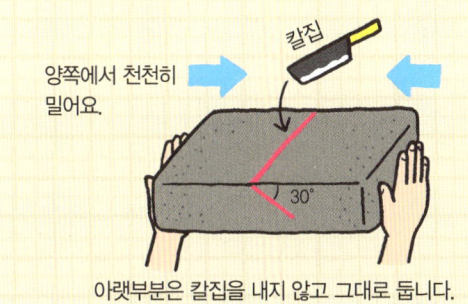

쓰나미는 왜 일어날까요?

교과서 4학년 2학기 4단원 화산과 지진

쓰쿠바대학 생명환경계 | 야기 유지

해저 변화로 일어나는 지진 해일

지진이 일어나면 해일도 걱정되지요. **지진 해일**은 지진 때문에 생기는 거대한 파도를 말하지만, 보통 우리가 아는 파도와는 전혀 다르답니다. '쓰나미'라고도 불러요.

지진 해일은 바다 밑의 지형이 변하면서 일어납니다. 예를 들어 바다 밑에 힘이 가해져서 땅이 위로 솟아오른다고 생각해 보세요. 그러면 그 위에 있던 바닷물도 같이 솟아오르겠지요. 솟아오른 땅은 그 상태에서 모양을 유지할 수 있지만, 바닷물은 그렇지 않습니다. 평평했던 원래의 수면으로 되돌아가려고 하지요. 그래서 솟아오른 바닷물은 주위로 이동합니다. 이렇게 바닷물이 주위로 점점 퍼져 나가는 것이 바로 지진 해일입니다.

지진이 아니라도 해일은 일어나요

바다 밑의 지형 변화 때문이 아니라도 지진 해일은 일어날 수 있어요. 예를 들면 산사태가 일어나 엄청난 양의 흙모래가 바다로 순식간에 흘러들어 갈 때 생겨요. 또, 빙하가 무너지면서 거대한 얼음 덩어리가 바다에 떨어져도 지진 해일이 일어납니다.

지진 해일은 수심이 깊은 바다에서 제트기와 같은 시속 800km 정도의 속도로 이동합니다. 해안가로 다가올수록 수심이 얕아져 이동 속도가 느려져요. 반면 해안가에 밀려드는 바닷물의 양이 늘어나 파도의 높이가 높아져요. 이 때문에 해안 지역의 건물이 무너지거나 수많은 사람이 목숨을 잃는 피해를 입기도 합니다.

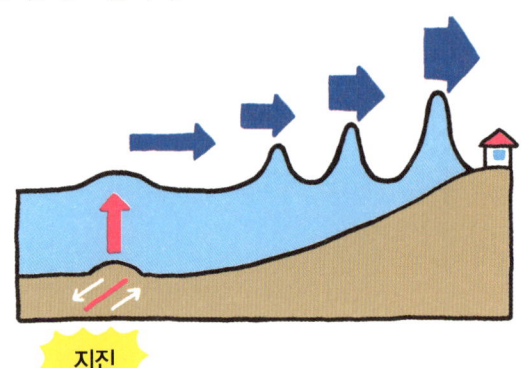

지진

나도 과학자

욕조에서 하는 지진 해일 실험

물을 채운 욕조에 평평한 판이나 세숫대야 등을 넣고, 바닥에서 위로 확 들어 올려 보세요. 수면이 위로 올라가면서 파도가 주위로 밀려가는 모습을 확인할 수 있어요. 너무 크게 움직이지 말고, 몸은 가만히 있어야 실험이 잘된답니다.

'쓰나미'는 '지진 해일'을 뜻하는 일본어예요. 직역하면 '항구의 파도'입니다. 1946년 태평양 주변에서 지진 해일이 일어나면서 최대 규모의 희생자를 내자 세계 언론에서 '쓰나미'라는 일본어를 사용하기 시작했어요. 하와이에서 참사를 목격한 일본계 미국인이 '쓰나미'라고 말한 것이 계기가 되었대요. 1963년에 열린 국제과학회의에서 '쓰나미'를 국제 용어로 공식 채택했습니다.

곰벌레는 웬만해서는 죽지 않아요!

3월 12일

교과서 3학년 2학기 2단원 동물의 생활

교토대학대학원 이학연구과 | 후지모토 신타

남극에도, 심해에도 있어요

조금 특이한 생물, '곰벌레'를 소개합니다. 곰벌레는 이름과 달리 곤충이 아니랍니다. 다리가 8개 달렸고 아주 느리게 걷는 완보동물입니다. 대부분 몸 크기가 1mm도 채 되지 않을 만큼 아주 작아요.

곰벌레는 열대 지방에서부터 남극과 북극에 이르기까지 지구상의 거의 모든 지역에 삽니다. 우리 주변에서 잘 발견되는 장소는 이끼류, 지의류, 흙이에요. 바다에서는 모래, 진흙, 해조류, 따개비 등에서 찾을 수 있지요. 심해에서도 발견할 수 있어요.

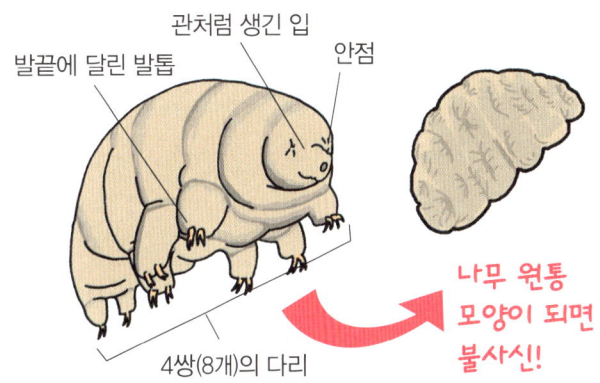

발끝에 달린 발톱 / 관처럼 생긴 입 / 안점 / 4쌍(8개)의 다리

나무 원통 모양이 되면 불사신!

나무 원통 모양으로 변신해 살아남아요

곰벌레는 몸 주위에 물이 아주 조금이라도 있으면 먹이를 먹으면서 돌아다닐 수 있습니다. 물이 말라 없어지면 곰벌레는 몸을 둥글게 말아 나무 원통 모양을 만들어 가만히 있습니다. 나무 원통 모양이 된 곰벌레는 무척 척박한 환경에서도 견딜 수 있어요. 꽁꽁 얼려도 전자레인지에 넣고 돌려도 끄떡없습니다. 심지어 산소가 없는 우주 공간에 잠시 내버려 둬도 죽지 않는다고 해요.

이끼나 지의류에서는 곰벌레, 윤형동물(눈에 보이지 않을 만큼 작은 다세포 무척추동물), 실처럼 생긴 선충도 찾을 수 있어요. 이러한 생물들도 물이 없는 가혹한 환경에 잘 견딘답니다.

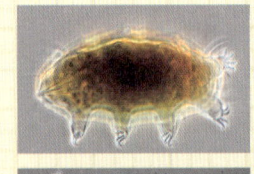

나도 과학자

곰벌레는 종류에 따라 모습이 달라요

직접 곰벌레를 잡아서 현미경으로 관찰하기는 아주 어렵습니다. 그래서 현미경으로 촬영한 여러 종류의 곰벌레 사진을 소개합니다.

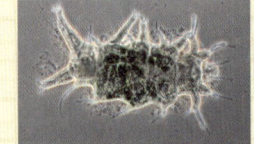
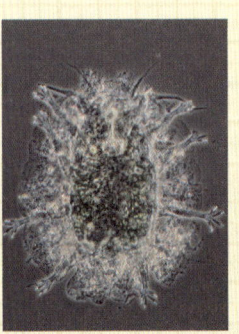

딸기와 표주박이끼가 함께 살 수 있는 이유

3월 13일

교과서 4학년 2학기 1단원 식물의 생활

이화학연구소 | 이토 가미사오

비닐하우스 안에도 사는 표주박이끼

우리는 딸기 따기 체험을 하러 가면 열심히 딸기를 따 먹느라 정신이 없지요. 그런데 과학자들은 딸기의 맛과 영양보다는 딸기가 자라는 환경에 주목한답니다. 딸기 재배에 어떤 비료를 사용하는지, 어떤 흙을 쓰는지 등을 조사하는 것입니다.

딸기 비닐하우스를 한번 떠올려 볼까요? 수경 재배를 하는 비닐하우스는 흙 대신 물을 담은 관이 높은 곳에 있고 물을 머금은 스펀지 같은 부분에 딸기가 심어져 있습니다. 먹음직스럽게 생긴 딸기가 대롱대롱 달려 있어요. 그런데 딸기의 뿌리 근처를 살펴보면 표주박이끼가 자라는 것을 볼 수 있어요.

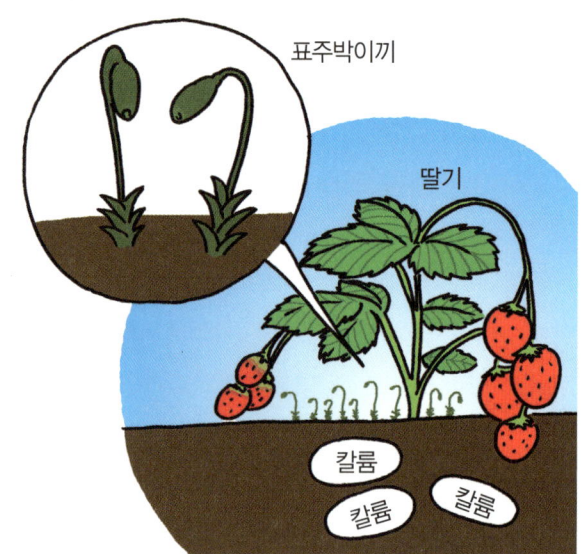

딸기처럼 칼륨을 좋아하는 표주박이끼

표주박이끼는 이끼 식물입니다. 그런데 딸기 비닐하우스의 표주박이끼는 야외에서 자라는 표주박이끼보다 크기가 크다고 합니다. 왜 그럴까요?

딸기가 성장하려면 칼륨이 필요합니다. 그래서 비료에 칼륨이 많이 포함되어 있습니다. 칼륨은 표주박이끼가 크게 성장하는 데에도 도움을 줍니다. 온실 속이어서 따뜻하다는 점도 표주박이끼의 성장과 관련 있을지도 몰라요. 딸기가 자라는 환경이 표주박이끼에게도 살기 좋은 곳인 것 같지요?

 식물이 성장하려면 양분이 필요합니다. 예를 들면 질소, 인, 칼륨 같은 성분은 작물의 비료로 사용됩니다. 이러한 성분은 식물의 성장에 빼놓을 수 없답니다.

나도 과학자

딸기 옆에 표주박이끼가 있나요?

비닐하우스 안의 표주박이끼는 일 년 내내 자랍니다. 딸기 체험을 하러 갈 때 딸기 근처에서 표주박이끼가 자라는지도 확인해 보세요. 표주박이끼의 표주박 모양은 어떻게 생겼을까요?

새끼를 지키는 물고기가 있어요

3월 14일

교과서 3학년 2학기 2단원 동물의 생활

도쿄대학 대기해양연구소 | 사루와타리 도시로

외부의 적에게서 알을 지켜요

사람을 비롯한 포유류는 태어난 아기가 무사히 성장할 때까지 키웁니다. 반면 물고기는 알을 낳으면 그것으로 끝이고, 보통은 돌보지 않아요. 그런데 알고 보니 새끼를 돌보는 물고기도 있대요!

바로 호주 북부 지역과 뉴기니의 강 하구 등에 사는 '쿠르투스'(학)입니다. 수컷은 앞머리에 갈고리 모양의 돌기가 있는데, 이곳에 알을 한 무더기 이고 다니면서 외부의 적으로부터 지킵니다.

자리돔도 알을 지켜요. 바위 뒤에 낳아둔 알 쪽으로 적이 접근하면 수컷이 공격해서 쫓아냅니다. 죽어 버린 알은 치우기도 해요.

알과 새끼를 입에 넣어 지키는 물고기

입에 넣어서 지켜요

알에서 나온 새끼를 지키는 물고기도 있습니다. 아프리카의 호수에 사는 시클리과의 물고기예요. 이 물고기는 놀랍게도 입에 알과 치어를 넣어 외부의 적으로부터 지킨다고 합니다. 이 방법을 '구내보육'이라고 해요. 구내보육을 하다가 주변이 안전하다는 것을 확인하면 새끼들을 입에서 내보냅니다. 그러다가 적이 나타나면 곧바로 입에 다시 넣어 보호한답니다.

아프리카의 탕가니카 호수에 사는 메기과는 입에 치어를 넣고 키우는 시클리과 물고기에게 알을 맡겨서 대신 돌보게 한대요. 이를 **탁란**이라고 합니다. 물고기뿐만 아니라 새 중에도 탁란을 하는 새가 있어요.

나도 과학자

물고기가 새끼를 어떻게 보호하는지 관찰해 보세요

알을 보호하는 자리돔, 구내보육을 하는 물고기는 수족관에서 만날 수 있어요. 수족관이나 열대어 가게를 찾아 여러 가지 궁금한 점을 물어 보세요.

여왕벌은 꿀벌의 왕일까요?

교과서 3학년 2학기 2단원 동물의 생활

고베대학 이학연구과 | 스가하라 미치오

왕이란 무엇일까요?

세상에는 왕이 있는 나라도 많이 있습니다. 그런 나라에서는 왕이 제일 높은 사람이지요. 그렇다면 여왕벌도 같은 벌집에 사는 벌들의 왕일까요? 이름은 '여왕'이지만, 사실 여왕벌은 벌집에서 제일 높은 벌이 아니랍니다.

알을 낳는 것이 여왕벌의 임무예요

그러면 여왕벌은 다른 일벌과 어떤 차이가 있을까요? 일단 여왕벌은 벌집 하나당 한 마리밖에 없습니다. 그래서 특별한 벌임에는 틀림없어요. 여왕벌이 다른 벌과 다른 점은 바로 알을 낳는다는 것입니다. 즉, 벌집에 아무리 많은 암벌이 있어도 알을 낳는 것은 오로지 여왕벌 한 마리뿐이랍니다. 여왕벌은 날개돋이 후에 수벌과 결혼 비행을 떠나 짝짓기를 해요. 이때 정자를 저장해 두었다가 수정란을 낳으면 암벌이 되고, 무정란을 낳으면 수벌이 돼요.

사실은 일벌도 전부 암컷이어서 원래는 알을 낳을 수 있어요. 하지만 여왕벌이 내뿜는 어떤 물질이 알을 낳지 못하게 한답니다. 한편 여왕벌이 하루에 낳는 알의 개수는 1,000개나 된다고 하네요.

나도 과학자

수벌은 무슨 일을 할까요?

꿀을 모으는 일벌은 암컷입니다. 그러면 수벌은 무슨 일을 할까요? 인터넷이나 도감으로 조사해 보세요.

🔍 일벌의 수명은 여름에는 약 1개월~3개월, 겨울에는 약 3개월~6개월입니다. 반면 여왕벌은 3년에서 4년 정도 살아요.

개는 왜 사람을 잘 따를까요?

교과서 3학년 2학기 2단원 동물의 생활

아자부대학 수의학부 | 기쿠스이 다케후미

사람에게 길들여지지 않는 늑대

개의 조상은 늑대입니다. 먼 옛날, 사람들은 개처럼 늑대도 키웠습니다. 사람의 몸을 지키기 위해서, 또 사냥을 하기 위해서였겠지요. 하지만 늑대는 아무리 돌봐도 개처럼 길들일 수 없어요.

늑대는 집단생활을 하는데, 그중에 조금이나마 사람을 따르는 늑대가 있었을 것입니다. 선조들은 비교적 사람을 잘 따르는 성질을 가진 늑대만 골라 교배했고, 그러던 중 사람을 잘 따르는 개가 탄생했습니다. 사람을 잘 따르는 개일수록 키우기 쉽지요.

사람을 잘 따르는 개

개와 함께 노는 것은 무척 중요합니다. 개는 놀면서 사람과 관계를 형성해 나가기 때문입니다. 개는 놀이를 아주 좋아해요. 그래서 개가 좋아하는 놀이를 함께하면 서로의 관계를 깊이 다질 수 있어요. 사람을 잘 따르는 개로 키우고 싶다면 무엇보다도 같이 놀아 주는 것이 가장 좋은 방법입니다.

개는 다 큰 후에도 강아지 같은 천진난만함이 남아 있어요. 그러니 다 큰 개라도 놀이가 아주 중요합니다. 개를 키우거나 앞으로 키울 계획이라면 개와 자주 놀아 주세요. 분명 사람을 잘 따르는 순한 개가 될 거예요. 공놀이, 끈을 이용한 놀이, 산책 등 개가 기뻐서 꼬리를 살랑살랑 흔들 만한 일을 많이 해 주세요.

나도 과학자

개는 어떤 놀이를 좋아할까요?

개와 함께 놀아 보세요. 끈을 잡아당기거나 공을 던지고, 함께 달리는 등 개가 기뻐하는 놀이를 다양하게 하면 좋아요. 물론 산책도 중요해요.

🔍 개와 늑대의 잡종인 늑대개도 있어요. 늑대는 사람을 무서워해서 웬만하면 사람을 공격하지 않습니다. 그런데 만약 사람을 잘 따르는 개의 특성이 늑대개에 유전되면 어떻게 될까요? 어쩌면 늑대개가 사람을 무서워하지 않게 될지도 몰라요.

푸른 모르포 나비의 날개는 왜 파랄까요?

3월 17일

교과서 3학년 2학기 2단원 동물의 생활

도쿄대학 종합연구박물관 | 야고 마사야

홈이 색깔의 근원

CD나 DVD의 뒷면을 보세요. 보는 각도에 따라 무지갯빛 색깔이 보이지 않나요? 비눗방울도 비슷합니다. 비눗방울의 표면 역시 보는 각도에 따라 여러 가지 색깔로 보입니다.

우리가 파란 꽃을 그릴 때는 파란색 물감을, 빨간색 소방차를 그릴 때는 빨간색 물감을 쓰지요. 그런데 CD나 DVD 뒷면은 무지갯빛 물감을 칠하지 않습니다. 표면에 섬세하게 난 '홈' 때문에 무지갯빛으로 보이는 것입니다. 홈에 빛이 어떻게 들어가느냐에 따라 보이는 색깔이 달라진답니다.

푸른 모르포 나비

파란색 성분은 없어요

흔히 '푸른 모르포 나비'라고 부르는 '모르포 디디우스'(학)는 남아메리카에서 서식하며 날개가 아름다운 파란빛을 띱니다. 그런데 실제로는 파란색 성분이 없어요. 오직 갈색 성분만 있대요. 그런데도 파랗게 보이는 이유는 CD, DVD와 마찬가지로 날개 표면에 섬세한 홈이 나 있기 때문입니다.

나비의 날개는 **인분**이라는 비늘 가루로 덮여 있어요. 그리고 비늘의 표면에 무수하고 섬세한 홈이 나 있습니다. 바로 이 홈의 형태 때문에 우리의 눈에 나비의 날개가 파랗게 보이는 것입니다.

 **나도 과학자**

무지갯빛으로 보이는 것을 찾아보세요

CD나 DVD를 들고 각도를 바꾸며 색깔이 어떻게 변하는지 관찰해 봅시다. 또 그 밖에 무지갯빛을 띠는 물체가 없는지 찾아보세요. 비눗방울, 조개껍데기 안쪽, 물에 뜬 기름, 공작 깃털 등 여러 가지가 있답니다.

우리나라에 있는 '작은녹색부전나비'도 날개를 보는 각도에 따라 색깔이 달리 보이는 부분이 있어요. (189쪽 참조)

세계 각지에서 번식이 늘고 있는 미역

교과서 4학년 2학기 1단원 식물의 생활

고베대학 내해역환경교육연구센터 | 가와이 히로시

미역이 세계 각지에서 번식하고 있어요

미역은 원래 한국, 일본 등 동아시아에서만 자라는 해조류였습니다. 그런데 최근 들어 유럽, 아메리카 대륙, 뉴질랜드 등 세계 각지의 바다에 출현해서 외래종으로 문제가 되고 있어요.

생물은 서로 이어져 있어요

평소에 미역을 즐겨 먹는 사람이라면 '늘어난 미역을 먹어 치우면 된다'고 생각할지도 모르겠네요. 하지만 그리 간단한 이야기가 아니랍니다.

생물은 다른 생물과 깊이 이어져 있어요. 예를 들면 정해진 해조류만 먹거나 정해진 해조류에서만 알을 낳는 생물도 있답니다. 그런데 만약 미역이 지나치게 늘어나는 바람에 그 지역에 원래 있던 해조류가 터전을 잃고 사라진다면 어떻게 될까요? 그 해조류와 연관된 생물도 덩달아 사라져 버리고 말 거예요.

어떤 생물이 늘어나면 다른 생물이 줄어들고, 그것이 또 다른 생물에게 영향을 미칩니다. 어쩌면 우리가 즐겨 먹는 물고기도 언젠가는 사라져 버릴지 몰라요. 이렇게 생물은 다른 생물과 이어져 살아간답니다.

미역을 먹는 나라는 한국, 중국, 일본 정도이고, 그 밖의 나라에서는 잘 먹지 않아요. 우리나라에서는 영양이 풍부해 식재료로 잘 먹는 미역을 미국이나 뉴질랜드에서는 잡초로 여긴다고 합니다.

나도 과학자

미역이 왜 늘어났을까요?

우리나라 바다는 여름에 덥고 겨울에 추워요. 생물이 살기에 혹독한 기후지요. 그래서 미역은 뉴질랜드 인근처럼 일 년 내내 수온 변화가 크게 일어나지 않는 바다에서 점점 증식해 나가는 것입니다.

지느러미가 원래 손과 발이었대요

3월 19일

교과서 5학년 2학기 2단원 생물과 환경

일본국립과학박물관 지학연구부 | 고노 나오키

원래는 모두 육지에 살았어요

수족관에 가면 물에서 사는 다양한 포유류를 만날 수 있어요. 고래, 돌고래, 바다사자, 바다표범, 바다소, 해달 등입니다. 이 생물들은 물에 살지만 우리와 같은 포유동물로, 선조가 원래 육지에 살았어요.

손과 발이 지느러미로 변했어요

육지에서 살던 동물이 물에 살면서부터 몸에 다양한 변화가 일어났습니다. 대부분의 공통점은 손발의 변화입니다. 육지에 사는 동물은 대부분 손가락 또는 발가락이 있습니다. 예를 들어 사람이나 원숭이는 손가락과 발가락이 있지요. 코끼리와 말도 발가락이 있습니다.

그런데 육지에 살던 동물이 물에 살면서 손가락과 발가락 사이에 피부가 덮이며 점점 지느러미로 변했습니다. 갈라졌던 뼈가 마치 한 장의 판 같은 뼈 구조로 바뀌어 물속을 헤엄치기 쉽게 진화한 것입니다. 또 돌고래는 헤엄칠 때 물의 방해를 덜 받도록 물고기처럼 매끄러운 몸으로 변했습니다. 이처럼 포유동물이라도 물에 살면 환경에 적응해 몸의 형태가 변한답니다.

발가락이 지느러미로 변한 포유류

 물에 살면서 모습이 변하는 것은 포유동물만이 아닙니다. 지금은 멸종했지만 파충류 중 '어룡'(이크티오사우루스)이라는 무리가 돌고래와 똑같은 형태로 진화했답니다.

나도 과학자

지느러미의 역할을 몸소 느껴 보아요

'오리발'을 끼고 헤엄쳐 보세요. 그다음에는 오리발을 끼고 땅 위를 걸어 보세요. 오리발을 끼지 않고 걸었을 때와 느낌이 어떻게 다른가요?

꽃가루 알레르기는 왜 일어날까요?

교과서 6학년 1학기 4단원 식물의 구조와 기능

3월 20일

의료법인사단 창조회 평화대병원 | 이마이 도오루

꽃가루 알레르기로 고생하는 사람

꽃가루 알레르기에 민감한 사람과 전혀 아무렇지도 않은 사람이 있습니다. 같은 꽃가루인데, 왜 그럴까요? 답은 유전과 관련 있어요. 예를 들면 가족 중에 꽃가루 알레르기에 민감한 사람이 있거나 어릴 때 천식, 아토피성 피부염, 음식물 알레르기 등이 있었던 사람은 꽃가루 알레르기로 고생하기 쉽습니다. 우리 몸은 세균, 바이러스 등의 적에게서 스스로를 지키려 하는 성질이 있어요. 삼나무 꽃가루를 적으로 판단하면 꽃가루 알레르기가 생깁니다. 그런데 삼나무 꽃가루를 적으로 여기는 성질이 유전된다고 반드시 알레르기를 일으키는 것은 아니에요. 꽃가루 알레르기는 유전보다도 생활 환경, 음식물 등과 더 관련이 깊기 때문입니다.

어떻게 대처하면 좋을까요?

꽃가루 알레르기를 가벼운 증상에서 멈추려면 무엇보다도 예방과 빠른 치료가 중요합니다. 예방법 중 하나는 꽃가루를 되도록 피하는 거예요. '꽃가루 알레르기 위험 예보'를 적극적으로 활용하세요. 꽃가루가 많이 날리는 날에는 최대한 외출을 삼갑니다. 꽃가루가 많이 날리는 시간대는 오전 6시부터 10시까지이니, 이 시간대를 피해 바깥 활동에 나서도록 합니다. 얼굴 크기에 맞는 마스크와 안경도 예방에 효과적입니다. 충분한 수면과 영양소 섭취도 중요해요. 꽃가루 알레르기에 예민한 사람은 미리 병원을 찾는 것도 좋아요.

올바른 꽃가루 알레르기 예방법 / 꼼꼼히 차단하기 / 잘 자기 / 잘 먹기

나도 과학자

꽃가루 알레르기가 있는 사람은?

자신이 꽃가루 알레르기에 걸리기 쉬운 유형인지 알아봅시다. 가족이나 친척 중에 꽃가루 알레르기, 천식, 아토피성 피부염, 음식물 알레르기로 고생하는 사람이 있는지 표로 정리하면 쉽게 짐작할 수 있어요.

실내에 들어온 꽃가루를 제거하려면 가습기를 틀어 보세요. 꽃가루가 수분을 머금으면 무거워져서 바닥에 떨어지기 때문입니다. 바닥에 떨어진 꽃가루를 걸레로 닦아 내는 것도 잊지 마세요.

거미는 피를 빨아 먹을까요?

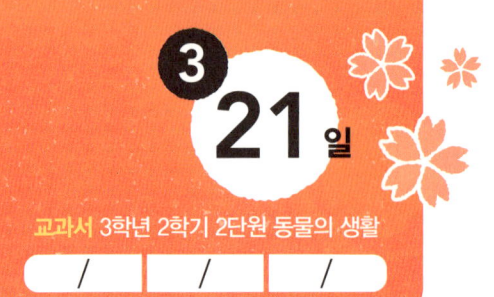

교과서 3학년 2학기 2단원 동물의 생활

일본국립과학박물관 동물연구부 | 오노 히로쓰구

거미는 고기를 좋아해요

요괴 이야기나 공포 영화에 자주 나오기 때문에 피를 빨아 먹는 거미가 있다고 생각하는 사람이 많습니다. 그런데 사실 피를 빨아 먹는 거미는 없어요. 피를 빨아 먹으려면 모기처럼 입이 주삿바늘같이 생겨야 합니다. 매미와 나비도 피를 빨아 먹지 않지만 나무의 즙이나 꽃의 꿀을 빨아 먹기 때문에 입이 빨대처럼 생겼습니다.

반면 거미는 독이 나오는 날카로운 협각을 가지고 있어요. 협각은 이빨과 비슷하게 생긴 기관으로 마치 나뭇가지처럼 생겼어요. 거미는 종류에 따라 거미줄을 쳐서 먹잇감을 기다리기도 하고, 거미줄 없이 갑자기 먹잇감을 덮치기도 합니다. 이렇게 방식은 다르지만 거미는 모두 독이 나오는 날카로운 협각으로 먹잇감을 물어요. 이렇게 하면 자기 몸보다 큰 적도 즉시 넘어뜨릴 수 있습니다. 몸집이 큰 거미는 개구리, 쥐, 때로는 새까지 잡아먹는답니다.

그대로 먹지는 않아요

거미는 이빨이 없고, 사람처럼 음식물을 삼킬 수도 없습니다. 그래서 거미는 먹잇감을 잡으면 일단 입에 문 채로 가만히 있습니다. 입에서 소화액을 분비해 먹이를 녹여 먹어요. 거미에게도 위가 있지만, 음식물을 소화하는 기능은 없고 소화액으로 녹인 음식물을 펌프처럼 빨아들이는 역할을 합니다. 그래서 거미는 밥 먹는 시간이 길어요.

 **나도 과학자**

거미는 어떤 먹이를 좋아할까요?

거미의 종류와 크기에 따라 사람이 준 고기와 생선을 먹기도 합니다. 거미 주위에 여러 가지 죽은 생물을 놔둔 다음, 어떤 것을 먹는지 알아보세요.

🔍 거미는 상황에 따라 사람에게 익충도 해충도 될 수 있어요. 논에서는 해충을 잡아먹어 도움이 됩니다. 하지만 허브밭이나 꽃밭에서는 거미줄 때문에 식물이 엉망이 되어 버리기도 합니다.

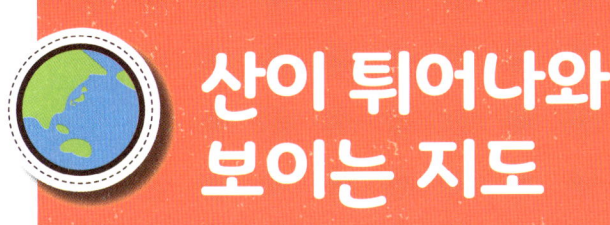

산이 튀어나와 보이는 지도

교과서 6학년 2학기 4단원 우리 몸의 구조와 기능

일본국토교통성 국토교통대학교 | 고아라이 마모루

양쪽 눈이 다른 것을 보아요

사람은 눈이 두 개지요. 그런데 눈과 눈 사이가 약간 떨어져 있기 때문에 보이는 경치가 조금씩 다르답니다. 우리는 이 차이를 이용해서 물체를 입체적으로 볼 수 있습니다.

이러한 구조를 이용하면 입체 사진을 찍을 수 있어요. 우선 카메라를 좌우로 살짝 치우치게 해서 사진 2장을 찍습니다. 그리고 한쪽 눈을 가려서 사진을 보세요. 오른쪽으로 치우친 사진을 오른쪽 눈으로, 왼쪽으로 치우친 사진을 왼쪽 눈으로 보는 거예요. 물체가 볼록 튀어나온 것 같거나 안으로 움푹 들어간 것처럼 보인답니다.

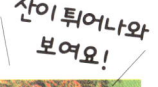
산이 튀어나와 보여요!

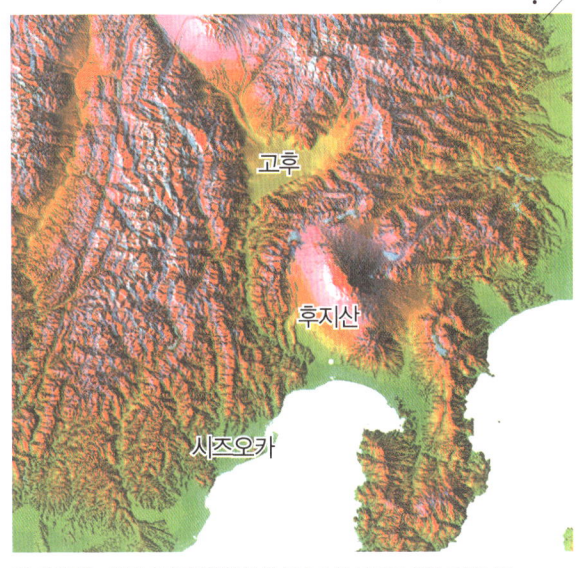

고후
후지산
시즈오카

이 데이터는 일본국토지리원에서 작성한 수치 지도에 의한 것입니다.

적청 안경을 쓰면 누구나 볼 수 있어요!

연습 없이도 누구나 물체를 입체적으로 볼 수 있는 방법이 있어요. 적청 안경을 사용하는 것입니다. 적청 안경은 양쪽 안경알 자리에 각각 붉은색과 파란색 셀로판지를 붙인 안경이에요. 이 안경을 이용해 위 지도를 보세요. 이 지도는 빨간색으로 그린 지도와 파란색으로 그린 지도를 겹친 것이랍니다. 적청 안경으로 보면 입체 지도가 되도록 만들었습니다.

나도 과학자

적청 안경으로 위의 지도를 보세요

왼쪽이 빨강, 오른쪽이 파랑인 적청 안경을 쓰고 살펴볼까요? 왼쪽 눈에는 파란 지도, 오른쪽 눈에는 빨간 지도가 보이기 때문에 산이 입체적으로 볼록 튀어나와 보인답니다.

비행기를 타고 하늘에서 땅 사진을 찍어 두 장을 나열하면 지형을 입체적으로 볼 수 있어요. 옛날에는 이런 식으로 땅의 높이를 조사해 등고선을 그렸답니다.

목이 긴 동물은 그만큼 뼈도 많을까요?

교과서 3학년 2학기 2단원 동물의 생활

3월 23일

도쿄대학대학원 농학생명과학연구과 | 이시다 겐

목이 길면 뼈도 많을까요?

동물원에 가면 많은 동물을 볼 수 있지요. 목이 긴 동물도 있고 목이 짧은 동물도 있습니다. 목이 긴 동물 하면 우선 기린이 떠오르지 않나요? 그런데 사실 목이 무척 긴 기린도 목뼈의 개수는 7개밖에 되지 않는답니다.

우리 사람도 목뼈가 7개입니다. 목뼈가 7개인 것은 사람을 포함한 포유류의 특징입니다. 한편 목뼈가 더 많은 동물도 있어요. 바로 새입니다.

깃털 정리할 때 편해요

새 중에서도 특히 목뼈가 많은 새는 백조입니다. 백조의 목은 우아하고 아름다운 곡선을 그리는데, 그 비밀은 뼈의 개수에 있어요. 백조의 목뼈는 무려 25개나 된다고 하네요.

새는 목뼈가 보통 8~25개여서, 목을 자유자재로 움직여 몸을 덮은 깃털을 정리합니다. 부리가 닿지 않는 머리나 목 쪽의 깃털은 발로 정리해요. 새에게 깃털은 아주 중요하답니다. 백조가 그 긴 목을 사용해서 꼼꼼히 털 정리를 하는 모습을 구경하다 보면 시간 가는 줄도 모를 거예요. 새의 유연한 목은 깃털 정리, 먹이 사냥, 구애 등을 할 때 유용해요.

지금까지 발견한 동물 중에서 목뼈의 개수가 가장 많은 동물은 '엘라스모사우루스'라는 장경룡과입니다. 공룡이 살던 시대에 바닷속에서 살던 동물이에요. 화석으로 발견했지만, 목뼈가 무려 76개나 되었습니다. 긴 목을 능숙하게 움직여 사냥을 했던 것으로 보여요.

유연하지!?

나도 과학자

동물원에서 관찰해요

백조 외에도 왜가리, 학 등 목이 긴 새가 많습니다. 또 앵무새, 올빼미 등은 목이 아주 짧답니다. 각각 목을 어떻게 움직이는지 관찰해 보세요.

🔍 포유류의 목뼈는 7개입니다. 그런데 예외도 있어요. '나무늘보'와 '바다소'입니다. 나무늘보의 목뼈는 6개 또는 9개, 바다소는 6개입니다.

대나무통으로 벌을 유인해 보세요

교과서 3학년 2학기 2단원 동물의 생활

슈토대학도쿄 도시교양학부 | 시미즈 아키라

길이 20cm인 대나무통을 준비해요

우리 주위에는 벌이 많이 살아요. 구하기 어렵겠지만 대나무통으로 벌을 유인해서 다양한 벌집을 관찰해 볼까요? 주택가에서는 다른 사람에게 위험할 수 있으니 조심하세요. 구하기 어렵다면 대나무통 대신 종이 원통을 사용할 수 있어요.

우선 길이 20cm 정도에 한쪽이 막힌 건조한 대나무통을 준비하세요. 대나무 구멍의 크기는 지름 5~15mm 정도가 좋아요. 두께가 다양하면 그만큼 여러 종류의 벌이 들어오니 두께가 서로 다른 대나무통을 사용하길 추천합니다.

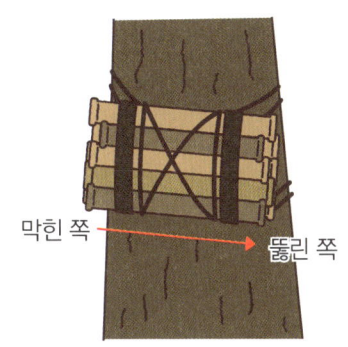

막힌 쪽 → 뚫린 쪽

벌집의 다양한 모양

준비한 대나무통 약 10개를 끈으로 이어 다발로 만듭니다. 그리고 숲 속의 나무에 매다세요. 나무에 매달 때는 어른의 도움을 받아 150cm의 높이에 동여 매세요. 이때 핵심은 입구가 살짝 아래쪽을 향하도록 비스듬히 매다는 것입니다. 이렇게 하면 빗물이 통 안에 고이는 것을 막을 수 있어요. 처마 밑에 달 때는 입구를 밖으로 향하게 합니다.

대나무통은 4~5월에 달아서 11~12월에 회수합니다. 회수한 대나무통을 세로로 반을 쪼개 보세요. 흙 경단 같은 덩어리들이 들어 있는 다양한 벌집을 관찰할 수 있답니다.

벌을 관찰해요!

🔍 대나무통 속 벌집은 방이 벽으로 나눠져 있기도 합니다. 그 칸막이벽은 진흙이나 나무의 진으로 만든 것입니다. 알은 대부분 방 하나에 하나씩 보관합니다.

나도 과학자

벌집을 관찰한 다음 벌을 키워 보세요

11~12월에는 벌의 애벌레가 고치 속에서, 번데기의 전 단계가 되어 있을 가능성이 높아요. 고치를 작은 병에 담아 키워 보세요. 공기가 들어갈 수 있게 뚜껑을 살짝만 닫아 둡니다. 4~5월이 되면 벌이 되는 모습을 관찰할 수 있어요.

대나무통 벌집

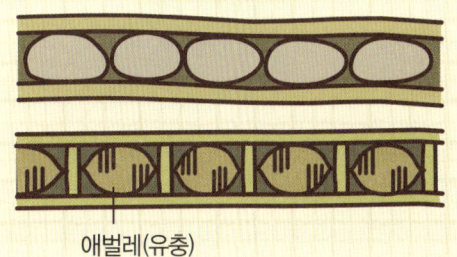

애벌레(유충)

환경에 따라 변신하는 플랑크톤

교과서 5학년 1학기 5단원 다양한 생물과 우리 생활

나가사키대학 | 마쓰오카 가즈미

편모를 사용해 회전하면서 헤엄쳐요

식물성 플랑크톤의 한 종류인 '와편모조류'는 맨눈으로 볼 수 없을 만큼 작은 생물이지만, 현미경으로 보면 깜짝 놀랄 만한 모양이랍니다. 몸에 가로세로로 커다란 홈이 있는데, 각각의 홈에서 모양이 다른 편모가 하나씩 나와 있습니다. 두 개의 편모를 사용해 회전하면서 헤엄쳐요. 세계에는 다양한 와편모조류가 있는데 그 수가 2,000종이 넘는대요.

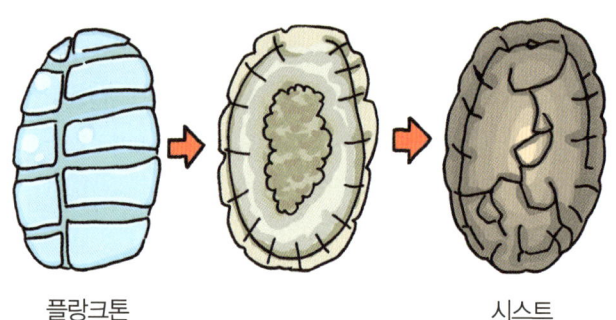

플랑크톤 → → 시스트

와편모조류의 형태 변화

적조를 유발하거나 가만히 있어요

와편모조류는 때로 해수면을 덮을 정도로 증식해 적조를 유발합니다. 그렇다고 일 년 내내 해수면에 있는 것은 아니고, 어느 틈에 사라진답니다. 그런데 어디로 가는 것이 아니라 모습을 바꿀 뿐이라고 해요. 몸속에 튼튼한 막으로 감싼 새로운 세포가 만들어지는데, 이 세포를 '시스트'라고 부릅니다. 시스트는 바다 밑바닥에 가라앉아, 마치 잠자는 것처럼 가만히 있어요. 해수면 근처에서 사라지는 것은 이 때문입니다.

약 200종의 와편모조류가 시스트를 만들어 그 상태로 살기 힘든 환경을 피합니다. 그러다가 환경이 살기 좋아지면 다시 두 개의 편모를 가진 모습으로 돌아와 회전하면서 헤엄치기 시작한답니다.

 시스트는 튼튼한 막으로 덮여 있습니다. 막을 튼튼하게 만드는 주성분은 '스포로폴레닌'이라는 물질입니다. 시스트에는 편모가 없으며, 무겁기 때문에 바닷속에서 떠도는 일 없이 바닥에 가라앉아 있습니다.

나도 과학자

여러 가지 모양의 와편모조류

아래 그림은 여러 종류의 와편모조류가 플랑크톤일 때 모습과 시스트일 때 모습입니다. a와 1, b와 2, c와 3이 같은 종류예요. 이처럼 플랑크톤일 때와 시스트일 때 모양이 다른 것도 있지요?

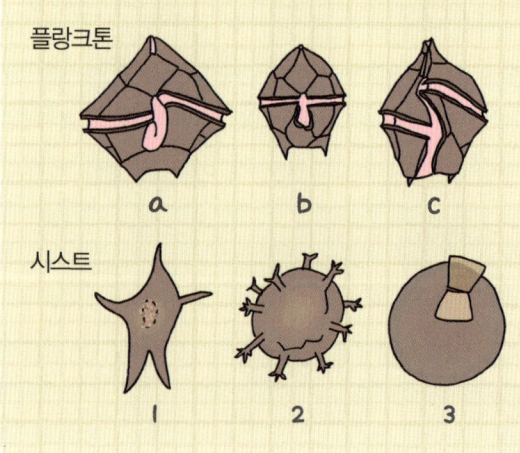

플랑크톤 a b c

시스트 1 2 3

봄에 피는 노란 유채꽃의 친구들

3월 26일

교과서 6학년 1학기 4단원 식물의 구조와 기능

후쿠이대학 교육지역과학부 | 니시자와 도오루

봄을 수놓는 유채꽃

유채꽃은 봄을 아름답게 수놓는 화초 중 하나지요. 여러분은 둑이나 경작하지 않은 밭이 온통 노란색 꽃으로 흔들리는 모습을 본 적 있나요? 봄이 되면 각지에서 유채꽃밭을 볼 수 있습니다. 4장의 노란색 꽃잎이 십자 모양으로 피어나는 모습이 예쁘지요.

유채꽃은 늦가을에 씨를 뿌려 겨울을 강인하게 버텨내고 봄에 피어난다고 해서 '겨울초', '동초'로 부르기도 해요. 우리말로는 '평지' 또는 '평지나물꽃'이라고도 부른답니다.

채소에도 꽃이 핀대요

꽃잎 4장이 십자 모양으로 피는 꽃은 십자화과 식물의 특징입니다. 십자화과 식물은 세계적으로 3,000종류가 넘어요. 그중에서도 유채처럼 노란 꽃을 피우는 십자화과 식물은 30여 종류입니다. 예를 들면 배추, 갓, 브로콜리, 청경채 등이 있어요. 특히 배추와 무에서 돋아난 꽃줄기에서 피는 꽃을 '장다리꽃'이라 하는데, 무는 배추와 달리 보라색 십자화를 피워 낸답니다.

 **나도 과학자**

유채꽃과 배추꽃을 어떻게 구분할까요?

노란 십자화를 발견하면 유채꽃인지 또는 배추꽃(장다리꽃)인지 구별해 보세요. 줄기 아래쪽에 붙은 잎 모양을 보면 알 수 있어요. 잎 둘레가 뾰족뾰족한 것은 유채꽃, 둥그스름한 것은 배추꽃이랍니다.

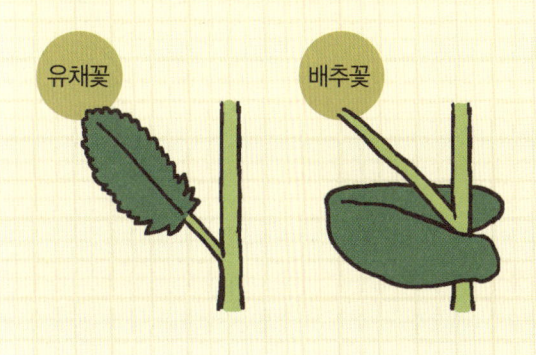

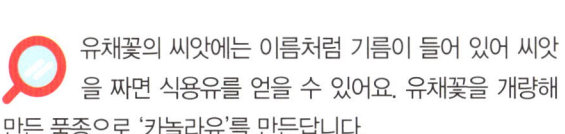

유채꽃의 씨앗에는 이름처럼 기름이 들어 있어 씨앗을 짜면 식용유를 얻을 수 있어요. 유채꽃을 개량해 만든 품종으로 '카놀라유'를 만든답니다.

이파리과는 알이 아니라 애벌레를 낳아요

3월 27일

교과서 3학년 1학기 3단원 동물의 한살이

효고현립대학 자연·환경과학연구소 | 야마우치 다케오

피를 빨아 먹는 파리

이파리과는 파리목으로 몸이 납작하게 생겼습니다. 새나 개, 돼지, 말, 비둘기 같은 동물의 몸에 달라붙어 피를 빨아 먹고 삽니다. 이파리 무리가 옮기는 바이러스 때문에 동물이 병에 걸리기도 해요. 잘못해서 사람에게 날아들 때도 있지만, 다행히 피를 빨아 먹는 일은 별로 없다고 해요.

몸집이 큰 유충을 딱 한 마리만 낳아요

곤충은 대부분 알을 낳습니다. 알에서 애벌레, 즉 **유충**이 나오지요. 유충은 얼마간 나뭇잎 등을 먹어 치우며 자랍니다. 그러다가 **성충**이 되기 위해 생김새를 완전히 바꿔 버리는데, 이 시기가 바로 **번데기**입니다. 번데기에서 탈피하는 과정을 **날개돋이**(우화)라고 해요. 날개돋이를 하면 어른에 해당하는 성충이 된답니다.

그런데 이파리과는 조금 독특합니다. 이파리 무리의 어미는 처음부터 알이 아닌 유충을 낳아요. 그것도 한 어미에게서 엄마 배만큼 몸집이 큰 유충이 딱 한 마리만 태어납니다. 게다가 유충은 태어나자마자 번데기가 됩니다. 유충 시절이 거의 없는 셈이지요. 사람으로 비유하자면 엄마가 처음부터 중학생 아이를 낳은 것이나 마찬가지예요.

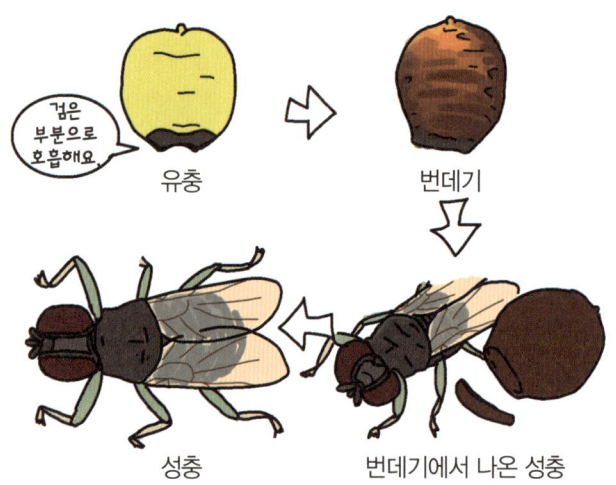

유충 (검은 부분으로 호흡해요) → 번데기 → 번데기에서 나온 성충 → 성충

나도 과학자

아기가 태어나는 모습은 생물마다 달라요

사람은 아기가 엄마 뱃속에서 어느 정도 자라다가 태어나지요. 그런데 다른 생물은 어떨까요? 알을 낳기도 하고, 뱃속에서 알이 부화하기도 하는 등 생물마다 천차만별이랍니다.

난생	난태생	태생(태반이 불완전해요)	태생(태반이 완전해요)
닭, 송사리	구피, 이파리	캥거루, 코알라	개, 사람

🔍 사슴의 피를 빨아 먹는 이파리과는 날개돋이한 직후에 날개가 생기지만, 일단 동물의 몸에 달라붙으면 날개가 없어져 그대로 동물의 몸에서 살아갑니다.

섬을 형성하는 작은 생물 별모래

3월 28일

교과서 3학년 2학기 2단원 동물의 생활

도쿄대학대학원 이학계연구과 | 가야네 하지메

바다에서 탄생한 작은 별

미국 하와이나 일본 오키나와의 섬에는 별 모양의 모래가 섞인 흰색 모래사장이 있어요. 동화책에나 나올 법한 별 모양인데, 흔히 '별모래'라고 불러요. 하지만 모래가 아니에요.

별모래라고 부르는 것은 바다에 사는 '유공충'이라는 생물의 일종입니다. 정확히 말하면 유공충의 껍데기예요. 그런데 조개처럼 껍데기 안에 무언가가 들어 있는 것이 아니라 그것 자체가 몸의 일부입니다. 이 유공충은 수명이 1~2년 정도로, 죽으면 별 모양의 껍데기만 남아요. 별모래가 있는 모래사장은 셀 수 없을 정도로 많은 유공충의 껍데기가 해변으로 밀려와 생긴 것이랍니다.

별모래로 이루어진 나라

남태평양에 '투발루'라는 작은 섬나라가 있습니다. 이 섬은 먼 옛날에 산호초였기 때문에 아주 많은 산호 조각과 유공충, 그와 비슷한 종류의 껍데기가 쌓여서 생겼어요. 하지만 최근에는 바다가 오염되어 유공충이 살기 힘들어졌습니다. 섬의 인구가 늘어나면서 생활 하수가 바다를 오염시켰고, 해안에 도로와 건물 등이 생겼기 때문입니다. 투발루는 현재 지구온난화로 해수면이 상승해서 바다에 잠길 위기에 처해 전 세계가 걱정하는 나라입니다. 그러니 바다를 깨끗이 하여 유공충을 포함해 많은 생물이 살 수 있도록 해안을 지켜야 할 것입니다.

나도 과학자

해변의 모래를 조사해 보세요

모래사장의 모래에 포함된 성분은 지역에 따라 차이가 있습니다. 돋보기로 관찰하면 조개껍데기나 다른 생물의 껍데기도 아주 많이 섞여 있어요. 그 밖에 새카만 모래에는 사철이, 새하얀 모래에는 유리 같은 입자가 많이 발견돼요.

🔍 유공충은 조개껍데기나 달걀 껍데기 등과 마찬가지로 주로 탄산칼슘으로 이루어져 있어요. 탄산칼슘은 학교에서 분필, 운동장에 선을 긋는 데 쓰는 하얀 가루의 재료로 널리 사용됩니다.

꽃은 곤충과 서로 도우며 진화했어요

3월 29일

교과서 4학년 2학기 1단원 식물의 생활

주오대학 이공학부 생명과학과 | 니시다 하루후미

꽃을 피우는 식물은 새내기

씨앗을 만들어 자손을 남기는 식물은 '꽃을 피우는 식물'과 '꽃을 피우지 않는 식물'로 나눌 수 있습니다. 꽃을 피우지 않는 식물에는 소나무나 은행나무 등이 있지요. 그 수가 1,000종보다 조금 적은 데 비해, 꽃을 피우는 식물은 무려 25만 종 이상이에요.

오늘날에는 '꽃을 피우는 식물'이 많은데, 육지에 식물이 등장한 것은 4억 년 전보다도 더 옛날입니다. 이때부터 1억 4,000만 년 전 즈음까지는 꽃을 피우는 식물이 없었어요. 그러다가 공룡이 살던 시대의 중반 무렵을 지났을 때 꽃을 피우는 식물이 출현했답니다. 식물의 세계에서 꽃을 피우는 식물은 새내기인 셈입니다.

꿀을 주는 대신 다른 꽃으로 옮겨져요

식물의 세계에서 꽃을 피우는 식물은 생긴 지 얼마 안 된 새내기라고 했는데, 왜 벌써 이렇게 많이 번식했을까요? 원래 씨앗을 만들려면 수술에 있는 꽃가루가 암술에 묻어야 하지요. 꽃을 피우지 않는 식물은 꽃가루가 바람을 타고 날아갑니다. 이런 방식으로는 꽃가루가 향하는 곳이 분명하지 않아 암술까지 무사히 도착할 수 있을지는 운에 맡겨야 합니다.

반면 꽃을 피우는 식물은 나비와 벌 같은 곤충이 꿀을 가져가기 위해 꽃으로 찾아옵니다. 이때 수술에 있는 꽃가루가 곤충의 몸에 묻지요. 이들이 다른 꽃으로 이동해 꽃가루가 다른 꽃의 암술에 묻으면 열매를 맺을 수 있어요. 덕분에 꽃은 운에 맡기지 않고 확실하게 자손을 남길 수 있답니다. 곤충 덕분에 우리가 여러 가지 예쁜 꽃을 보고, 열매를 먹을 수 있는 거예요.

수술의 꽃가루가 암술과 만나는 것을 **꽃가루받이**, 즉 **수분**이라고 해요. 꽃가루가 암술과 만나 꽃가루받이가 이루어지면 동물의 암컷과 수컷이 교배해 새끼를 낳듯이 식물의 수정이 이루어져 씨가 만들어집니다.

나도 과학자

꽃과 곤충의 관계를 살펴보세요

우리 주위의 꽃에는 어떤 곤충이 찾아올까요? 또 꽃잎이 없어도 곤충이 찾아올까요?

사람은 왜 낮에 일하고 밤에 잘까요?

3월 30일

교과서 3학년 2학기 2단원 동물의 생활

교토대학 영장류연구소 | 다카이 마사나루

사람의 선조는 야행성이었어요

사람은 낮에 활동하고 밤에 잡니다. 말하자면 사람은 주행성 동물이에요. 반대로 밤에 활동하고 낮에 자는 야행성 동물도 아주 많지요. 사실은 포유류의 선조도 원래 야행성이었대요. 이는 약 1억 년이나 오래된 일입니다. 그때 포유류의 선조는 공룡이 잠든 밤에 몰래 활동했던 것으로 보여요.

약 6,600만 년 전이 되자 공룡 시대도 막을 내렸습니다. 그리고 마침 그 무렵에 포유류 중에서 '영장류'라는 종이 탄생했습니다. 영장류는 우리 사람과 원숭이의 선조입니다. 막 탄생했을 무렵 영장류는 야행성이었습니다.

낮에는 먹이 사냥에 유리해요

약 5,000만 년 전에는 영장류 중에서 '진원류'라는 종이 생겨났습니다. 사람이 진원류에 속합니다. 즉, 진원류는 지금 우리의 모습과 가장 흡사한 선조랍니다. 진원류는 낮에 활동했던 것으로 보여요. 드디어 낮에 활동하는 영장류가 탄생한 것입니다.

낮에 활동하면 아무래도 천적의 눈에 띄기 쉽겠지요. 그래도 밝은 곳에 있으면 먹잇감을 찾기가 쉽습니다. 게다가 지형을 살필 수 있어서 먹이 사냥이 훨씬 수월했을 것입니다. 이렇게 사람은 낮에 활동하고 밤에는 잠을 자게 되었답니다.

 진원류에는 침팬지도 포함돼요. 진원류 중에서 올빼미원숭이만 야행성이고, 나머지는 모두 낮에 활동하는 주행성입니다. 한편 늘보원숭이는 '곡비원류'라는 다른 과 원숭이입니다.

나도 과학자

동물원에 가서 야행성 원숭이를 관찰해 보세요

올빼미원숭이, 늘보원숭이는 몸집이 작은 데 비해 눈이 무척 커요. 컴컴한 밤에 행동하려면 커다란 눈이 필요할 테니까요.

꽃가루는 얼마나 날릴까요?

3월 31일

교과서 6학년 1학기 4단원 식물의 구조와 기능

의료법인사단 창조회 평화대병원 | 이마이 도오루

꽃가루는 아주 먼 곳까지 날아가요

꽃가루는 대개 30㎛ 크기의 알갱이로 맨눈으로는 볼 수 없어요. 그래서 삼나무 꽃가루 관측에는 주로 두 가지 방법을 사용해요. 하나는 24시간 내 받침 유리에 떨어진 꽃가루의 개수를 현미경으로 세는 방법입니다. 받침 유리 대신 투명한 접착테이프를 써도 돼요. 또 다른 방법은 자동계측기를 사용하는 것입니다. 공기 중에 포함된 꽃가루를 빨아들인 후, 한 시간마다 꽃가루의 개수를 세는 것이지요. 이 방법을 쓰면 실시간으로 관측한 개수를 알 수 있어 꽃가루가 이동하는 모습을 파악할 수 있답니다.

꽃가루 알레르기를 일으키는 식물

꽃가루를 옮기는 방법은 식물마다 정해져 있습니다. 어떤 식물은 주로 곤충이나 동물을 이용하고, 또 다른 식물은 바람을 이용해요. 그중에서도 바람을 이용하는 식물은 꽃가루를 특히 많이 만들어요. 꽃가루를 많이 만들어 바람을 타고 멀리 퍼트리려는 작전입니다. 주로 삼나무나 편백나무, 자작나무, 쑥, 벼과 식물 등이 이 작전을 써요. 꽃가루가 꽃에서 꽃으로 옮겨지면 마침내 씨앗이 생기지요. 한편 바람에 날리는 동안 꽃가루 알레르기를 유발해요.

나도 과학자

자신이 사는 지역의 꽃가루 양을 조사해 보세요

꽃가루 예보 홈페이지(http://www.pollen.or.kr)에 들어가면 지역별 꽃가루의 양을 알 수 있습니다. 꽃가루는 비가 갠 날, 맑은 날, 바람이 세게 부는 날 등에 많이 날립니다.

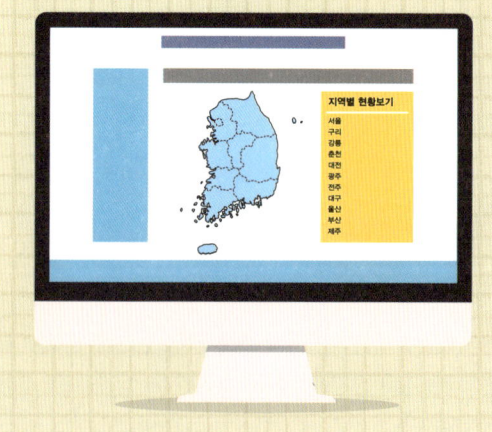

 꽃가루처럼 현미경으로 관찰하려는 물질을 받침 유리 위에 놓고 그 위에 덮개 유리를 덮어 만드는 표본을 **프레파라트**라고 해요. 관찰하려는 물질에 염색약을 스포이트로 한 방울 떨어뜨리고 덮개 유리를 덮으면 물질의 구조가 더 잘 보여요.

잎이랑 똑같지?

4월

암벌과 닮은 모습으로 꿀벌을 유혹해 볼까?

인공위성은 왜 떨어지지 않을까요?

4 1일

교과서 6학년 1학기 2단원 지구와 달의 운동

/ / /

아이즈대학 우주정보과학클러스트 | 데무라 히로히데

공을 던지면 어떻게 될까요?

지구 주위에는 여러 가지 인공위성이 돌고 있습니다. 일기예보에 쓰는 기상 위성, 현재 위치를 알려주는 GPS 위성, 정보를 교환하는 통신 위성도 있지요. 인공위성은 어떻게 땅에 떨어지지 않고 지구 주위를 돌 수 있을까요?

여러분이 공을 던졌다고 생각해 보세요. 살짝 던진 공은 곧바로 땅에 떨어져요. 하지만 힘껏 던지면 멀리 날아갑니다. 점점 더 세게 던지면 어떻게 될까요? 먼 곳까지 날아가서 마지막에는 공이 땅 위에 떨어지지 않고 지구를 한 바퀴 돌지도 모른답니다. 실제로 일어날 수 없는 일이지요. 하지만 이게 인공위성이 지구를 계속 돌 수 있는 원리랍니다.

인공위성은 계속해서 떨어져요!

인공위성은 우주를 향해 무척 빠른 속도로 날아가고 있어요. 그와 동시에 지구가 잡아당기는 중력 때문에 지구 쪽으로 계속 떨어지고 있기도 합니다. 그런데 인공위성이 떨어지는 방향과 지구 지면의 곡선이 평행을 이루어서 시간이 아무리 지나도 땅에 떨어지지 않아요. 인공위성은 우주에 떠 있는 것이 아니라 지구를 향해 계속 떨어지고 있답니다.

나도 과학자

국제 우주 정거장을 찾아보세요

인공위성은 작아서 땅 위에서 보이지 않지만 국제 우주 정거장(ISS)은 크기가 크기 때문에 볼 수 있습니다. 전문가용 망원경이 있다면 전체 모습도 관찰할 수 있어요. 미국항공우주국 나사(NASA)를 비롯해 여러 웹사이트와 앱에서 국제 우주 정거장을 관측할 수 있는 위치와 시간을 알려준답니다.

 국제 우주 정거장은 지구를 약 90분에 한 바퀴 돕니다. 그보다 지구에서 조금 더 떨어진 곳에 있는 정지 위성은 지구 표면과 마찬가지로 24시간에 한 바퀴를 돌아요. 지구의 자전주기와 같은 주기로 돌아 마치 정지한 것처럼 보이지요.

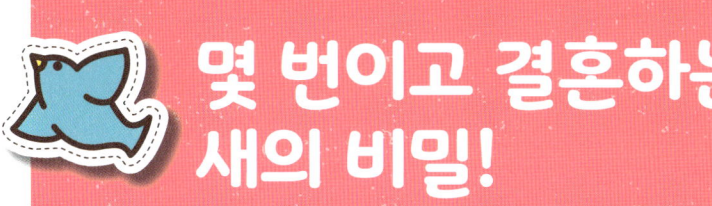

몇 번이고 결혼하는 새의 비밀!

교과서 3학년 2학기 2단원 동물의 생활

일본국립과학박물관 동물연구부 | 니시우미 이사오

육아는 부부가 서로 도우며 해요

참새, 까마귀, 비둘기 등 우리 주위에는 많은 새가 있지요. 새는 대부분 알을 낳은 후 알이 따뜻하도록 품어요. 그리고 새끼가 태어나면 스스로 먹이를 잡을 수 있을 때까지 돌봅니다.

쑥쑥 성장하는 새끼는 얼마나 먹보인지 몰라요. 어찌나 잘 먹는지, 새끼가 배불리 먹도록 먹잇감을 찾아 나서는 일은 참으로 고되답니다. 그래서 새는 대부분 엄마와 아빠가 서로 도와 새끼를 키워요.

그런데 그중에는 부모에게서 먹이를 전혀 받아먹지 못하는 새도 있어요. 오리와 꿩 새끼는 스스로 먹이를 찾는답니다. 이 새들은 부모의 역할이 천적으로부터 새끼를 보호하는 것뿐입니다.

다른 연인을 만나는 새

키우기 편한 새끼는 엄마만 돌봅니다. 그래서 한가한 아빠는 다른 연인을 찾아다녀요. 그러다가 멋진 암컷을 만나면 또 결혼한다고 하네요.

반대로 '호사도요'와 '세가락메추라기' 등은 아빠가 열심히 새끼를 돌봅니다. 그래서 엄마가 다른 연인을 만나 사랑을 나눈답니다.

새는 반드시 수컷 한 마리와 암컷 한 마리가 짝을 짓는다고 볼 수 없습니다. 아주 많은 아내를 얻는 수컷도 있고 수십 번 시집가는 암컷도 있어요. 새 부부는 육아 방법에 따라 여러 형태가 있답니다.

 뻐꾸기, 두견 등은 자기 알을 다른 새의 둥지에 낳아 다른 새가 키우게 합니다. 이를 '탁란'이라고 불러요.

나도 과학자

결혼하지 못하는 새도 있어요?

수컷 한 마리가 많은 암컷을 독차지하는 새 종류는 경쟁에서 이긴 힘 센 수컷이 많은 암컷과 결혼합니다. 반대로 경쟁에서 지면 결혼을 한 번도 하지 못하고 일생을 끝내는 수컷 새도 있어요.

전 세계의 언어는 왜 서로 다를까요?

4 3일

교과서 3학년 2학기 2단원 동물의 생활

/ / /

일본국립민족학박물관 첨단인류과학연구부 | 기쿠사와 리쓰코

섬마다 다른 언어

말은 오랜 세월을 거쳐 바뀌었어요. 태평양의 뿔뿔이 흩어진 섬에서 말의 변화를 엿볼 수 있어요. 태평양에는 하와이, 통가, 이스터 섬 등 아주 많은 섬이 있습니다. 동서로 10,000km나 흩어져 있기 때문에 섬과 섬 사이의 거리는 아주 멀어요. 물론 섬마다 언어도 다 다른데, 왜 그런지 비슷한 단어와 문법이 보여요. 자세히 조사해 보니 놀랍게도 대만, 필리핀, 인도네시아 등의 언어와도 비슷한 특징이 있었습니다. 어째서 전혀 다른 언어인데 공통점이 있는 것일까요? 이는 지금으로부터 3,500년쯤 전에 동남아시아에 살던 사람들이 바다를 건너 태평양의 섬으로 이주한 것과 관계가 있습니다.

언어는 어떻게 달라졌을까요?

같은 언어를 쓰던 선조가 세월이 흐르면서 저마다 다른 섬에 뿌리를 내리고 서로 다른 환경에 적응했어요. 그러면서 섬마다 조금씩 언어가 달라졌습니다. 이렇게 새로운 언어가 생겨났어요.

현재 전 세계에서 쓰는 언어는 약 7,000개입니다. 하지만 원래는 한정된 수의 단어에서 변화해 생긴 것입니다. 다른 언어라도 시간을 거슬러 올라가면 원래 형제 같은 존재였을지도 몰라요.

 지금 우리가 쓰는 말도 먼 옛날에 썼던 말과 비교하면 꽤 달라졌음을 알 수 있습니다. 언어는 시간과 함께 변한답니다.

나도 과학자

귀로 듣는 언어와 눈으로 보는 언어

언어에는 소리로 전달하는 것뿐만 아니라 손동작이나 얼굴 표정으로 의미를 전달하는 수화도 있어요. 어떤 수화가 있는지 조사해 보세요.

소와 비슷한 원숭이가 있다고요?

4주 4일

교과서 3학년 2학기 2단원 동물의 생활

스기야마여학원대학 인간관계학부 | 이호베 히로시

특수한 위를 가진 원숭이

'소와 비슷한 원숭이'가 있다는 말을 들으면 여러분은 어떤 원숭이의 모습이 떠오르나요? 여기서 소개하는 원숭이 '콜로부스'(학)는 조금 독특하게도 소처럼 주로 풀과 잎을 먹으며 살아가요.

사람은 쌀, 고기, 채소 등 다양한 음식을 먹으면서 영양소를 흡수하지요. 반면 소는 풀만 먹고 삽니다. 소는 특수한 위를 가졌기 때문에 풀만 먹어도 영양소를 충분히 취할 수 있답니다. 콜로부스도 소와 마찬가지로 특수한 위를 가졌어요. 사람의 위가 하나인 것과 달리, 이 원숭이의 위는 3개 또는 4개입니다. 소의 위도 4개입니다. 이중 하나에 미생물이 들어 있는데, 그 미생물이 풀과 잎을 영양분으로 바꾸는 역할을 합니다. 다른 원숭이는 이러한 위가 없어서 풀과 잎만 먹어서는 영양분을 별로 얻지 못해요. 그래서 주로 과일을 먹으며 살아간답니다.

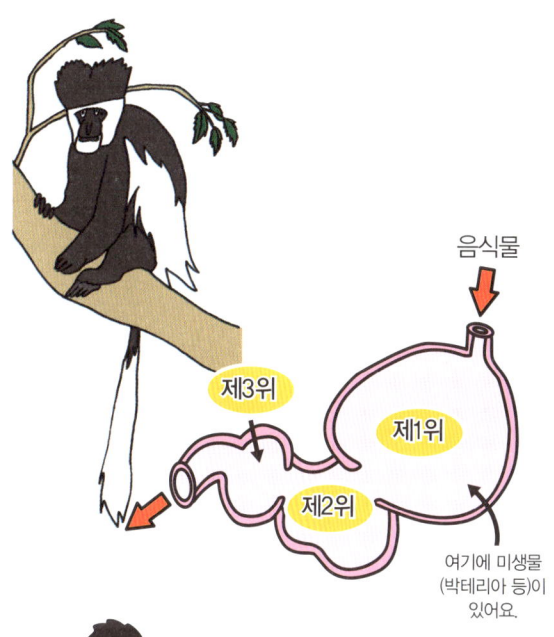

음식물 / 제3위 / 제1위 / 제2위

여기에 미생물(박테리아 등)이 있어요.

생활하는 모습도 소와 비슷해요

콜로부스는 재미있게도 음식뿐 아니라 생활하는 모습까지 소와 닮았습니다. 원숭이라고 하면 보통 활발하게 돌아다닌다고 생각하기 쉬운데, 콜로부스는 하루 종일 먹고 자고 또 먹는 생활을 반복해요. 별로 움직이지 않고 느긋하게 지내기 때문에 위에서 천천히 풀을 영양소로 바꿀 수 있답니다.

나도 과학자

콜로부스의 손가락을 관찰해 보세요

'콜로부스'라는 이름은 '절단되었다'는 의미의 그리스어에서 왔습니다. 사람이나 원숭이 종류는 보통 손가락이 5개인데, 콜로부스는 손가락이 꼭 4개밖에 없는 것처럼 보입니다. 엄지가 너무 짧기 때문입니다. 도감을 찾아보거나 동물원에 가서 관찰해 보세요.

 침팬지는 사냥을 해서 다른 원숭이 고기를 먹는대요. 주로 콜로부스를 잡아먹습니다.(140쪽 참조)

민들레가 멸종위기종이 된다고요?

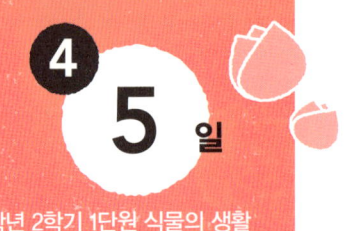

교과서 4학년 2학기 1단원 식물의 생활

교토대학 | 후세 시즈카

도라지꽃   등골나물

옛날에는 길가에 흔히 자라던 화초

옛날에는 많았는데 지금은 모습을 찾아보기 힘든 화초들이 있지요. 예를 들면 가을을 대표하던 등골나물, 도라지꽃 등은 이제 쉽게 볼 수 없습니다. 변하는 환경에 적응하지 못하고 수가 줄어든 것입니다. 마찬가지로 지금은 길가에 많이 핀 민들레, 제비꽃 같은 화초를 50년 후, 100년 후에는 쉽게 보지 못할지도 몰라요.

표본으로 기록하기

그래서 우리가 해야 할 일이 있습니다. 화초를 소중히 지키는 것은 물론, 지금 흔히 볼 수 있는 화초를 **표본**으로 기록하는 일이에요. 물론 사진을 찍어 남길 수도 있지만 찍은 것이 꽃뿐이거나 잎뿐이라면 그리 큰 도움이 되지 않아요. 반면 표본은 실물 자료인 만큼 많은 정보를 담고 있습니다. 잘 보관하면 연구에 도움이 되지요. 그러니 화초는 표본으로 기록을 남기는 것이 중요합니다.

여러분이 만든 표본은 대학교나 박물관에서 보관할 수도 있어요. 선생님께 도움을 청하면서 제대로 된 표본을 만들어 보세요. 앞으로 누군가가 식물을 조사할 때 분명 도움이 될 거예요.

 표본에는 라벨을 붙여야 해요. 라벨에는 '채집일 : ○○년 ○월 ○일', '채집자 : 이름, 채집 장소(주소)' 등을 써넣습니다. 표본은 많은 사람이 이용하는 학술 자료이니 라벨을 정성스레 써서 남기세요.

나도 과학자

표본은 어떻게 만들까요?

먼저 채집한 화초를 신문지 사이에 끼워 말립니다. 화초를 끼운 신문지를 중간에 갈면 화초가 다칠 수 있으니 화초가 다 마를 때까지 교체하지 않습니다. 화초를 끼운 신문지의 아래위로 아무것도 끼우지 않은 신문지를 겹쳐서 수분을 흡수합니다. 꺾인 줄기나 잎 등을 바로 펴서 끼우면 깔끔하게 완성할 수 있어요. 보름 정도 말리면 완성입니다.

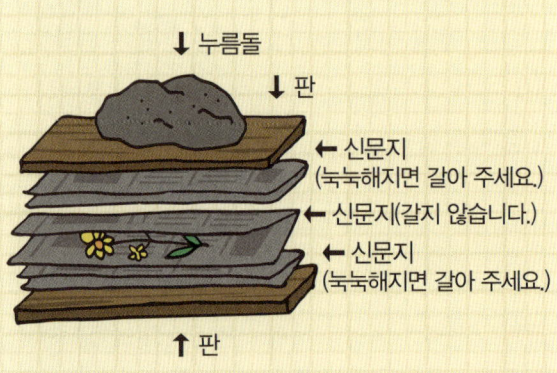

↓ 누름돌
↓ 판
← 신문지 (눅눅해지면 갈아 주세요.)
← 신문지 (갈지 않습니다.)
← 신문지 (눅눅해지면 갈아 주세요.)
↑ 판

소금호수에서도 잘 사는 능력자

교과서 3학년 1학기 3단원 동물의 한살이

산업의과대학 | 난부 지로

소금호수에서 서식하는 생물

흔히 '브라인슈림프'로 부르는 '아르테미아'(학)가 있습니다. 하지만 새우와 닮았을 뿐 무갑목에 속하는 절지동물이랍니다. 6월경 논에서 볼 수 있는 풍년새우, 투구새우와 같은 종류예요.

몸 크기는 1cm가 조금 넘고, 수컷에게는 커다란 더듬이가 있어요. 이 더듬이는 알을 키우는 주머니(육방)를 가진 암컷을 껴안는 데 도움이 됩니다.

소금물로 이루어진 소금호수나 염전 등에서 살아요. 주로 염분이 진해 물고기가 살지 못하는 곳에서 삽니다. 바다에는 살지 않아요. 먹이인 해조류 등이 잘 자라는 곳에 서식합니다. 추운 겨울에는 알만 남기고 죽어 버려요. 봄이 되면 알에서 새끼(유생)가 나와 다시 활발하게 생활을 시작합니다.

건조에 강한 시스트

소금호수는 강한 햇살 때문에 물이 마를 수 있어서 살기에 혹독한 환경이에요. 우기와 건기에 따라 소금물의 농도도 달라집니다. 성장하기 좋은 계절인 봄과 여름에는 암컷의 육방에 있던 알이 유생으로 바뀌어 직접 밖으로 튀어 나옵니다. 그리고 여름이 끝날 무렵부터 가을에 걸쳐서 암컷은 육방에 특수한 알을 만듭니다. 그 알은 시스트라고 부르는데, 바싹 마른 호수로 밀려 올라와 건조되어 버려요. 하지만 시스트는 건조함과 겨울 추위에 강해서 5~10년은 물이 없어도 되고, 혹독한 추위에도 끄떡없습니다. 게다가 그 알은 2~3%의 소금물에 잠기면 무려 1~2일 만에 유생이 됩니다. 이렇게 여러 가지 능력이 있어서 환경에 따라 자유롭게 모습을 바꾸며 살아간답니다.

수컷은 더듬이로 암컷의 등을 껴안습니다.(위가 암컷, 아래가 수컷)

자료 : 다나카 스스무 교수, 산업의과대학

 시스트에는 트레할로오스라는 당이 15% 정도 포함되어 있습니다. 이 성분이 물의 역할을 대신해요. 특별한 단백질이 있어서 오랜 기간 건조해도 견딥니다.

나도 과학자

아르테미아를 키워 보세요

아르테미아는 수족관이나 물고기 양식장에서 물고기의 먹이로 쓰입니다. 수족관용품점에서 아르테미아의 알(시스트)을 구할 수 있어요. 알은 2~3%의 소금물에 담그면 하루에서 이틀 만에 유생이 됩니다.

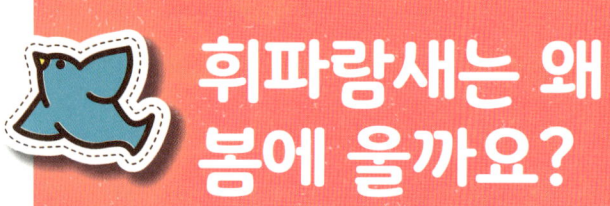

휘파람새는 왜 봄에 울까요?

4월 7일

교과서 3학년 2학기 2단원 동물의 생활

릿쿄대학 이학부 생명이학과 | 우에다 게이스케

해가 길어지면 노래하는 새

봄이 되면 휘파람새의 아름다운 노랫소리를 들을 수 있어요. 목소리의 주인공은 수컷입니다. 수컷의 노래는 3월부터 8월까지 이어집니다. 암컷을 유혹해서 짝짓기에 성공하기 위해 노래하는 것이랍니다. 그런데 봄이 되어 지저귀기 시작하면 휘파람새의 몸에 변화가 일어나요. 그 변화는 무엇일까요?

봄이 가까워질수록 해가 길어지지요. 그것이 신호가 되어 휘파람새의 뇌에 호르몬이라는 물질이 생겨요. 이 호르몬은 몸속을 흐르며 번식을 위한 변화를 일으킵니다. 그러면 휘파람새가 노래를 시작하는 거예요.

나비의 애벌레를 먹어요

휘파람새가 봄에 우는 데는 이유가 있습니다. 봄이 되면 나무마다 새순이 올라오지요. 그러면 나비 애벌레가 새순을 뜯어 먹으러 모여듭니다. 이 애벌레는 휘파람새의 먹이가 돼요. 애벌레가 늘어나면 수컷의 노랫소리를 신호로 번식이 시작됩니다. 그래서 빠르면 4월에 알을 4~5개 정도 낳고 곧 새끼가 태어나요. 새끼는 먹이를 아주 많이 먹기 때문에 부모 새는 애벌레를 모으느라 몹시 분주하답니다. 휘파람새가 봄에 지저귀는 것은 새끼의 먹이가 아주 많은 시기이기 때문입니다. 6월이 되면 뱀과 두견이 활동을 활발히 해요. 둘 다 휘파람새에게는 골칫거리 같은 존재입니다. 그래서 이들이 활동을 시작하기 전에 얼른 새끼를 키워 낸답니다.

뱀은 휘파람새의 새끼와 알을 잡아먹습니다. 또, 두견은 휘파람새의 집에 알을 낳습니다. 이것을 **탁란**이라고 불러요. 그러면 결국 집은 두견의 새끼로만 가득 차요. 두견 새끼가 휘파람새의 새끼보다 더 먼저 태어나 휘파람새 새끼를 둥지에서 떨어트려 버리기 때문입니다.

나도 과학자

수컷이 다가올까요?

휘파람새는 "휘이 호오오오." 하고 울어요. 여러분도 휘파람을 불어 휘파람새 소리를 흉내 내어 보세요. 경쟁자가 나타난 것으로 오해하고 휘파람새가 다가올지도 몰라요.

구리가 있는 곳에서 자라는 구리이끼

교과서 4학년 2학기 1단원 식물의 생활

4월 8일

이화학연구소 | 노무라 도시히사

구리이끼가 자라는 곳

왜 그런지 구리가 많이 있는 곳에만 생기는 이끼 식물이 있습니다. 바로 '구리이끼'입니다. 우리나라 중부와 남부 지역에서 발견돼요. 구리이끼는 청동기와로 이루어진 지붕이나 바위 근처에서 찾을 수 있답니다. 즉, 구리 성분이 있는 곳에서 자라요. 구리 지붕에 빗물이 떨어지면 구리가 배어 나와서 구리를 머금은 빗물이 땅을 적시는데, 그 빗물이 떨어지는 장소에 구리이끼가 생기는 것입니다.

밀도가 높은 구리는 독 아닌가요?

양이 극히 적은 구리는 식물의 영양분으로 필요한 성분이긴 하지만, 구리를 많이 포함하면 대부분의 식물은 건강하게 자라지 못합니다. 밀도가 높은 구리가 식물에는 독이 되기 때문입니다. 하지만 구리에 강한 구리이끼는 구리 성분이 많은 서식처를 혼자 차지할 수 있습니다.

또 구리이끼는 다른 식물보다 농도가 높은 구리를 몸에 저장해 둡니다. 구리를 많이 모아 두면 어디에 좋을까요? 아직 정확한 이유는 밝혀지지 않았지만 구리에는 항균 작용이 있으니, 어쩌면 병원균 같은 세균에 대비해서 구리를 저장하는 것인지도 몰라요.

나도 과학자

구리이끼를 찾아볼까요?

구리 성분의 지붕이 있는 곳을 찾아가 보세요. 지붕에서 빗물이 뚝뚝 떨어진 곳은 구리 때문에 콘크리트나 돌이 파랗게 물들었을 것입니다. 구리이끼는 습기 많은 응달에서 특히 잘 발견됩니다. 확대경이나 돋보기로 관찰해 보세요.

🔍 현재 이끼식물은 약 18,000종류가 있어요. 그중 약 30종이 금속을 저장하는 것으로 알려졌습니다. 이러한 이끼는 환경의 중금속 오염 정도를 알아보는 데 활용돼요.

미역은 암컷일까요, 수컷일까요?

교과서 4학년 2학기 1단원 식물의 생활

일본국립과학박물관 식물연구부 | 기타야마 다이주

여름에 성별이 나뉘는 미역

사람을 포함하여 거의 모든 생물은 암컷과 수컷으로 성별이 나뉩니다. 그런데 국, 반찬, 샐러드 등에 들어가는 미역은 암컷일까요, 수컷일까요? 사실 우리가 먹는 미역은 암컷도 수컷도 아닌, 성별이 없는 무성이에요. 그런데 미역도 암컷과 수컷으로 나뉘는 시기가 있어요. 여름에 나타나는, 우리 눈에 보이지 않는 크기의 미역입니다. 즉, 미역에는 성별이 있는 시기와 성별이 없는 시기가 있어요.

여름과 겨울의 모습이 서로 달라요

꽃들은 꽃가루로 번식하지만 꽃이 피지 않는 미역 같은 식물은 홀씨, 즉 **포자**로 번식합니다. 충분히 자란 무성 미역은 포자엽에서 **유주자**라는 포자를 많이 만들어 내요. 몸에 작은 실 모양의 편모가 달려 있지요. 크기는 1mm도 채 되지 않는데, 바닷속 바위의 표면에 달라붙어 무더운 여름을 견뎌요.

가을이 되어 서늘해지면 아주 작은 실 모양의 배우체가 됩니다. 배우체는 암컷과 수컷으로 나뉘어요. 수컷의 몸은 정자를, 암컷의 몸은 난자를 만듭니다. 정자와 난자가 수정하면 무성 미역이 되어 성장해요. 미역은 추운 겨울에 많이 자랍니다. 더위에 약한 미역은 작은 몸으로 여름을 잘 견뎌 내고 겨울에는 다른 모습으로 변신해서 성장해요.

 살아 있는 미역은 초록색과 붉은색 색소가 섞여서 갈색으로 보여요. 그런데 물에 삶으면 초록색 색소만 남기 때문에, 먹을 때는 초록색 미역으로 보인답니다.

나도 과학자

땅 위에 사는 육상 식물과는 다른 성장 시기

해조류는 '바다의 숲'이라고 불립니다. 바닷속에 살지만 햇빛을 받아 에너지를 만든다는 점은 나무와 비슷합니다. 반면 추운 겨울에 오히려 쑥쑥 성장하는 점은 땅 위에서 자라는 나무와 전혀 다르지요. 그 밖에도 육상 식물과 어떤 공통점과 차이점이 있는지 한번 조사해 보세요.

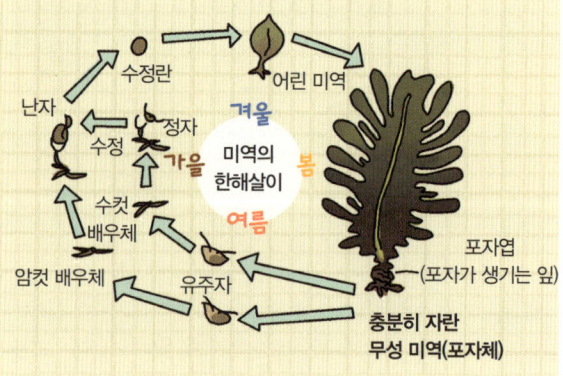

꿀벌이 사라지면 생물들이 사라진대요

교과서 5학년 2학기 | 2단원 생물과 환경

홋카이도대학 지구환경과학연구원 | 구도 가쿠

꿀벌은 꽃가루받이를 도와요

식물이 열매를 맺기 위해서는 꽃가루를 암술에 묻혀야 합니다. 꽃가루를 암술에 옮기는 일을 **꽃가루받이**라고 하지요. 어떤 식물은 바람을 이용해 꽃가루를 운반해서 암술에 묻혀요. 하지만 대부분은 꿀벌이 꽃가루받이를 도와준답니다.

꿀벌이 꿀을 모으기 위해 꽃에 앉으면 꽃가루가 몸에 묻어요. 그 상태로 돌아다니면 몸에 묻은 꽃가루가 암술에 닿으며 꽃가루받이가 이루어집니다.

사람은 이러한 식물과 꿀벌의 관계를 알아내고 꿀벌을 농업에 이용하기 시작했어요. 농장에서는 일부러 꿀벌을 풀어 꽃가루받이를 돕습니다.

비록 몸집이 작은 꿀벌이지만, 꽃가루받이를 돕는 중요한 역할을 하기 때문에 지구의 많은 생물이 무사히 살아갈 수 있답니다.

꿀벌이 사라지면 어떻게 될까요?

이처럼 많은 과일과 채소 재배에서 꿀벌은 빼놓을 수 없는 존재입니다. 꿀벌이 멸종하면 농업은 아주 큰 타격을 받을 거예요. 수작업으로 꽃가루받이를 하는 것은 아주 힘든 일이니까요. 그런데 꿀벌이 사라지면 더 심각한 문제가 일어난답니다.

자연의 많은 식물은 꿀벌의 도움을 받아야 꽃가루받이를 할 수 있어요. 그런데 꿀벌이 사라지면 꽃가루받이를 하지 못해 멸종하겠지요. 그러면 이러한 식물을 먹이로 하는 동물도 멸종 위기를 맞을 거예요. 물론 사람도 예외는 아닙니다.

 **수분**이라고도 하는 **꽃가루받이**는 두 가지로 나뉘어요. 한 꽃 안에 있는 수술과 암술 사이에 일어나는 **제꽃가루받이**(자가 수분)와 수술의 꽃가루가 다른 꽃의 암술에 묻는 **딴꽃가루받이**(타가 수분)가 있습니다.

나도 과학자

꿀벌의 꽃가루받이를 관찰해 보세요

봄이 되어 산과 들에 꽃이 만발하면 많은 꿀벌이 꽃에서 꽃으로 이동하는 모습을 관찰할 수 있어요. 그중에는 온몸에 꽃가루를 묻힌 꿀벌도 있겠지요?

일본원숭이는 어떻게 인사할까요?

4월 11일

교과서 3학년 2학기 2단원 동물의 생활

교토대학대학원 이학연구과 | 나카가와 나오후미

긴장을 누그러뜨리는 인사

다툰 친구와 마주쳤거나, 오랫동안 만나지 못했던 사람을 봤을 때 우리는 긴장하기 마련입니다. 그럴 때 "내가 미안해." 또는 "이게 얼마만이야!" 하는 인사말을 건네면 긴장이 풀어지지요. 그런데 언어가 없는 일본원숭이는 어떻게 인사할까요?

일본원숭이도 긴장을 푸는 인사말 같은 행동을 한대요. 서로 껴안고 뾰족 나온 입을 열었다가 다무는 표정을 짓는 거예요. 대부분 이 인사를 한 후에 털 고르기를 시작합니다. 털 고르기는 일본원숭이에게 아주 중요한 의사소통 수단이에요.

집단마다 인사가 달라요

자세히 관찰하면 일본원숭이는 집단마다 인사법이 다르다는 사실을 알 수 있어요. 이를테면 미야기 현의 긴카산에 있는 일본원숭이는 정면에서 껴안고 몸을 흔듭니다. 야쿠시마의 일본원숭이는 정면, 옆구리, 등 쪽에서 껴안습니다. 몸은 흔들지 않지만 손을 폈다가 오므리기를 반복합니다. 또 아오모리 현의 시모키타반도에 사는 일본원숭이도 정면, 옆구리, 등 쪽에서 껴안고 몸을 흔듭니다. 손을 폈다가 오므리지는 않아요.

사람은 나라와 민족에 따라 인사법이 다르지요. 일본원숭이도 이렇게 지역에 따라 인사법이 조금씩 다르답니다.

사람 외의 영장류가 집단별로 도구 사용법이 다르다는 사실은 지금까지 아주 많이 관찰되었습니다. 하지만 인사법이 집단마다 다르다는 것은 희귀한 발견입니다.

일본원숭이의 긴장을 누그러뜨리는 세 가지 인사 행동

긴카산 / 야쿠시마 / 시모키타반도

다카사키야마, 가쓰야마, 아라시야마에 있는 원숭이 집단은 서로 껴안는 인사 행동이 아직 관찰되지 않았어요.

나도 과학자

사람의 인사도 여러 가지?

친구와 싸운 후 여러분은 어떤 행동을 하나요? 또는 오랜만에 옛 친구를 만나면 어떻게 하지요? 외국이나 다른 지역에 사는 사람은 어떻게 인사하는지 알아봅시다.

꽃가루 알레르기는 왜 생길까요?

4월 12일

교과서 6학년 1학기 4단원 식물의 구조와 기능

의료법인사단 창조회 평화대병원 | 이마이 도오루

풍매화가 꽃가루 알레르기를 일으켜요

여러분 중에 봄만 되면 눈이 가렵거나 콧물이 나고, 재채기가 나는 친구들이 있나요? 이러한 증상들은 보통 봄철 개화기에 날리는 꽃가루 때문에 일어난답니다. 우리나라에서는 인구의 약 15%가 알레르기 질환으로 고생한대요. 이중 꽃가루 알레르기가 차지하는 비율이 약 30%나 되고요. 꽃가루 알레르기는 바람으로 꽃가루받이(수분)를 하는 **풍매화**가 꽃가루를 날리는 것이 원인입니다. 풍매화를 피우는 나무는 참나무, 자작나무가 대표적이고 잡초 중에는 쑥, 돼지풀이 있어요. 그런데 벌과 나비가 꽃가루받이를 하는 **충매화**의 꽃가루도 공기 중에 날릴 수 있으니 조심해야 해요.

꽃가루 알레르기 발생이 늘어나는 이유

갈수록 꽃가루 알레르기가 늘어나는 배경에는 대기오염과 식생활 변화, 온난화가 있습니다. 공기 중에 오염 물질이 많아지고 식생활이 서구화되면서 몸이 꽃가루에 더 예민하게 반응하는 거예요. 또한 온난화로 기온이 높아지고, 이산화탄소 농도가 증가하면 꽃가루가 많이 생기지요. 그러면 알레르기 환자 수도 늘어나요.

나도 과학자

무엇이 꽃가루 알레르기를 일으킬까요?

우리 주변에 꽃가루 알레르기를 일으키는 식물에는 무엇이 있을까요? 집 안에 있는 화분, 집 주변의 나무와 꽃을 찾아보세요.

 세계 최초로 꽃가루 알레르기를 발견한 사람은 영국의 식물학자 블랙클리 박사입니다. 1870년대에는 가축용 건초를 만드는 시기에 일어나는 꽃가루 알레르기를 **건초열**이라고 불렀어요. 박사가 건초열의 원인이 꽃가루임을 처음 밝혀냈지요.

다채로운 해조류로 미술 작품을 만들어요

4월 13일

교과서 4학년 2학기 1단원 식물의 생활

해조류공예협회 | 노다 미치요

해조류는 바닷가에서 캐내는 보물

미역, 다시마, 톳 등 식탁에 오르는 해조류는 대부분 색깔이 수수하지요. 그런데 바닷속을 들여다보면 알록달록 다채로운 해조류의 세계가 펼쳐진답니다. 바닷속을 잠수해서 해조류를 구경하기란 무척 어렵습니다. 그러니 대신 바닷가에 떠밀려 온 해조류를 주워 관찰해 보세요.

바닷가에 밀려온 해조류는 이리저리 복잡하게 엉켜 있거나 모래, 쓰레기 등이 묻어 더럽게 보입니다. 하지만 물로 씻어서 펼치면 의외로 색깔도 알록달록 예쁘고 모양이 독특한 해조류를 볼 수 있어요.

해조류 책갈피를 만들어요

해조류는 주로 파도가 친 후 다음 날에 바닷가로 밀려와요. 깨끗한 해조류를 주우면 책갈피를 만들어 보세요. 표본처럼 만들어도 되고, 해조류로 그림을 그려서 멋진 미술 작품을 만들어도 재미있어요.

해조류는 주로 봄부터 여름 전까지 손쉽게 주울 수 있습니다. 해조류는 차가운 바다를 좋아해 겨울에 쑥쑥 자라기 때문에 봄이 되면 완전히 성장한 모습을 볼 수 있어요. 해수욕 시기가 오기 전에 해조류를 찾아 나서 보세요. 단, 두껍고 단단한 해조류는 책갈피 만들기에 적합하지 않아요.

나도 과학자

해조류 책갈피를 만들어 봐요

해조류를 깨끗하게 씻은 후 물에 담가 소금기를 뺍니다. 그런 다음 물에 적신 종이로 건져 올리고 그 위에 천을 깐 후, 위아래 양쪽을 신문지와 골판지로 덮고 두꺼운 책을 올려 누릅니다. 신문지와 골판지는 물과 습기를 빨아들이는 역할을 합니다. 축축하게 젖은 신문지는 하루에 두 번 교환하세요. 완전히 마른 후 코팅하면 완성입니다.

 깨끗하고 예쁜 해조류 책갈피를 만들고 싶다면 최대한 빨리 말려야 해요. 그러려면 물기를 빨아들이는 신문지를 수시로 갈아 줘야 합니다.

나비는 우리 눈에 보이지 않는 자외선을 봐요

교과서 3학년 2학기 2단원 동물의 생활

일본국립과학박물관 동물연구부 | 진보 우쓰기

자외선을 볼 수 있어요

나비와 나방의 눈에는 주변 세계가 우리가 보는 것과 다른 색으로 보인대요. 사람의 눈은 보지 못하는 **자외선**까지 볼 수 있기 때문이에요. 나비와 나방은 자외선을 보는 능력을 다양한 상황에 활용한답니다.

예를 들면 배추흰나비는 짝을 찾을 때 이 능력을 써요. 아시아에 분포한 배추흰나비는 암컷과 수컷이 반사하는 자외선이 다르거든요. 배추흰나비는 자외선을 보는 능력으로 날아오는 상대가 암컷인지 수컷인지 단번에 알 수 있답니다.

수컷 / 암컷
배추흰나비가 보았을 때 / 사람이 보았을 때

식물도 자외선을 이용해요

식물 중에는 자외선으로 벌레를 유혹하는 꽃도 있어요. 꽃의 중심부만 자외선을 강하게 반사해서 그곳으로 벌레가 모여들도록 만드는 것입니다. 꽃은 꽃가루를 퍼트리기 위해 꽃가루와 꿀이 있는 중심부가 눈에 띄도록 한답니다.

야행성인 나방은 밤에 이동할 때 자외선을 이용합니다. 야행성 나방은 달빛이나 별빛에 의지하며 날지만, 그중에서도 자외선을 볼 수 있답니다. 그래서 사람들은 나방이 너무 많이 모이는 야외에 자외선 빛을 내뿜는 블랙라이트를 달아 나방을 잡기도 해요.

나도 과학자

벌레는 어떤 빛을 좋아할까요?

블랙라이트, 수은등, 하얀 LED등을 사용해서 밤에 벌레가 얼마나 모이는지 실험해 보세요. 자외선 빛을 내는 블랙라이트나 수은등에 벌레가 특히 많이 모여들지 않나요?

벌레가 불빛으로 모이고 있어!

 하얀 LED등은 자외선 빛이 나오지 않아서 벌레가 별로 모여들지 않아요.

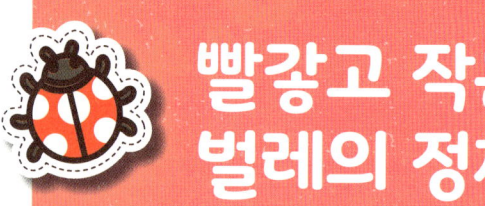

빨갛고 작은 벌레의 정체

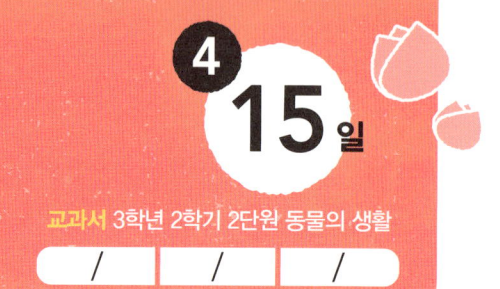

교과서 3학년 2학기 2단원 동물의 생활

모토도쿄도 건강안전연구센터 | 오노 마사히코

봄이 되면 나타나요

봄철에 콘크리트 담이나 벽돌 위로 빨갛고 작은 벌레가 기어 다니는 모습을 본 적 있나요? 이 벌레의 이름은 '붉은털진드기'(발라우스티움 무로룸)입니다. 벽에 많이 살고, 눈 뒤에 구멍이 있어요. 진드기이지만 사람을 물지는 않고, 작은 벌레나 꽃가루 등을 먹으며 살아간답니다.

붉은털진드기는 3월경에 부화하고 5~6월 무렵에는 성충이 돼요. 다 자라도 크기가 1mm 정도밖에 되지 않아요. 성충은 벽 틈새 등에 알을 낳고 죽습니다. 이듬해 3월이 되면 알이 부화한답니다.

담벼락 위의 붉은털진드기

암컷밖에 없어요

붉은털진드기는 신기한 특성이 하나 있어요. 바로 암컷만 있다는 사실입니다. 보통은 암컷과 수컷이 짝짓기를 해서 알을 낳지요. 그런데 아무리 찾아봐도 수컷은 발견되지 않았어요. 암컷이 자신과 똑같은 새끼를 마치 복제하듯 만드는 것이지요. 세상에는 이렇게 신기한 생물도 존재한답니다.

나도 과학자

붉은털진드기는 어떻게 움직일까요?

붉은털진드기는 먹이를 찾아 돌아다녀요. 붉은털진드기를 발견하면 움직임을 잘 관찰해 보세요. 날씨가 따뜻해지면 활발하게 움직이다가 무척 더워지면 모습을 감춘답니다. 또 비오는 날에는 쉽니다. 진드기의 수와 움직이는 속도가 아침, 낮, 저녁에 따라 어떻게 다른지 비교해 보세요.

 붉은털진드기는 사람을 물지 않아요. 하지만 그 체액이 우리 피부에 닿으면 염증이 생길 수 있어요. 그러니 조심해서 관찰하고, 관찰을 마친 후에는 손을 깨끗하게 씻으세요.

하늘을 나는 우산이끼의 정자

4월 16일

교과서 4학년 2학기 1단원 식물의 생활

히로시마대학대학원 이학연구과·생물과학전공 | 시마무라 마사키

포자는 이끼의 아기

이끼는 대부분 포자로 번식합니다. 포자를 만들려면 이끼의 정자와 난자가 만나 씨앗을 만들어야 합니다. 그런데 난자를 만드는 이끼와 정자를 만드는 이끼, 즉 **암그루**와 **수그루**가 따로 있기 때문에 이끼 하나만으로 포자를 만들 수 없습니다.

이끼는 움직이지 못합니다. 그래서 바람, 물 등 자연을 이용하거나 작은 벌레에 달라붙는 방법으로 정자를 난자로 보냅니다. 보통 정자는 비가 내릴 때 물에 휩쓸려 난자 가까이 이동하고, 거기서부터는 헤엄쳐서 난자까지 도착합니다.

이끼에서 하얀 공기처럼 튀어나오는 정자

바람에 날리는 정자

'패랭이우산이끼'와 같은 우산이끼과는 바람을 타고 정자를 보냅니다. 4월 말부터 5월까지 정자가 성장한 후, 얼마간 맑은 날이 이어져 대기가 건조해졌다가 비가 내리면 난자를 찾아 날려요.

패랭이우산이끼의 정자는 이끼 꼭대기에 있는 주머니에 들어 있어요. 비가 오면 빗방울이 떨어져 젖은 부분이 물을 빨아들이면서 부풀어 오르고, 그것이 뭉개지면서 정자가 든 주머니가 터집니다. 그러면 미세한 안개처럼 정자가 마구 날리기 시작해요. 그 높이는 15~20cm 정도입니다. 정자는 바람을 타고 더 먼 곳에 있는 난자로 보내진답니다.

우산이끼는 암그루와 수그루의 생김새가 달라요. 암그루는 갈라진 우산 모양이고, 수그루는 뒤집힌 우산 모양입니다.

나도 과학자

패랭이우산이끼에 물을 뿌려 보세요

패랭이우산이끼는 우리 주위에서 흔히 볼 수 있습니다. 잎의 표면에 비늘 같은 모양이 우둘투둘하게 있는 것이 특징이에요. 정자가 성숙해졌을 즈음 분무기로 물을 뿌려 보세요. 1~2분 정도 지나면 정자가 수증기처럼 톡 튀어나오는 모습을 볼 수 있답니다.

토끼는 도망치기 선수

4월 17일

교과서 3학년 2학기 2단원 동물의 생활

아자부대학 수의학부 | 다카쓰키 세이키

집토끼의 움직임을 관찰해 보세요

토끼는 커다란 귀를 가지고 있어요. 귀를 쫑긋 세워 주위 소리에 주의를 기울인답니다. 또, 토끼는 뒷다리가 길고 튼실합니다. 때때로 단단한 뒷다리로 일어서서, 귀여운 눈을 동그랗게 뜨고 주위를 두리번거리지요. 움직임이 아주 재빠르기 때문에 여우는 토끼를 잡는 데 무척 애를 먹어요.

우리가 흔히 보는, 학교나 집에서 키우는 토끼는 굴토끼를 개량한 집토끼입니다. 우리나라에는 이러한 집토끼와 다른 고유종인 '멧토끼'가 있습니다. 산에 주로 살기 때문에 흔히 '산토끼'라고 불러요. 굴토끼는 땅에 구멍을 파서 생활하지만, 멧토끼는 구멍을 파지 않아요.

멧토끼의 생활을 상상해 보세요

멧토끼에게는 아주 많은 천적이 있습니다. 바로 여우, 검둥수리 등이에요. 토끼는 커다란 귀와 눈으로 천적이 가까이 오는 것을 알 수 있어요. 그리고 천적의 인기척이 느껴지면 위험을 피해 재빨리 달아납니다. 마치 점프하듯 깡충깡충 뛰어가는데, 이때 길고 튼튼한 뒷다리가 무척 도움이 돼요. 토끼의 종류에 따라서는 달리는 속도가 시속 80km나 되는 것도 있다고 하네요. 야생 토끼는 주로 캄캄한 밤에 행동합니다. 눈이 아주 커다랗기 때문에 어둑어둑한 저녁 시간대나 캄캄한 밤에 활동하기 쉽습니다. 토끼는 그야말로 달아나기 선수랍니다.

멧토끼는 계절에 따라 털이 변해요. 우리나라 멧토끼는 겨울에는 길고 부드럽게 나고, 여름에는 짧고 거칠어져요. 멧토끼 중에는 겨울이 되면 털이 새하얘지는 것도 있어요. 눈 속에서 튀지 않아야 천적으로부터 몸을 지킬 수 있기 때문입니다.

나도 과학자

토끼가 하는 행동을 관찰해 보세요

학교나 동물원에서 토끼를 관찰해 보세요. 귀를 자주 움직여서 주위를 살피는 것처럼 보일 거예요. 토끼는 어떤 식으로 귀를 움직일까요? 그리고 어떤 상황일 때 일어설까요?

땅속은 어떤 모습일까요?

교과서 3학년 1학기 5단원 지구의 모습 심화

가나자와대학 지역창조학류 | 아오키 다쓰토

장소에 따라 땅속의 모습도 달라요

산 위와 평지의 땅을 각각 파 보면 땅속의 상태가 다른 것을 알 수 있어요. 산은 높게 튀어나와 있기 때문에 흙이 빗물에 깎여 내려갑니다. 그래서 산 위는 돌이 드러나기 쉬워요. 산에서 땅을 파면 땅속 암석이 금세 나타납니다.

반면 평지에는 산에서 내려온 흙이 쌓여요. 그래서 땅을 파면 흙이 나오는데 모래, 진흙, 자갈 등 장소에 따라 쌓인 물질이 달라집니다. 하지만 산 위처럼 조금만 파도 암석이 드러나는 것은 아니에요. 언덕은 옛날에 평지였던 땅이 위로 솟아올라 생긴 곳입니다. 그래서 언덕을 파면 평지와 마찬가지로 모래와 자갈 등이 나옵니다.

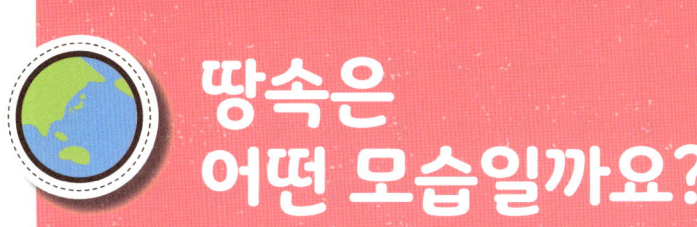

약 6,400km

지각
맨틀
외핵
핵
내핵

지구의 내부 구조

지구는 달걀 반숙과 비슷해요

지구를 반으로 쪼개면 그 안은 마치 달걀 반숙처럼 되어 있답니다. 제일 바깥 표면을 **지각**이라고 불러요. 지각은 딱딱한 고체로 달걀 껍데기에 해당합니다. 지각 아래에 있는 층은 **맨틀**이라고 부릅니다. 맨틀의 위쪽은 말랑말랑하고 잘 움직이는 고체로 달걀흰자에 해당합니다. 그리고 지구의 제일 안쪽이 핵으로 달걀노른자에 해당합니다. 핵은 외핵과 내핵으로 나눌 수 있어요. 외핵은 액체, 내핵은 철과 니켈 등의 고체로 이루어져 있습니다. 말하자면 지구의 중심에 커다란 대포알이 들어 있는 셈이지요.

🔍 지구 내부를 단단한 정도에 따라 나누면 지구의 표면에 가까운 부분부터 암석권, 연약권, 중간권으로 구분할 수 있어요.

나도 과학자

산과 평지의 땅속을 살펴보세요

산에 올라 땅을 관찰해 보세요. 평지와 어떤 점이 다를까요?

사람 말고도 버섯을 키우는 생물은?

4/19일

교과서 4학년 2학기 1단원 식물의 생활

일본국립과학박물관 식물연구부 | 호사카 겐타로

버섯을 먹는 생물들

표고버섯, 송이버섯, 새송이버섯, 팽이버섯 등 우리는 많은 버섯을 먹습니다. 물론 못 먹는 독버섯도 있지만, 숲 속에 사는 생물에게도 버섯은 중요한 먹이랍니다. 버섯을 무척 좋아하는 동물이나 곤충이 있어요.

버섯을 집에서 키우는 곤충이 있어요

그런데 그저 먹는 데서 그치지 않고 사람처럼 버섯을 키우는 생물도 있습니다. 예를 들면 흔히 '잎꾼개미'라고 부르는 '가위개미'가 그러합니다. 중남아메리카에 서식하는데, 이름에서 짐작할 수 있듯 입으로 식물의 잎을 잘라 집으로 가지고 갑니다. 이렇게 가져간 잎을 놀랍게도 버섯 재배의 비료로 쓴다고 하네요.

잎꾼개미는 특정 버섯만 집에서 키웁니다. 식물의 잎을 집까지 열심히 운반해서 버섯의 균사를 재배해요. 그리고 자라는 균사의 일부를 먹는 것입니다. 버섯도 일방적으로 먹히는 것이 아니라 잎꾼개미의 도움으로 균사를 키워 나갑니다. 개미집에 버섯 농장이 있다니 정말 흥미롭지요?

버섯을 키우는 잎꾼개미 / 잎꾼개미가 키우는 버섯의 균사

나도 과학자

균류를 키우는 생물을 조사해 보세요

잎꾼개미뿐 아니라 흰개미 중에도 버섯을 키워서 먹는 종류가 있습니다. 다른 생물을 키우는 이른바 '농사짓는 생물'에 무엇이 있는지 알아보세요.

🔍 잎꾼개미는 버섯의 균사를 재배하기 위해 잎을 작게 잘라 갖고 가기도 하지만, 입에서 나오는 특수한 물질로 잎을 끈적끈적하게 만들어서 비료로 쓰기도 해요.

꽃에서는 왜 좋은 향기가 날까요?

교과서 6학년 1학기 4단원. 식물의 구조와 기능

4월 20일

기후대학 교육학부 | 미야케 다카시

꽃 향기는 곤충을 유인하기 위한 것

봄이 되면 많은 식물이 꽃을 피웁니다. 빨간색, 흰색, 노란색 등 색깔도 참으로 다채로운데, 색깔뿐 아니라 아주 좋은 향기를 풍기는 꽃이 많아요.

꽃이 좋은 향기를 풍기는 데는 다 이유가 있습니다. 식물은 수술이 만든 꽃가루가 암술에 묻어야 비로소 씨앗이 생겨요. 그러려면 누군가가 꽃가루를 옮겨 줘야 합니다. 그래서 꽃은 좋은 향기로 곤충을 유인해서 꽃가루를 옮긴답니다.

물론 곤충도 공짜로 꽃가루를 옮겨 주지는 않아요. 꽃가루와 꿀은 곤충들이 가장 좋아하는 먹이랍니다. 즉, 식물과 곤충은 서로 돕는 **공생 관계**예요.

향기 나지 않는 꽃도 있어요

꽃 중에는 향기 없는 꽃도 있습니다. 왜 그럴까요? 꽃가루는 반드시 곤충만 옮겨 주는 것은 아닙니다. 새, 박쥐도 꽃가루를 옮긴답니다. 또 곤충이나 다른 동물에 의지하지 않고 꽃가루를 옮기는 방법도 있습니다. 바로 바람입니다. 꽃가루를 바람에 실어 보내 암술까지 닿게 하는 것입니다. 이러한 방법을 선택한 식물은 굳이 곤충을 유인할 필요가 없어요. 그래서 좋은 향기를 풍기지 않아도 된답니다.

자연적으로 생긴 식물 말고, 인간이 품종을 개량한 식물도 있어요. 예쁘고 향기롭게 개량한 품종입니다. 이런 식물은 곤충이 아닌 인간을 꽃집으로 유인한다고 말할 수 있겠네요.

 곤충 중에는 향기가 아니라 모양과 빛깔로 꽃을 찾아내는 것도 있습니다. 그러한 곤충을 유인하는 식물은 향기가 별로 나지 않아요.

나도 과학자

꽃향기를 맡아 보세요

향기의 진하기는 꽃마다 달라요. 활짝 핀 꽃을 발견하면 향기를 맡아 비교하면서 어떤 차이가 있는지 느껴 보세요. 곤충도 저마다 좋아하는 향기를 따라 원하는 꽃을 찾아낸답니다.

지구상에서 가장 빨리 달리는 동물은?

4월 21일

교과서 3학년 2학기 2단원 동물의 생활

일본중앙경마회 경주마종합연구소 | 오무라 하지메

치타의 빠르기는 한순간뿐이에요

지구상에서 가장 빠르게 달리는 동물은 고양이과인 치타입니다. 아프리카의 초원에서 먹잇감을 쫓는 치타는 단 몇 초 만에 시속 110km까지 속도를 끌어올릴 수 있어요. 다만 이 속도가 나오는 것은 한순간뿐입니다. 이렇게 빠른 속도로 오래 달릴 수는 없습니다.

가장 빠르면서도 오래 달릴 수 있는 동물은 '서러브레드'(에쿠스 카발루스 페루스)입니다. 서러브레드는 경주를 위해 개량된 말이에요. 서러브레드의 최고 속도는 시속 75km 정도인데, 평균 약 시속 60km로 2~3km나 되는 거리를 같은 속도로 달릴 수 있다고 해요. 등에 사람을 태우고도 이렇게 빨리 달릴 수 있는 동물은 서러브레드밖에 없답니다.

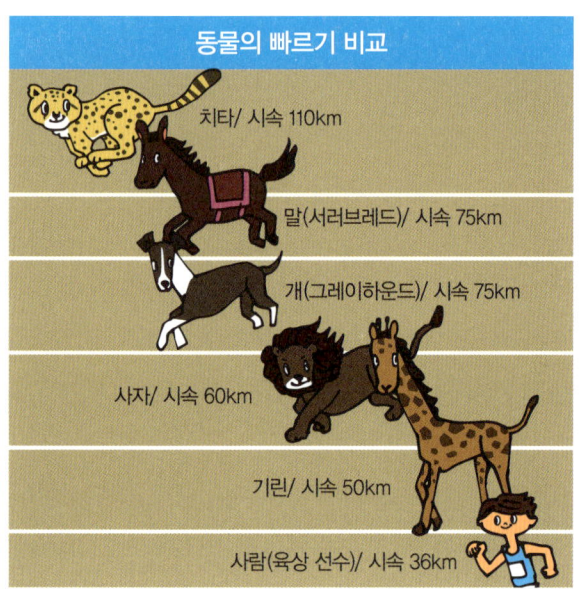

동물의 빠르기 비교
- 치타/ 시속 110km
- 말(서러브레드)/ 시속 75km
- 개(그레이하운드)/ 시속 75km
- 사자/ 시속 60km
- 기린/ 시속 50km
- 사람(육상 선수)/ 시속 36km

커다란 심장에서 힘이 나와요

서러브레드는 어떻게 빨리 달릴 수 있을까요? 비밀은 아주 큰 심장에 있습니다. 심장이 크면 한 번에 많은 피를 몸 구석구석으로 보낼 수 있어요. 그래서 달릴 때 큰 힘을 낼 수 있답니다.

게다가 빨리 달리기 위해서는 다리가 길쭉하고 가벼워야 하며, 땅을 힘차게 박찰 수 있는 튼튼한 근육도 필요합니다. 서러브레드는 운동선수처럼 훈련을 해서 이러한 근육을 키운답니다.

 말의 시선은 앞을 향한 채 몸의 뒤쪽까지 볼 수 있습니다. 말의 시야가 350도로 아주 넓기 때문입니다. 다만 시력은 그리 좋지 않아서 빨간색을 구별하지 못해요.

나도 과학자

말의 귀를 관찰해 보세요

말의 귀를 관찰하면 기분을 알 수 있어요. 말의 감정은 귀의 방향과 움직임에서 나타납니다. 귀를 앞으로 뾰족 세우면 '뭐라고?', 뒤로 눕히면 '싫어!', '무서워' 하고 느끼는 거래요.

깡충거미의 눈은 왜 그렇게 클까요?

교과서 3학년 2학기 2단원 동물의 생활

일본국립과학박물관 동물연구부 | 오노 히로쓰구

먹이를 찾으려면 눈이 커야 해요

깡충거미는 눈이 모두 8개 있는데, 그중 가운데에 있는 눈 2개가 나머지 눈보다 큽니다. 깡충거미의 눈은 2개가 한 쌍으로 머리 앞쪽에 4개, 옆쪽에 4개가 있어요. 눈이 많아 주위를 넓게 볼 수 있답니다. 그런데 작은 눈 6개는 사물이 움직이는지만 가늠할 수 있을 뿐 뚜렷하게 보이지는 않는다고 해요.

가운데의 두 눈은 물체를 뚜렷하게 보는 층과 가까울수록 흐릿하게 보는 층으로 이루어져 있습니다. 이 차이를 이용해 물체까지 뛰어오를 정확한 거리를 파악할 수 있어요. 덕분에 먹이를 쉽게 잡을 수 있지요.

깡충거미

거미줄을 치지 않는 대신 점프 공격!

깡충거미는 거미줄을 치지 않아요. 철쭉, 사철나무 등의 나무와 풀숲에서 주로 볼 수 있는데, 집 안에 사는 것도 있답니다. 거미줄을 치지 않기 때문에 먹이를 찾을 때는 돌아다니면서 사냥해요. 주특기는 점프 공격으로, 먹잇감을 발견하면 멀리 있어도 깡충깡충 뛰어와 단숨에 제압한답니다.

게다가 거미줄을 치지 않아도 엉덩이에서 실이 나오기 때문에 높은 곳에서 떨어져도 실에 매달릴 수 있어요.

🔍 거미를 실제로 보고 싶다면 경기도 남양주시에 있는 거미박물관 아라크노피아 수목원을 방문해 보세요. 우리나라 최초 거미 연구로 박사 학위를 받은 김주필 교수가 세계 거미 2,000여 종을 모아 만들었대요.

나도 과학자

믿음직스러운 친구 깡충거미

깡충거미는 집 안에서 파리와 모기를 잡아 주는 믿음직스러운 생물입니다. 그러니 무조건 싫다고 죽이지 말고, 같이 사는 친구라고 생각해 보면 어떨까요? 일본에서는 옛날부터 깡충거미에게 다른 벌레를 잡게 하는 놀이가 있었다고 해요. 판 위에 깡충거미 두 마리를 올리고 싸움을 붙이는 '거미 씨름'이 어린이들 사이에서 크게 유행했으며 지금도 보존회가 있습니다.

인류의 조상은 어른의 키가 120cm이었대요

교과서 3학년 2학기 2단원 동물의 생활 심화

도쿄대학 종합연구박물관 | 스와 겐

440만 년 전의 라미두스 원인

현재 지구에서 살고 있는 인류는 전부 '호모 사피엔스'라는 종입니다. 현 인류의 선조는 800만~700만 년 전에 아프리카에 살았던 종까지 기원을 거슬러 올라갈 수 있어요. 하지만 그 종이 어떤 모습이었는지는 아직 확실하게 밝혀지지 않았습니다.

과연 먼 옛날의 인류는 어떤 모습이었을까요? 지금까지 발견한 것 중에서 모습을 알 수 있는 가장 오래된 인류는 '라미두스 원인'(아르디피테쿠스 라미두스)입니다. 라미두스 원인은 지금으로부터 440만 년 전 동아프리카에서 살았습니다.

라미두스 원인은 발이 특이해요

라미두스 원인의 화석 하나를 복원해 보았더니 성인 여성으로 키는 약 120cm, 몸무게는 약 45kg라는 사실이 밝혀졌습니다. 여러분의 키, 몸무게와 비교해 보면 몸집이 대략 짐작이 가지요?

라미두스 원인은 호모 사피엔스와 마찬가지로 등을 곧게 세우고 두 다리로 걸어 다녔습니다. 이는 원숭이에게서는 보이지 않는, 사람만의 특징입니다. 그런데 라미두스 원인은 발로 물건을 잡을 수도 있었어요. 우리는 물건을 손으로 쥘 수 있지만 발로는 쥐지 못하지요. 즉, 라미두스 원인은 사람과 원숭이의 특징을 고루 갖추었다고 볼 수 있어요.

 라미두스 원인은 숲의 어떤 장소에서 살았던 것으로 보여요. 치아를 연구한 결과 식물과 동물을 전부 먹었던 잡식성으로 과일과 잎뿐 아니라 곤충, 새알, 작은 짐승 등을 먹었던 듯합니다.

아르디피테쿠스 라미두스
어른 여성
키 120cm
몸무게 45kg

키가 나랑 비슷하네.

나도 과학자

왜 발로 물건을 잡을까요?

라미두스 원인의 엄지발가락은 현재 사람의 손 모양처럼 다른 네 발가락과 마주 볼 수 있는 형태예요. 그래서 물건을 잡을 수 있답니다. 자신의 발가락과 모양을 비교해 보세요.

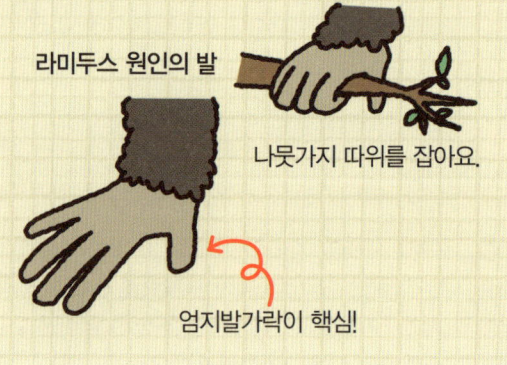

라미두스 원인의 발

나뭇가지 따위를 잡아요.

엄지발가락이 핵심!

나비 애벌레의 변신

4월 24일

교과서 3학년 1학기 | 3단원 동물의 한살이

도쿄대학 종합연구박물관 | 야고 마사야

나비 애벌레와 나비의 차이

나비 애벌레는 짧은 다리가 무척 많고, 몸을 쭉 폈다가 오므리는 방식으로 앞으로 나아갑니다. 하지만 나비가 되면 길고 가느다란 여섯 개의 다리만 남아 보통 날개를 펼쳐 날아 이동하지요. 애벌레가 커서 나비가 되는 것인데도 모습이 영 딴판이랍니다. 어째서 이렇게 커다란 변화가 생기는 걸까요?

곤충이 자라면서 모습을 바꾸는 것을 **탈바꿈** 또는 **변태**라고 해요. 매미처럼 번데기 과정을 거치지 않는 곤충도 있지만, 나비 애벌레는 **번데기**를 거쳐 나비가 됩니다.(102쪽 참조) 그런데 사실 번데기가 되었을 때 몸이 한 번 조각조각 나뉜다고 해요.

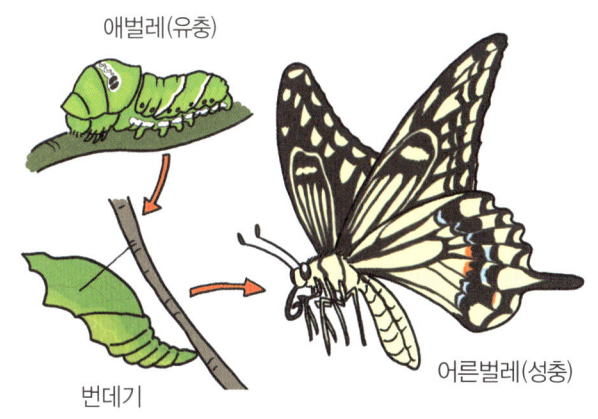

나비의 변태 과정

한 번 흐물흐물해져요

번데기가 되면 나비의 몸 부분이 될 바탕만 남겨 두고 다른 부분은 전부 해체됩니다. 예를 들면 다리의 바탕, 날개의 바탕이 되는 부분만 남는 것입니다. 나비의 몸은 그렇게 바탕이 되는 부분에서 새로이 형성돼요. 몸이 흐물흐물해져 거의 처음부터 몸을 다시 형성하는 극적인 변화가 일어나는 셈입니다.

이러한 변화 때문에 번데기는 무척 약한 상태입니다. 그러니 발견하더라도 속이 어떻게 생겼을지 상상만 하고, 가능하면 만지지 말고 놔두세요.

 번데기를 만드는 곤충은 모두 몸의 구조가 같아요. 장수풍뎅이와 사슴벌레도 유충에서 성충이 될 때 똑같이 몸이 분리되는 시기가 있답니다.

나도 과학자

나비 애벌레와 나비의 차이점은?

야외로 나가거나 도감을 펼쳐 나비 애벌레와 나비의 차이를 비교해 보세요. 어디가 어떻게 달라졌나요?

삼색 털 고양이는 대부분 암컷이에요

교과서 3학년 2학기 2단원 동물의 생활 심화

나가하마바이오대학 바이오사이언스학과 | 야마모토 히로아키

염색체 XX가 암컷, XY가 수컷

검은색, 갈색, 흰색 털 무늬가 사랑스러운 삼색 털 고양이. 그런데 삼색 털 고양이는 대부분 암컷이고, 수컷은 잘 찾아보기 힘들다고 해요. 왜 암컷이 훨씬 많이 태어날까요? 그 이유는 염색체 때문입니다.

염색체는 유전자를 담은 DNA가 반으로 접힌 것이라고 할 수 있어요. 그리고 크게 성염색체와 상염색체로 구분됩니다. 이중에서 성별은 성염색체가 결정합니다. 아빠가 준 염색체와 엄마가 준 염색체가 모두 X염색체이면 암컷, X염색체와 Y염색체라면 수컷이 태어난답니다.

검은색 부분은 성염색체의 X염색체 유전자로 결정돼요.

갈색 부분은 성염색체의 X염색체 유전자로 결정돼요.

흰색 부분은 성염색체의 색을 정하는 유전자에 상관없이, 상염색체의 유전자로 결정돼요.

색깔을 정하는 것은 X염색체

검은색, 갈색 빛을 띠게 하는 유전자는 성염색체의 X염색체입니다. 그래서 X염색체를 2개 가진 암컷은 검은색과 검은색, 갈색과 갈색, 갈색과 검은색이 되는 유전자를 가졌을 가능성이 큽니다. 하지만 수컷은 X염색체가 하나뿐이니, 검은색 아니면 갈색이 되는 유전자 중 하나만 가질 수밖에 없어요.

그래서 여기에 흰색이 더해졌을 때 암컷의 경우는 삼색 털 고양이가 되지만 수컷의 경우는 검은색과 흰색만 있거나 갈색과 흰색만 있는 것이 대부분입니다. 이러한 이유 때문에 삼색 털 고양이는 암컷이 대부분이랍니다.

 수컷 삼색 털 고양이가 태어날 확률은 3만 마리 중에 1마리 정도라고 합니다. 일본에는 삼색 털 고양이가 복을 불러온다는 전설이 있어요.

나도 과학자

수컷 삼색 털 고양이는 태어날 수 없나요?

삼색 털 고양이가 되는 유전자는 X염색체에 있으므로 수컷 삼색 털 고양이는 태어나지 않는 것이 자연스럽습니다. 그런데 드물게 성염색체를 3개 가진 것이 있어서, XXY의 조합이면 수컷 삼색 털 고양이가 태어날 수도 있답니다.

꽃이 꿀벌을 감쪽같이 속인대요

교과서 6학년 1학기 4단원 식물의 구조와 기능

후쿠시마대학 공생시스템 이공학류 | 구로사와 다카히데

감쪽같이 속는 수벌

꿀벌을 쏙 빼닮은 꽃이 있습니다. 난초의 한 종류로 서양에서는 '꿀벌 난초'(오프리스 아피페라)라고 불러요. 이 꽃은 모양과 색깔뿐만 아니라 무늬까지도 암벌과 흡사합니다. 꿀벌의 털 같은 것까지 나 있을 정도예요. 꽃에서 나는 냄새마저 암벌과 비슷하다고 하네요.

그래서 수벌은 꿀벌 난초를 암벌로 착각하고 찾아옵니다. 꽃에 다다른 수벌이 교미를 하려고 꽃에 달라붙으면 꽃가루가 수벌에 묻겠지요. 수벌은 꽃가루를 온몸에 묻힌 채 다른 꽃으로 날아가요.

꿀벌 난초를 암벌로 착각하는 꿀벌

꿀벌을 이용하는 난초

수벌은 날아다니다가 또 다른 꿀벌 난초를 발견합니다. 그리고 마찬가지로 암컷으로 오해해서 꽃에 달라붙어요. 이번에는 꿀벌의 몸에 묻었던 꽃가루가 꽃의 암술에 묻습니다. 이렇게 해서 꿀벌은 꿀벌 난초에 속아 꽃가루를 옮기며 **수분**을 도와요.

꿀벌을 빼닮은 꽃을 피우는 난초는 그 밖에도 30종류 정도가 알려져 있습니다. 시중해 지역을 중심으로 유럽, 북아프리카, 서아시아에 분포하고 있어요. 이러한 난초들은 찾아오는 꿀벌의 종류에 맞추어 꽃의 모양도 다르답니다.

 꿀벌 난초는 꿀벌의 도움을 받아 꽃가루를 옮깁니다. 그런데 꿀벌에게 꿀이나 꽃가루를 주지는 않아요. 암벌로 위장해 수벌을 감쪽같이 속여서 꽃가루만 옮기게 한답니다.

나도 과학자

나비난초와 꿀벌 난초

나비난초와 꿀벌 난초는 같은 난초과로 아주 가까운 종류랍니다. 둘은 꽃의 생김새가 어떻게 다를까요? 한번 비교해 보세요.

나비난초

조개는 왜 봄에 많이 캘까요?

4월 27일

교과서 3학년 1학기 3단원 동물의 한살이

대학강사 | 야지마 미치코

봄철 조개가 맛있어요!

봄부터 여름에 거쳐 갯벌에는 조개를 캐기 위해 많은 사람이 찾아옵니다. 봄철은 조개가 가장 맛있는 계절이에요. 이때는 보통 바지락을 캡니다. 바지락은 7~8월에 알을 낳기 위해 몸에 영양분을 듬뿍 저장한답니다. 산란이 끝난 바지락은 영양분을 다 써서 별로 맛이 없어요. 그래서 맛있는 바지락을 먹으려고 봄철에 조개를 캐는 것이랍니다.

바닷물이 빠져서 조개를 캐기 쉬워요

봄철에 조개를 많이 캐는 이유는 또 있습니다. 바로 봄의 한사리 때문입니다. **한사리**는 밀물과 썰물의 차이가 가장 큰 시기를 말해요. 바닷물이 들어오고 나가는 밀물과 썰물 현상은 여러분도 잘 알고 있겠지요. 이러한 조수 간만의 차이는 달과 태양의 영향을 받습니다. 그래서 날마다, 또는 계절에 따라 그 차이가 달라집니다.

낮에 일어나는 썰물은 겨울부터 여름에 걸쳐 밀려 나가는 양이 늘어납니다. 그러면 조개를 캘 수 있는 면적도 늘어나겠지요. 봄은 겨울에 꽁꽁 얼어붙었던 날씨가 풀리면서 바깥으로 놀러 나가고 싶어지는 계절입니다. 그와 동시에 조개가 맛있어지고 썰물이 크게 밀려 나가기 때문에 조개 캐기에 가장 좋은 계절이기도 하답니다.

조개를 캐러 갈 때는 조개를 캐도 되는 장소인지 미리 알아보아야 합니다. 어부만 캘 수 있는 곳에 마음대로 들어가면 '밀어'라고 해서 법에 걸린답니다.

나도 과학자

봄이 되면 조개를 캐러 가요

나가기 전에 미리 썰물 시각을 알아두세요. 그 시각을 중심으로 계획을 세우면 오랫동안 조개 캐기를 즐길 수 있답니다.

간조 2시간 전후가 제일 좋아요.

만조

숨바꼭질의 명수 참나무산누에나방

4월 28일

교과서 3학년 2학기 2단원 동물의 생활

교토 공예섬유대학 공예과학연구과 | 사이토 히토시

나뭇잎과 똑같은 색을 띠어요

참나무산누에나방은 산과 들에서 흔히 볼 수 있는 곤충입니다. **성충**(어른벌레)은 6월부터 8월까지 출현해요. 상수리나무, 졸참나무 등의 잎을 먹는 유충은 몸속이 다 비칠 정도로 투명한 초록색을 띱니다. 그런데 왜 초록색일까요? 유충이 살아남으려면 그러한 색이 꼭 필요하기 때문이에요. 숲 속에는 참나무산누에나방의 유충을 먹이로 삼는 생물이 많이 있어요. 이렇게 어떤 생물을 주로 잡아먹는 생물을 **천적**이라고 하지요. 참나무산누에나방의 천적은 새, 기생벌 등입니다. 그래서 참나무산누에나방의 유충은 천적의 눈에 띄지 않도록 몸의 색을 나뭇잎과 똑같이 **위장**해 숨는 거랍니다.

고치 / 유충 / 잎이랑 똑같이 생겼네?

주위 환경에 색깔을 맞추어 몸을 숨겨요

유충이 성장하면 **고치**를 만듭니다. 고치는 유충이 번데기로 변할 때 실을 토하여 만드는 둥글고 길쭉한 모양의 집이에요. 고치도 유충과 마찬가지로 초록색입니다. 나뭇가지에 있는 유충과 달리 고치는 잎으로 몸을 감싸듯이 잎 사이에 숨어 있습니다. 유충은 움직일 수 있지만 고치는 움직일 수 없으므로, 천적의 눈에 더욱 띄지 않도록 몸을 숨기는 것입니다. 게다가 고치는 적을 속이기 위해 주위 잎 색깔에 따라 자신의 색도 비슷하게 바꿉니다. 이것을 **보호색**이라고 해요.

 참나무산누에나방도 누에나방처럼 실을 만들어 내요. 이 실은 아름다운 빛깔을 띤답니다.

나도 과학자

숨바꼭질하는 생물에는 또 무엇이 있을까요?

세상에는 참나무산누에나방처럼 몸의 색을 바꿔가며 천적에게서 몸을 보호하는 생물이 많이 있답니다. 우리 주변에는 어떤 생물이 숨어 있는지 찾아보세요.

우왓!? / 팔랑

잎은 왜 초록색일까요?

4월 29일

교과서 4학년 2학기 1단원 식물의 생활

일본국립환경연구소 | 노다 히비키

빛이 하얗게 보이는 이유

햇빛은 하얗게 보입니다. 그런데 하얗게 보이는 것은 사실 빨간색, 주황색, 노란색, 초록색, 파란색, 남색, 보라색 등의 빛이 섞여 있기 때문이에요. 이 점은 무지개를 보면 잘 알 수 있어요. 비가 갠 후 생기는 무지개는 어떻게 만들어질까요? 햇빛이 공기 중의 물방울에 닿으면 반사되고 꺾이는데, 이때 빛에 포함된 색마다 꺾이는 각도가 조금씩 달라집니다. 그래서 무지개처럼 여러 가지 빛깔이 나와요.

식물은 초록색을 싫어해요

나뭇잎 위로 하얀 햇살이 듬뿍 쏟아지면, 식물은 햇빛을 에너지로 사용해 성장합니다. 그런데 식물이 햇빛에 포함된 모든 색을 쓰는 것은 아니에요. 빨간색, 파란색은 잘 쓰지만 초록색은 잎에서 반사하지요. 그래서 우리 눈에 잎이 녹색으로 보여요.

그런데 식물은 초록색 외의 다른 빛을 어디에 쓸까요? 식물은 빛 에너지를 이용해 광합성을 합니다. **광합성**이란 이산화탄소와 물을 녹말과 산소로 바꾸는 작용을 말하는데, 이때 빨간색과 파란색 빛에너지를 쓴답니다. 이렇게 바꾼 영양소로 식물이 성장하고 번식하는 것입니다.

잎의 세포에는 광합성을 하는 엽록체가 있습니다. 엽록체 속에는 녹색 색소인 엽록소가 들어 있는데, 이 엽록소가 빨간빛과 파란빛을 흡수합니다. 그리고 빛 에너지를 이용해 화학 에너지를 만든답니다.

나도 과학자

해가 질 때 잎이 무슨 색으로 보일까요?

석양이 닿으면 잎은 거무스름하게 보입니다. 석양은 붉은빛이 많고 초록색 등 다른 빛은 적어요. 그런데 잎이 붉은색을 흡수하므로 반사되는 빛이 거의 없어요. 잎이 대부분의 빛을 흡수하기 때문에 검게 보이는 것이랍니다.

맛있는 심해어를 앞으로도 계속 먹으려면?

교과서 5학년 2학기 2단원 생물과 환경

도쿄대학 대기해양연구소 | 사루와타리 도시로

우리가 잘 몰랐던 심해어 명태

식탁 위에 잘 올라오는 대표적인 흰살 생선 명태는 우리에게 매우 친숙하지만, 사실은 수심 500m까지 내려가 서식하는 심해어입니다. 잘 모르는 사이에 심해어를 먹고 있는 셈이지요. 명태는 무척 맛있어서 세계에서 여러 가지 방법으로 요리해 먹어요. 너무 많이 잡다 보니 그 수가 점차 줄었답니다.

명태가 줄어들자 사람들은 남반구에 사는 심해어 '메로'(디소스티쿠스 엘레기노이데스)를 명태 대신 잡기 시작했어요. 우리나라 주변에서는 잘 잡히지 않지만 구이와 찜 등 요리에 많이 사용합니다.

너무 많이 잡으면 그 수가 줄어들어요

지금은 메를루시우스가 많이 잡히겠지만, 명태처럼 너무 많이 잡다 보면 그 수가 줄어들 거예요.

한편 심해에 사는 물고기 중에 '호플로스테투스 아틀란티쿠스'(학)라는 물고기가 있습니다. 흔히 '오렌지라피'라고 불러요. 잡기 시작한 지 얼마 안 돼 그 수가 급속도로 줄어들었습니다. 태어나서 알을 낳을 때까지 무척 오랫동안 천천히 성장하는 물고기였기 때문입니다. 그런데 대량으로 잡다 보니 자손을 많이 퍼트리지 못하고 개체 수가 급격하게 줄어들었던 것이지요. 어떤 물고기든 지나치게 많이 잡으면 수가 줄어들 것입니다. 그러니 적당히 잡아야겠지요.

 대구의 일종인 '메로'는 '파타고니아 이빨고기'라고도 불러요. 스페인에서는 '메를루사'로 부른대요.

나도 과학자

한국의 심해어 '기름가자미'를 살펴보세요

기름가자미는 수심 40~700m 바다 밑바닥에 서식하는 심해어입니다. 쪄 먹거나 구워 먹어요. 기회가 되면 한번 어떻게 생겼는지 살펴보고 맛보세요.

건어물   구이   튀김

돋보기를 가지고
풀꽃 산책을 떠나요

확대경으로 관찰한 분꽃의 꽃가루

ⓒ 자료 : 호야 아키히코

산책하면서 제철 풀꽃을 구경하는 것은 즐겁지요. 지금부터 풀꽃 산책을 할 때 가지고 가면 산책이 더욱 즐거워지는 도구를 소개하겠습니다. 바로 돋보기 또는 확대경입니다. 산책하다가 예쁜 꽃을 발견하면 일단 돋보기를 가져가 꽃잎을 자세히 관찰해 보세요. 그러면 미처 몰랐던 꽃의 아름다운 무늬를 볼 수 있답니다. 꽃잎을 구경했으면 이번에는 암술과 수술을 관찰해 보세요. 위의 분꽃 사진처럼 꽃가루를 볼 수 있어요. 수술의 끝부분에서 꽃가루가 만들어집니다. 그리고 암술의 끝은 꽃가루가 달라붙는 곳입니다. 꽃가루가 붙기 쉽도록 약간 축축하답니다.

분꽃이 피기 시작하는 것은 저녁 무렵입니다. 꽃 속에 돌돌 말려 있는 암술과 수술은 밤이 되면 쭉 펴집니다. 그리고 다음 날 아침이 되면 다시 봉오리를 오므립니다. 그때 암술과 수술도 다시 돌돌 말립니다. 붉은 실 등으로 묶어 꽃에 표시를 해 두면 며칠 만에 씨앗이 생기는지 알 수 있어요.

어릴 땐 몸이 작고 투명해.

5월

짠! 다 크면 이렇게 기다란 장어가 되지.

침팬지가 고기를 먹는다고요?

5일 1

교과서 3학년 2학기 | 2단원 동물의 생활

가마쿠라여자대학 아동학부 아동학과 | 호사카 가즈히코

주식은 과일이에요

야생 침팬지의 서식지는 아프리카입니다. 그중에서도 탄자니아의 마할레 국립공원은 침팬지 관찰이 가능한 곳으로 유명해요.

침팬지의 주된 먹이는 과일입니다. 마할레의 침팬지들이 즐겨 먹는 것은 그 지역에서 아주 많이 나는 열매랍니다. 소프트볼 정도의 크기로 새콤달콤한 과일이에요. 침팬지는 그 밖에 나뭇잎, 꽃, 줄기와 덩굴 속 내용물 등을 먹습니다. 식물의 줄기를 이용해 개미를 끌어올려 잡아먹기도 해요.

고기는 특식으로 먹어요

침팬지는 작은 동물이나 새를 잡아먹기도 합니다. 하지만 고기는 침팬지가 살아가는 데 반드시 필요한 요소는 아니에요. 굳이 고기를 먹지 않아도 영양분을 대체해 주는 식물이 있기 때문입니다.

침팬지가 좋아하는 것은 긴꼬리원숭이과인 '콜로부스'의 살점입니다.(111쪽 참조) 그렇다고는 해도 그리 많이 먹는 것은 아니에요. 어쩌다가 잡을 기회가 생겼을 때 먹는 정도랍니다. 그런 때는 어른 수컷을 중심으로 무리 지어 사냥합니다. 사냥한 고기를 동료들에게 나눠 주기도 해요. 그런 식으로 자신의 강력한 힘을 보여 주는 것이지요.

 침팬지라고 하면 바나나를 즐겨 먹는다고 생각하기 쉽지만, 실제로 야생 침팬지가 서식하는 숲에는 바나나 나무가 없어요. 동물원에서 살게 된 침팬지가 바나나 맛을 알고 좋아하는 것이랍니다.

나도 과학자

침팬지의 동작과 표정을 관찰해 보세요

동물원에서 침팬지를 관찰해 봅시다. 물건을 요구할 때 동작이나 놀 때 즐거워 보이는 표정은 사람을 쏙 닮았답니다. 또 사람처럼 입을 벌리고 소리 내어 웃기도 합니다. 하지만 이를 드러내며 웃는 것처럼 보이는 표정은 사실 두려워한다는 표시예요.

높은 산 위에 꽃밭이 있는 이유는?

교과서 4학년 2학기 1단원 식물의 생활

가나자와대학 지역창조학류 | 아오키 다쓰토

고산 지대는 어떤 곳일까요?

예쁜 화단이나 넓게 펼쳐진 꽃밭을 떠올려 보세요. 그곳에 있는 꽃은 손질이 잘 되어 있고, 흙 상태도 좋지요. 그런데 높은 산에 올라가면 환경이 나쁜데도 잘 자란 꽃밭이 보일 때가 있어요. 화단처럼 가꾼 것도 아니고, 큼지막한 돌이 여기저기 굴러다녀 흙에 영양분이 별로 없는데도 말이죠. 어떻게 높은 산처럼 험한 환경에도 꽃들이 자라는 걸까요?

살아남기 위해 산 위로

약 2만 년 전, 지구의 기온은 무척 낮았습니다. 이 시기를 '빙하기'라고 부릅니다. 그래서 당시 지금보다 온도가 7~8℃ 가량 낮았던 평야에는 추운 곳을 좋아하는 식물이 아주 많이 자랐어요.

빙하기가 끝나자 지구는 점점 따뜻해졌습니다. 당시 추운 평야에서 살던 식물이 살기 좋은 장소가 사라진 셈이지요. 그래서 점점 평야보다 추운 곳을 찾아 높은 산 위에서 자라기 시작했답니다. 이러한 식물을 '고산 식물'이라고 부릅니다.

높은 산 위는 일반적인 식물이 자라기에 무척 척박한 환경입니다. 하지만 고산 식물은 다른 식물의 방해를 받지 않아 잘 살 수 있어요. 산 위의 꽃밭은 그러한 고산 식물이 열심히 살아남은 결과 생긴 것이랍니다.

 산 위에 내린 눈은 장소에 따라 눈이 녹는 시기가 달라요. 이에 따라 식물이 자라는 기간도 달라지기 때문에 다양한 고산 식물이 자랄 수 있습니다.

나도 과학자

지구의 기온이 오른다면?

높은 산 위에 사는 고산 식물은 추운 곳을 좋아합니다. 만약 지구온난화가 점점 더 진행되어 지금보다 기온이 더 오른다면 고산 식물은 어떻게 될까요?

여러 가지 모양의 꽃가루

교과서 6학년 1학기 4단원 식물의 구조와 기능

지바경제대학 경제학부 | 우치야마 다카시

꽃가루에 있는 발아구

꽃 모양이 각양각색이듯 꽃가루도 식물의 종류에 따라 모양이 다양해요. 그래서 꽃가루의 특징을 보고 식물의 종류를 짐작할 수 있답니다.

꽃가루의 표면에는 구멍 같은 것이 있어요. 이를 '발아구'라고 부르는데, 말하자면 출구입니다. 도대체 무슨 출구일까요? 꽃가루가 암술에 묻으면 꽃가루 속에서 긴 화분관이 뻗어 나오기 시작하는데, 이 관이 나오는 출구가 바로 **발아구**랍니다. 발아구의 수는 식물마다 정해져 있어요.(173쪽 참조)

꽃가루는 모양이 다양해요

다양한 꽃가루의 모양을 살펴볼까요? 국화과의 꽃가루는 꼭 별사탕 과자처럼 울퉁불퉁 튀어나와 있어요. 발아구는 3개입니다. 그런데 같은 국화과라도 종류별로 형태가 조금씩 달라요. 이를테면 민들레와 개쑥갓 등의 꽃가루는 표면에 가시가 나 있습니다. 그런데 쑥의 꽃가루에는 가시가 없답니다. 벼과인 참억새와 갈대는 발아구가 하나씩 있어요.

한편 꽃가루끼리 달라붙어 있는 식물도 있습니다. 예를 들면 철쭉은 4개, 콩과는 16개의 꽃가루가 달라붙어 있어요. 또 난초과는 다수의 꽃가루가 덩어리로 뭉쳐 있습니다.

 달맞이꽃 종류는 꽃가루에서 끈적끈적한 실 같은 것이 나옵니다. 꽃가루가 이 실로 이어져서 달맞이꽃을 찾아온 나방의 몸에 꽃가루 덩어리가 달라붙는답니다.

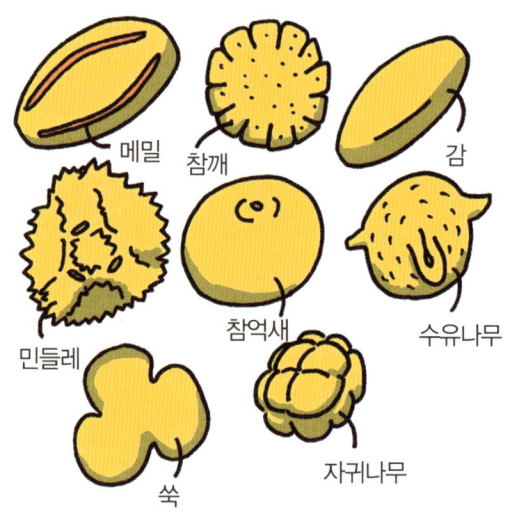

다양한 꽃가루 모양

나도 과학자

철쭉의 꽃가루 모양을 만들어 볼까요?

철쭉은 꽃가루 4개가 하나로 달라붙어 있어요. 방울토마토를 이용해서 꽃가루가 붙은 모습을 재현해 봅시다. 꽃가루가 달라붙은 모양은 정해져 있어요. 그림처럼 직접 만들어 보세요.

나비와 벌의 눈에는 색이 다르게 보여요

5일 4

교과서 3학년 2학기 2단원 동물의 생활

교토대학 생태학연구센터 | 사카모토 료타

곤충의 눈에는 꽃이 어떻게 보일까요?

꽃이 피는 계절이 되면 나비와 꿀벌을 비롯한 곤충들이 꽃가루와 꿀을 찾아 여러 빛깔의 꽃으로 모여듭니다. 그런데 꿀벌은 유독 빨간 꽃에는 별로 달려들지 않아요. 왜 그럴까요?

사람은 빨강, 초록, 파랑을 구별할 수 있습니다. 하지만 꿀벌은 빨간색을 구별할 수 없어요. 회색으로 보일 수도 있고, 어쩌면 투명하거나 아예 보이지 않을지도 몰라요. 어쨌든 빨간색을 구별할 수 없는 꿀벌은 빨간색 꽃보다 흰색, 노란색, 보라색 등을 띠는 꽃에 잘 모여든답니다.

빨간색을 볼 수 있는 나비 VS 빨간색을 볼 수 없는 벌

곤충은 자외선을 볼 수 있어요

그러면 나비는 어떨까요? 나비는 사람과 마찬가지로 빨간색도 볼 수 있습니다. 그래서 장미와 같은 빨간색 꽃에도 잘 모여듭니다. 게다가 나비는 우리에게 보이지 않는 자외선까지 볼 수 있어요.(121쪽 참조) 꿀벌도 빨간색은 보지 못하지만 자외선은 볼 수 있답니다.

하지만 진짜로 어떻게 보이는지는 나비와 꿀벌에게 물어보지 않는 이상 모르겠지요. 특수 카메라를 사용하면 사람도 자외선을 볼 수 있으니 나비와 벌의 눈에 비친 세계를 상상하는 것은 가능합니다.

나도 과학자

나비와 꿀벌은 어떤 방향으로 날까요?

나비와 꿀벌이 나는 모습을 비교해 살펴보세요. 꿀벌은 붕 하고 일직선으로 날지만, 팔랑팔랑 나는 나비는 다음에 어디로 날지 종잡을 수 없어요. 그래서 채집하기 어렵답니다. 그렇게 날아야 천적인 새를 잘 피할 수 있겠지요.

 어떤 나비는 뒷날개에 꼬리 같은 것이 달려 있어요. 이것은 가짜 더듬이랍니다. 가짜 더듬이가 있으면 어디가 진짜 머리인지 헷갈리기 때문에 나비는 천적인 새에게서 머리를 지킬 수 있답니다.

부모는 왜 자식을 귀여워할까요?

교과서 3학년 1학기 3단원 동물의 한살이

전 쓰쿠바대학 교수 | 마키오카 도시키

사람이나 동물이나 똑같아요

포유동물이든 새든 모든 부모는 새끼에게 젖이나 다른 먹이를 먹여 가며 애지중지 키웁니다. 그리고 적과 맞닥뜨리면 자신의 목숨이 위험하더라도 새끼를 지키려고 노력해요. 새끼가 위험한 일이나 잘못을 저지르려고 할 때는 야단치며 그만두게 합니다. 아이는 때로 혼나기도 하면서 부모님의 사랑을 듬뿍 받으며 자라지요.

모든 생물은 부모에게서 태어나고, 성장하면 자식을 낳아 부모가 됩니다. 또 모든 생물의 목숨에는 끝이 있어서, 언젠가는 늙어 죽음에 이릅니다. 하지만 아이를 낳고 그 아이가 또 아이를 낳는 식으로 자신이 죽은 후에도 생명은 계속 이어져요. 그렇게 생명을 자손에게 전해 줄 수 있어요. 말하자면 부모는 자식을 귀여워하고 소중히 키워 미래에 생명을 전하는 것입니다.

양육 방식이 다른 생물

어류, 양서류, 곤충 등은 알을 아주 많이 낳을 뿐 보통은 키우지 않아요. 또 대부분의 식물 역시 많은 씨앗을 만들지만 그뿐입니다. 이러한 생물들은 많은 자손을 만든 다음, 그중에서 살아남은 더 강하고 우월한 자손이 생명을 이어 가도록 하는 것입니다.

이러한 생명 전달 방법은 사람의 방식과 많이 다릅니다. 그래도 부모가 자식에게 생명을 전하려 한다는 것은 같아요. 즉, 생물은 모두 생명을 전하려고 태어났다고 할 수도 있지요.

나도 과학자

제비 가족을 관찰해 보세요

여름이 되면 제비는 집 처마 밑 같은 곳에 둥지를 짓고 새끼를 키웁니다. 그 모습을 조금 멀리 떨어져서 관찰해 보세요. 제비 새끼들은 어미에게서 서로 더 많이 먹이를 받아먹으려고 입을 크게 벌리며 웁니다. 하지만 어미는 차별 없이 모든 새끼에게 먹이를 골고루 먹여요. 모두 똑같이, 귀여움을 받으며 성장합니다.

꼬리 끝 침에 맹독이 있는 것으로 알려진 전갈은 알이 아니라 새끼를 낳습니다. 새끼 전갈은 태어나자마자 엄마의 등에 업혀 보살핌을 받으며 자랍니다.

바위를 덮은 초록빛 융단의 정체

5월 6일

교과서 4학년 2학기 1단원 식물의 생활

릿쇼대학 지구환경과학부 | 사타케 겐이치

평범한 물을 싫어하는 이끼

주스에는 여러 가지 맛이 있지만 수돗물이나 생수는 아무런 맛도 나지 않지요. 화산 근처에 가면 주스가 아닌데도 시큼한 맛이 나는 물이 솟는 곳이 있어요. 식물은 보통 그런 곳에서 살 수 없지요. 그런데 그런 곳을 제일 좋아하는 이끼가 있답니다.

바로 물에서 사는 '융게르마니아 불카니콜라'(학)의 한 종류입니다. 이 이끼는 레몬즙같이 시큼한 물속에서도 무리를 이루어 아무렇지 않게 삽니다. 하지만 어떻게 그럴 수 있는지 자세한 이유는 아직 밝혀지지 않았어요.

계곡 옆 바위를 덮은 이끼 '융게르마니아 불카니콜라'

어디에 가면 볼 수 있을까요?

이 이끼는 일본의 홋카이도와 규슈에서 볼 수 있답니다. 가까이에 화산이나 온천이 있어서, 시큼한 물이 솟는 장소입니다. 이끼 공원이 몇 군데 있는데, 그 광경은 마치 빛을 머금은 초록빛 융단을 깔아 놓은 것 같답니다.

이 이끼는 지역 주민이 나서서 소중히 보호하고 있어요. 시큼한 물에 강하지만, 물이 없거나 사람이 잘 밟고 다니는 곳에서는 무척 약하거든요. 그러니 발견하더라도 부디 눈으로만 관찰해 주세요.

 산성의 반대 성질을 **염기성** 또는 **알칼리성**이라고 합니다. 염기성은 입에 넣어도 되는 것이 그리 많지 않아요. 비눗물, 바닷물 등이 염기성입니다. 산성과 염기성의 중간 정도인 수돗물은 중성이랍니다.

나도 과학자

산성 물질은 시큼한 맛이 나기도 해요

레몬즙 등 시큼한 맛이 나는 물질의 성질을 **산성**이라고 부릅니다. 먹은 음식을 녹이는 위액 역시 산성입니다. 시큼한 물질에는 어떤 종류가 있는지 한번 찾아보세요.

비가 오면 물에 빠지는 수생곤충이 있어요

5월 7일

교과서 3학년 2학기 2단원 동물의 생활

아이치현립 히가시우라고등학교 | 반 유키나리

메추리장구애비는 물가에 살아요

수영을 잘 못하는 **수생곤충**이 있어요. 바로 '메추리장구애비'랍니다. 몸 크기는 약 2cm 정도이고, 엉덩이에 짧은 호흡관이 하나 붙어 있어요. 메추리장구애비는 몸 표면에 물을 튕겨 내는 기능이 없어서 대부분 물에 들어가지 않고 질척거리는 진흙땅 위를 비척비척 기어 다닌답니다. 주된 먹이는 육지에 사는 거미, 노래기, 공벌레 등입니다. 물에 있을 때가 거의 없으니 헤엄칠 일도 별로 없어요.

4~6월이 되면 메추리장구애비는 물가의 흙 속에 알을 낳습니다. 5~9월에는 알에서 나온 유충이 물가에서 탈피를 거듭하며 성충이 됩니다. **탈피**는 자라면서 허물을 벗는 것을 말합니다. 이때 물가에 있지 않으면 탈피가 잘되지 않아요. 수명은 거의 1년 정도이고, 길면 2년까지 살 수 있대요.

흙이 있는 물가 환경은 중요해요

메추리장구애비는 먼 옛날부터 물이 있는 곳에서 살아왔어요. 지금은 물가 환경이 변해서 메추리장구애비가 멸종 위기에 있습니다. 물가가 콘크리트로 덮여 버리면 물과 흙을 오갈 수 없겠지요. 큰비라도 쏟아지면 물가가 물에 잠겨, 수영에 서툰 메추리장구애비가 물에 빠져 죽을 수도 있어요.

물과 흙을 오가며 살아가는 수생곤충은 많습니다. 예를 들어 장구애비, 게아재비 등은 육지의 흙 속에 산란해요. 물방개는 번데기 시절을 흙 속에서 보냅니다.

나도 과학자

물과 흙이 서로 가까이 있나요?

강, 연못, 호수를 유심히 관찰해 보세요. 물과 접한 부분에 흙이 있나요? 있으면 공책에 장소 이름을 적고 동그라미를 그리세요. 그리고 만약 흙이 아니라 콘크리트라면 가위표를 그립니다. 근처에서 물가를 발견하면 이런 식으로 조사해 보세요.

벌은 왜 꿀을 모을까요?

5 8일

교과서 3학년 2학기 2단원 동물의 생활

/ / /

고베대학 이학연구과 | 스가하라 미치오

꿀벌은 무엇을 먹을까요?

사람이 살아가기 위해 밥을 먹듯 꿀벌에게도 밥이 필요해요. 꿀벌의 밥에는 두 종류가 있는데, 바로 꽃의 꿀과 꽃가루입니다. 꿀은 꿀벌이 살아가는 데 중요한 에너지원이지요. 그리고 꽃가루는 꿀벌의 몸을 이루는 성분이랍니다. 꿀과 꽃가루 덕분에 유충이 크게 성장할 수 있어요.

또한 아기 벌을 키우려면 벌집의 온도를 36℃로 유지해야 해요. 그래서 꿀벌들은 가슴 근육을 움직여 체온을 올리고, 열이 빠져나가지 않도록 모두 모여서 벌집의 온도를 유지합니다. 이때 근육을 움직이는 에너지원으로 꿀을 이용해요. 한편 꽃가루는 단백질로 흡수되어 몸을 만드는 재료가 됩니다.

먹이를 어떻게 모을까요?

꽃의 꿀과 꽃가루는 모으는 방법이 달라요. 꿀벌은 입으로 꿀을 빨아들이는데, 벌의 입은 특수해서 입 끝이 쭉 늘어나요. 늘어난 입을 꽃 속에 꽂아 꿀을 쭉쭉 빨아들인답니다.

한편 꽃가루는 침과 꿀로 반죽해 뭉쳐서 벌의 다리에 묻혀 와요. 이렇게 갖고 온 꽃가루는 아기 벌의 먹이가 된답니다.(155쪽 참조)

 **나도 과학자**

꽃이 벌에게 무엇을 주었을까요?

꿀벌의 다리를 관찰해 보면 꽃이 무엇을 주었는지 알 수 있어요. 꽃가루가 묻어 있으면 그 꽃이 준 것은 꽃가루입니다. 그리고 꽃가루가 없는데도 꿀벌이 많이 모여든다면 그 꽃은 꿀을 준다는 뜻입니다.

 벼꽃은 꽃가루가 있지만 꿀은 없어요. 벼꽃처럼 꽃가루만 내어 주는 식물에는 옥수수가 있습니다.

상어는 피부가 까칠까칠해요

교과서 3학년 2학기 2단원 동물의 생활

도카이대학 해양학부 | 다나카 쇼

튀어나온 비늘

물고기의 몸은 보통 비늘로 덮여 있는데, 상어의 비늘은 다른 물고기와 조금 달라요. 다른 물고기의 비늘이 납작한 형태인 데 비해 상어의 비늘은 하나하나 튀어나와 있답니다. 그래서 상어의 몸을 비늘이 난 방향과 반대쪽으로 만져 보면 까칠까칠해요. 까칠까칠한 것을 비유할 때 '상어 피부' 같다는 말을 쓰기도 하지요.

상어의 비늘은 정기적으로 빠졌다가 다시 생기지만, 상어 껍질을 말리면 비늘이 빠지지 않아요. 그래서 상어 껍질을 강판이나 사포 대용품으로 사용하는 나라도 있습니다.

물의 저항을 줄여요

최근 까칠까칠한 상어 피부의 기능이 주목받고 있습니다. 피부에 비늘이 없으면 상어가 헤엄칠 때 작은 소용돌이가 많이 생기고, 그 때문에 물의 저항이 발생합니다. 그러면 헤엄치는 데 더 많은 에너지가 들기 때문에 상어가 빨리 헤엄칠 수 없답니다.

반대로 피부에 섬세한 비늘이 규칙적으로 붙어 있으면 작은 소용돌이가 잘 발생하지 않아요. 그래서 물의 저항을 줄일 수 있으므로 상어는 빠르게 헤엄칠 수 있습니다. 이러한 상어 피부의 기능을 활용해 까칠까칠한 경기용 수영복이 개발되었습니다.

이 수영복을 착용한 선수의 기록이 비약적으로 향상되었대요. 그래서 오히려 문제가 되기도 했어요.

 상어 껍질은 강판, 사포에만 사용하는 것이 아니에요. 까칠까칠한 상어 피부가 미끄럼 방지에 도움이 될 것이라고 생각해, 일본에서는 칼의 손잡이에 상어 껍질을 붙이기도 한대요.

나도 과학자

상어의 비늘을 만져 보세요

말린 상어 껍질을 붙인 강판을 시중에 판매하고 있어요. 이 강판에 붙인 상어 비늘을 손가락으로 만지면 그 까칠까칠한 감촉을 느낄 수 있습니다.

알을 품는 대신 흙무더기를 만드는 새

5월 10일

교과서 3학년 1학기 3단원 동물의 한살이

야마시나조류연구소 | 아사이 시게키

낙엽이 썩으면서 생기는 열로 부화해요

사람은 열 달 동안 아기를 품고 있다가 낳아서 키우지요. 아기는 사람 몸속에서 어느 정도 커서 태어나요. 이를 **태생**이라고 부릅니다. 반면 새는 알을 낳는 **난생**이에요. 까마귀, 참새처럼 야생에서 자라는 새는 알을 낳은 후, 대부분 새끼가 알을 깨고 나올 때까지 어미가 둥지에서 알을 품는답니다. 새끼가 알을 깨고 나오는 것을 **부화**라고 하는데, 부화하려면 알을 따뜻하게 해 줘야 하거든요.

그런데 호주, 인도네시아, 필리핀, 태평양의 섬에 사는 '메가포드'(학)는 다른 방법으로 알을 부화시킨대요. 이 무리에 속하는 새는 젖은 낙엽이나 흙 등을 쌓아 볼록하게 만들어 둥지를 만들어요. 이 둥지가 사람에게는 무덤처럼 보여서 '무덤새'라고 부른답니다. 쌓아 만든 흙무더기에 구멍을 뚫고 알을 낳은 다음 모래 따위로 구멍을 막아요. 이렇게 하면 알을 감싼 흙이나 낙엽 등이 썩으면서 열이 생깁니다. 이 열로 알이 부화할 수 있어요.

낙엽을 줄여 온도를 조절해요

낙엽이 계속해서 썩으면 열이 너무 많이 생깁니다. 그러면 흙무더기 속이 뜨거워지겠지요. 그대로 두면 알이 부화하지 못하고 죽어 버릴지도 몰라요. 그래서 아빠 무덤새는 알 옆에서 낙엽의 양을 줄이거나 흙무더기를 허물며 알 주변의 온도를 조절해요.

한편 흙무더기를 만들지 않고 온천 근처에 알을 낳는 무덤새도 있습니다. 땅에서 나오는 열을 이용해 알을 따뜻하게 한답니다.

 무덤새는 알의 노른자가 아주 커요. 알 속의 새끼는 노른자의 영양분을 듬뿍 먹으며 쑥쑥 자란 후 알에서 나옵니다. 그래서 자기 힘으로 모래를 털어 내고 땅 위로 나올 수 있답니다.

나도 과학자

흙무더기로 알이 따뜻해지면 왜 좋을까요?

알을 따뜻하게 품으려면 아무래도 한 번에 품을 수 있는 알의 수가 적습니다. 하지만 커다란 무덤이라면 많은 알을 동시에 따뜻하게 할 수 있지요. 그래서 무덤새 중에는 한 번에 알을 20개 이상 묻는 것도 있대요.

나비 애벌레의 눈은 어디에 있을까요?

5월 11일

교과서 3학년 1학기 3단원 동물의 한살이

도쿄대학 종합연구박물관 | 야고 마사야

가짜 눈과 진짜 눈

호랑나비의 유충은 눈이 어디에 있을까요? 호랑나비의 유충은 몸 앞쪽에 커다랗고 검은 부분이 있습니다. 분명히 눈같이 생겼지만, 안타깝게도 '눈'이 아닙니다. 그것은 '가슴'에 있는 무늬랍니다.

진짜 눈은 머리끝에 달려 있어요. 머리끝에서 살짝 아래쪽을 보면 확인할 수 있답니다.

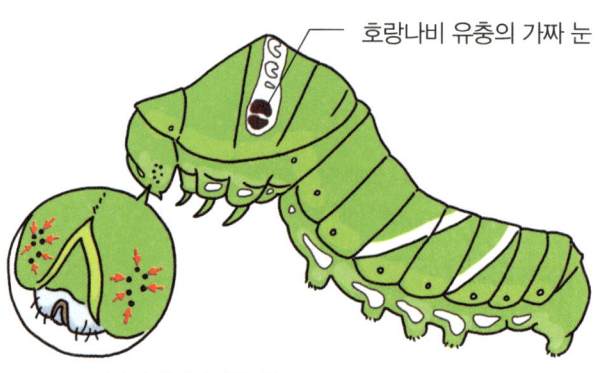

호랑나비 유충의 가짜 눈

나비 유충의 진짜 눈

호랑나비 유충

작은 눈이 6개

나비 유충의 눈은 기본적으로 왼쪽과 오른쪽에 각각 6개씩 있습니다. 만약 나비 유충을 발견하면 유충의 머리를 돋보기로 관찰해 보세요. 작은 점 6개가 모여 있는 눈을 확인할 수 있을 거예요.

그런데 호랑나비 유충은 왜 가짜 눈을 따로 가지고 있을까요? 호랑나비 유충은 적과 맞닥뜨렸을 때 머리를 들어 올려 마치 뱀처럼 상대를 위협합니다. 적에게 '난 덩치가 아주 커!' 하고 보여 주는 것입니다. 그 몸에 커다란 눈까지 달려 있으면 더 큰 생물처럼 보이지 않겠어요? 호랑나비 유충은 커다랗고 검은 무늬를 마치 눈처럼 보이게 해서 상대를 위협하고 몸을 보호한답니다. 다만 그것이 새와 같은 천적에게 얼마나 효과가 있을지는 알 수 없어요.

나도 과학자

유충의 눈을 관찰해 보세요

나비 유충을 찾아 돋보기로 눈을 관찰해 봅시다. 기본적으로 왼쪽과 오른쪽에 작은 눈이 각각 6개씩 반원 모양으로 나열된 경우가 많답니다.

🔍 나비의 눈은 좌우에 하나씩만 있는 것처럼 보입니다. 하지만 사실은 작은 눈들이 촘촘하게 모여 하나처럼 보이는 '겹눈'입니다.

이끼 잎은 부드러울까요, 까끌거릴까요?

교과서 4학년 2학기 1단원 식물의 생활

히로시마대학대학원 이학연구과 | 가타기리 도모유키

뭉실뭉실한 잎의 정체

이끼 잎은 촉감이 다양해요. 매끈매끈하기도 하고, 뾰족뾰족하거나 까끌까끌하기도 하지요. 마치 솜 인형처럼 푹신하고 부드러운 것도 있습니다. '털가시잎이끼'는 만지면 푹신푹신한 느낌이 듭니다. 돋보기로 관찰하면 마치 잎에 털이 자란 듯이 보여요. 그러한 잎이 모여 뭉실뭉실하게 보이는 것입니다.

이 푹신푹신한 잎은 폭이 1mm 정도로 무척 작습니다. 전체적으로 가늘게 찢어져 털처럼 보인답니다. 이 털처럼 생긴 잎은 어떤 역할을 할까요?

뭉실뭉실한 것이 꼭 스펀지 같아요!

털 같은 잎은 물을 스펀지처럼 빨아들일 수 있습니다. 붓이 물을 빨아들이듯 털가시잎이끼의 잎이 물을 흡수하면 뭉실뭉실한 느낌이 사라져요. 물에 젖은 붓의 촉감이 보송보송하지 않은 것과 같은 원리입니다.

털가시잎이끼는 한라산, 지리산, 덕유산의 계곡에서 찾아볼 수 있어요. 이끼가 자라는 장소는 대체로 물이 깨끗하고 축축한 땅, 폭포 근처 등입니다. 습기가 많은 바위, 썩은 나무나 땅 등에 뭉실뭉실하게 나 있답니다. 찾으면 돋보기로 꼭 관찰해 보세요.

🔍 모든 생물은 바다에서 생겨났어요. 식물도 마찬가지입니다. 그중 이끼는 땅 위 생활에 최초로 적응한 식물이에요.

털가시잎이끼

나도 과학자

이끼와 다른 식물의 잎은 어떤 모양일까요?

돋보기로 관찰해 봅시다. 식물은 잎의 생김새뿐만 아니라 잎의 표면도 여러 가지 형태라는 것을 알 수 있어요. 이따금 가시 돋친 잎도 있으니 조심하세요.

벚나무 / 토끼풀 / 단풍나무

강물이 쉽게 줄어들지 않는 이유는?

5 13일

교과서 3학년 2학기 3단원 지표의 변화 심화

/ / /

가나자와대학 지역창조학류 | 아오키 다쓰토

산은 곧 물탱크예요

비가 내리면 빗물이 산의 땅 표면을 파고들어 지하수가 됩니다. 지하수는 땅속에서 천천히 흘러 강으로 가요. 강에 물이 많을 때는 그 물이 바닥에 스며들고, 반대로 강에 물이 적을 때는 지하수가 솟아나와 강물을 늘려요. 이렇게 산은 거대한 물탱크가 되어 강물의 양을 조절한답니다.

지하수는 땅속 여기저기에 있어요. 얕은 곳의 지하수는 땅 위로 빨리 올라옵니다. 반대로 깊은 곳에 있는 지하수는 땅 위로 나올 때까지 시간이 오래 걸리겠지요.

눈이 녹아 생긴 물이 강물을 늘려요

1년 동안 흐른 강물의 양을 측정하면 비가 제일 적게 내리는 시기에 오히려 물의 양이 많을 때도 있어요. 눈이 많이 오는 지역에서는 여름이나 가을, 겨울에 비가 많이 내립니다. 반대로 그 사이인 4월과 5월에는 비가 적게 내려요. 그런데 강물의 양은 4월과 5월에 제일 많습니다. 날씨가 따뜻해지면서 겨울 동안 쌓인 눈이 녹기 시작하기 때문이에요. 녹은 물은 그대로 강으로 흘러갑니다. 이처럼 겨울에 눈이 쌓이는 지역에서는 눈이 녹아 생긴 물이 강물을 불린답니다.

정리하면 날씨가 줄곧 맑아도 강물이 줄어들지 않는 것은 다음 두 가지 이유 때문입니다. 첫 번째는 산이 물탱크 역할을 해서 강물의 양을 조절해서입니다. 두 번째는 비가 별로 내리지 않는 시기에도 눈이 녹은 물이 강으로 흘러가기 때문입니다.

나도 과학자

오아시스가 있는 이유는?

사막은 비가 아주 적게 오고 모래와 바위가 많은 곳입니다. 그런데 사막에도 물이 솟아나고 식물이 자라는 오아시스가 있지요. 어떻게 오아시스가 생길 수 있는지 한번 조사해 봅시다.

사막이라도 근처에 눈이 쌓이는 높은 산이 있다면 눈이 녹은 물이 강을 이루거나 지하수가 될 수 있어요. 이것이 사막 한가운데에 오아시스를 형성한답니다.

두껍질조개도 움직여서 달아날 수 있어요

5월 14일

교과서 3학년 2학기 | 2단원 동물의 생활

도쿄대학 대기해양연구소 | 고토 류타로

발로 쿡 쑤셔서 모래를 파고들어요

바지락, 대합 등 껍질이 두 개인 **두껍질조개**라고 하면 움직이지 않는 생물이라고 잘못 알 수 있어요. 바지락을 캘 때도 도망가지 않고 가만히 있으니 말입니다. 하지만 실은 조개도 다리를 사용해서 재빨리 달아날 수 있답니다.

갯벌에서 캔 바지락을 모래 위에 놓고 관찰해 보세요. 조개 사이로 다리를 꺼내 의외로 빠르게 모래를 파고드는 모습을 확인할 수 있답니다. 먼저 다리를 모래 속에 쿡 쑤셔 넣은 다음 움츠려서 조개껍데기를 모래 쪽으로 끌어당겨요. 이를 몇 번이고 거듭하면서 모래를 파고든답니다.

수관 / 다리 / 다리를 모래 속에 넣어요.

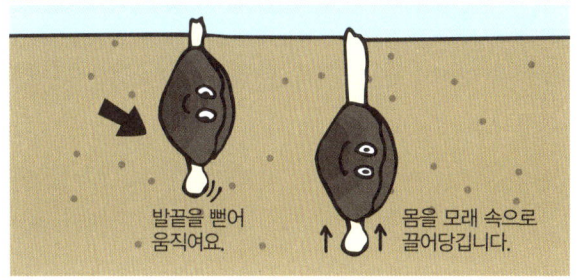

발끝을 뻗어 움직여요. / 몸을 모래 속으로 끌어당깁니다.

다리를 써서 헤엄치는 개량조개

'새조개' 무리 중에는 천적인 불가사리가 공격할 때 펄쩍 뛰어서 도망치는 것도 있습니다. 초밥 재료로 잘 쓰이는 '개량조개'도 육식인 '큰구슬우렁이'가 공격해 오면 다리를 사용해 달아난답니다. 개량조개는 덩치가 커지면 바지락, 대합 등과 마찬가지로 모래 속에 가만히 있어요. 하지만 몸집이 작을 때는 다리를 구부려 헤엄치기도 한다는 사실이 밝혀졌습니다. 헤엄치는 속도는 조개 크기가 7~9mm인 것이 초당 6cm이고, 9~15mm인 것은 무려 초당 8cm나 된대요. 의외로 무척 빠르지요?

 바지락 같은 두껍질조개는 모래 속에 숨었을 때 수관을 모래 위로 내밀어 바닷물을 빨아들입니다. 그리고 바닷물에 포함된 플랑크톤만 걸러서 먹는답니다.

나도 과학자

조개가 모래 속으로 파고드는 속도는?

조개가 모래 속으로 들어가는 속도는 종류마다 다릅니다. 특히 빠른 것은 '삼각조개' 종류예요. 갯벌, 모래사장 등에서 두껍질조개를 캔 다음 모래 속으로 숨는 속도를 재 보세요.

헤엄치는 식물이 있다고요?

5월 15일

교과서 5학년 1학기 5단원 다양한 생물과 우리 생활

도쿄대학대학원 농학생명과학연구과 | 후루야 겐

식물인데 움직인다고요?

식물이면 당연히 땅에 뿌리를 내리고 전혀 움직이지 않는다고 생각하지요? 그런데 바닷속으로 눈을 돌리면 활발하게 돌아다니는 식물이 있어요. **플랑크톤**은 물속을 떠다니는 작은 생물이에요. 식물성과 동물성으로 나뉘는데, 식물성 플랑크톤 중에는 자신의 힘으로 헤엄치는 것이 있답니다. 또한 식물성 플랑크톤은 식물과 마찬가지로 광합성을 하며 살아가요. 이산화탄소와 물 등을 재료로 태양에너지를 사용해서 포도당을 만드는 것입니다. 또 포도당과 물에 녹은 양분을 사용해서 몸을 형성합니다.

이런 까닭에 햇볕이 내리쬐는 해수면 주변으로 식물성 플랑크톤이 많이 모여들어요. 그리고 그 때문에 해수면 근처의 비료가 부족해집니다.

바다 깊은 곳과 해수면을 오가요

햇빛은 물에 흡수되기 때문에 수심이 깊은 곳에는 햇빛이 닿지 않습니다. 대신 빛이 닿지 않아 어두컴컴한 물속에는 양분이 아주 많이 녹아 있어요.

이곳에서는 식물성 플랑크톤 중에서도 '편모'가 달린 플랑크톤이 활발히 활동한답니다. 채찍같이 생긴 편모를 사용해 헤엄쳐서 이동해요. 해가 저물고 밤이 되면 수심이 깊은 곳으로 내려가 양분을 흡수하고, 아침이 되면 해수면으로 떠올라 햇빛과 비료를 사용해서 자라납니다.

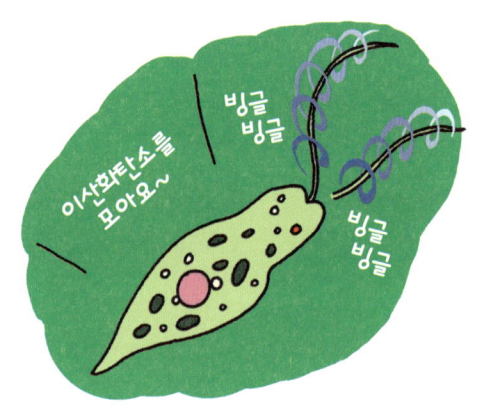

 **나도 과학자**

식물성 플랑크톤을 관찰해 봅시다

식물성 플랑크톤은 가까운 연못이나 논에도 있어요. 물과 함께 채집해서 현미경을 100배 배율로 맞추고 관찰하면 다양한 형태의 식물성 플랑크톤을 볼 수 있어요.

🔍 작은 식물성 플랑크톤이 느긋하게 헤엄쳐서는 비료가 있는 곳까지 닿을 수 없겠지요. 그래서 편모의 추진력이 굉장하답니다. 1초에 무려 자기 몸길이의 수십 배나 되는 거리를 헤엄칠 수 있어요. (31쪽 참조)

꿀벌은 꿀과 꽃가루를 먹어요

교과서 6학년 1학기 4단원 식물의 구조와 기능

지바경제대학 경제학부 | 우치야마 다카시

벌꿀과 꽃가루 경단

꿀벌은 꽃을 돌아다니며 열심히 꿀을 모아요. 그런데 우리가 먹는 꿀은 단순히 벌들이 꿀을 모아 숙성한 것이 아니랍니다. 꿀은 꿀벌의 타액과 섞여야 만들어져요. 그 덕분에 벌꿀은 영양분이 늘어나서 잘 굳지 않고, 미생물과 박테리아 등이 잘 생기지 않아요. 꿀은 꿀벌의 중요한 먹이입니다.

꿀벌은 꿀뿐 아니라 꽃가루도 모아요. 꽃가루도 영양분 덩어리이기 때문입니다. 채집한 꽃가루는 꿀벌 뒷다리에 있는 꽃가루 바구니에 보관해요.

▲ 꿀과 꽃가루를 모으는 꿀벌

꽃과 도움을 주고받아요

꿀벌은 여러 꽃을 찾아다니며 꿀과 꽃가루를 모읍니다. 그런데 꽃이 꿀벌에게 일방적으로 먹이를 제공하기만 하면 손해 아닐까요? 하지만 그렇지 않아요. 꽃을 찾아온 꿀벌의 몸은 꽃가루로 뒤범벅됩니다. 꿀벌은 그 상태로 다른 꽃을 찾아가기 때문에 꽃가루가 다른 꽃의 암술에 옮겨져요. 꽃가루가 암술에 붙는 **수분**을 통해 꽃은 씨앗을 맺습니다. 즉, 먹이를 찾아 꽃을 찾아온 꿀벌이 꽃가루를 다른 꽃으로 운반해 주는 역할을 한답니다. 꽃과 꿀벌은 서로에게 없어서는 안 될 소중한 단짝인 셈이에요.(117쪽 참조)

나도 과학자

벌꿀에 꽃가루가 있다고요?

시험관에 물과 벌꿀을 조금 넣고 잘 섞습니다. 그런 다음 바닥에 가라앉은 벌꿀을 받침 유리에 올리세요. 현미경으로 관찰해 보면 꿀벌이 열심히 모은 꽃가루를 확인할 수 있어요.

 꿀벌이 없으면 꽃가루받이를 못하는 식물이 전 세계 4만여 종이 있어요. 즉, 꿀벌이 없으면 많은 식물이 열매를 맺지 못해 멸종할 거예요.

흰개미는 개미가 아닙니다

교과서 3학년 2학기 2단원 동물의 생활

교토외국어대학 외국어학과 | 하타다 아야

흰개미는 숲에서도 살아요

흰개미 가족은 여왕개미, 왕개미, 일개미 등으로 구성됩니다. 흰개미도 개미와 마찬가지로 가족끼리 역할을 분담해 생활해요. 그런데 벌목에 속하는 개미는 쉽게 말하면 날개 없는 벌인 데 비해, 흰개미는 벌목이 아니라 바퀴목에 속해요. 다시 말해서 흰개미와 개미는 같은 종류가 아니랍니다.

먹이도 달라요. 일본흰개미, 집흰개미는 집의 토대로 쓰인 목재 따위를 갉아 먹습니다. 그리고 숲에 사는 대부분의 흰개미는 고목과 낙엽 등을 먹습니다. 반면 개미는 고목과 낙엽을 먹지 않아요.

검은 색소를 가진 흰개미?

흰개미의 몸 색깔은 사는 장소와 관련 있습니다. 사실 햇빛에는 몸에 해로운 자외선이 포함되어 있어요. 그래서 햇빛 아래에서는 자외선을 차단하는 검은 색소가 필요합니다. 그런데 흰개미는 검은 색소가 없어서, 햇빛이 내리쬐는 장소를 다닐 수 없어요. 흰개미는 흙 속에 터널을 만들어 지나다닙니다.

열대 우림에는 '호스피탈리테르메스 호스피탈리스'(학)라는 흰개미가 서식합니다. 이 흰개미는 검은 색소를 가지고 있어요. 그래서 밝은 곳에서도 걸어 다닐 수 있답니다.

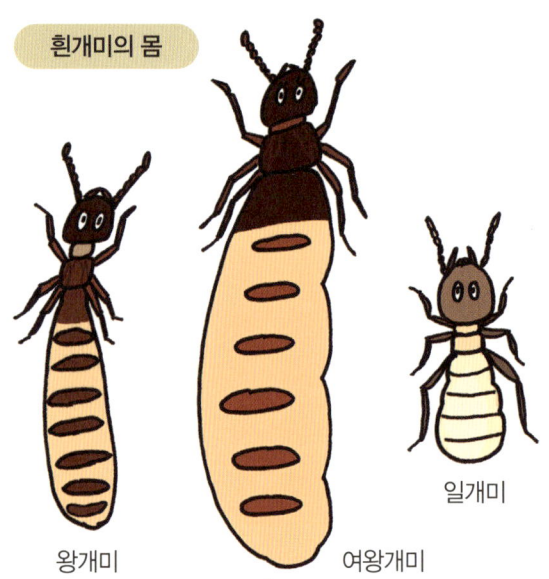

흰개미의 몸

왕개미　여왕개미　일개미

나도 과학자

흰개미와 개미의 몸을 비교해 보세요

흰개미와 개미는 둘 다 여왕개미와 일개미가 있다는 공통점이 있어요. 반면 각각의 몸을 비교했을 때 개미는 가슴과 허리 사이가 잘록한 데 비해 흰개미는 가슴과 허리 사이가 잘 구분되어 있지 않답니다.

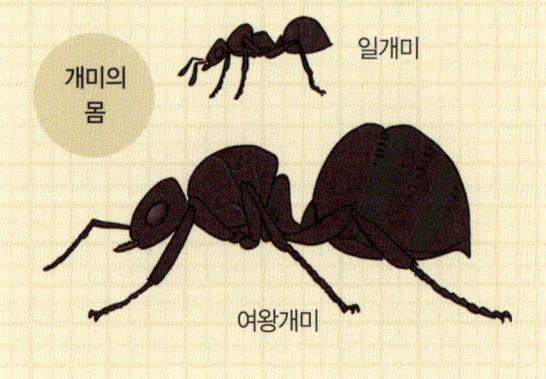

개미의 몸　일개미　여왕개미

 흰개미는 주로 열대 지방에서 서식해요. 세계적으로 약 2,800종이 있는데, 아직 발견되지 않은 흰개미까지 포함하면 5,000종이 넘을 것으로 짐작돼요.

알록달록 예쁜 빛깔을 뽐내는 해조류

5월 18일

교과서 4학년 2학기 1단원 식물의 생활

/   /   /

일본국립과학박물관 | 기타야마 다이주

다채로운 바닷속 세상

땅 위에서 사는 육상 식물의 잎은 보통 초록색이지요. 미역국에 든 미역도 초록색입니다. 그래서 해조류는 전부 초록색이라고 생각하는 사람도 있을지 모르겠네요. 하지만 해조류는 사실 초록색, 빨간색, 갈색 등 색깔이 무척 다양하답니다.

해조류는 겉으로 드러난 색깔에 따라 세 종류로 나뉩니다. 초록색인 **녹조류**, 빨간색인 **홍조류**, 노란색 또는 갈색인 **갈조류**가 있어요. 이 차이는 해조류가 가진 색깔의 성분에 따라 결정됩니다. 색의 성분에는 초록색과 파란색, 빨간색과 노란색 등이 있는데, 조합하기에 따라 해조류의 색깔이 정해져요.

미역은 갈조류로 초록색과 빨간색 성분이 들어 있어요. 그래서 바닷속에서는 초록색뿐 아니라 갈색으로도 보인답니다. 열을 가해 익히면 빨간색 성분이 날아가 초록색으로 보이는 거예요.

땅 위로 진출한 녹조류

사실 육상 식물은 녹조류의 후손입니다. 다채로운 해조류 중에서 녹조류만 육상 위로 진출한 것입니다. 그래서 육상 식물의 잎이 초록색입니다. 만약 빨간색이나 갈색 해조류도 육상으로 진출한다면 육상 식물의 색깔은 더욱 다채로워질지도 몰라요.

 세 종류의 해조류 중 지구상에 제일 처음 등장한 것은 녹조류입니다. 갈조류는 가장 마지막에 생겼어요. 공룡이 번성했던 중생대에 탄생했답니다. 그때 녹조류는 이미 육상으로 진출한 상태였습니다.

나도 과학자

해조류의 색깔에 숨겨진 비밀

해조류도 태양빛을 에너지로 이용합니다. 햇빛은 흰색으로 보이지만 실제로는 많은 색이 섞여 있어요.(136쪽 참조) 녹조류는 초록색 빛을 에너지로 쓰지 않기 때문에 초록색 빛을 반사합니다. 녹조류, 홍조류, 갈조류는 각각 어떤 빛 에너지를 주로 쓸까요?

어른이 되고 나서 우유를 못 마시는 사람

5월 19일

교과서 6학년 2학기 4단원 우리 몸의 구조와 기능

일본국립유전학연구소 | 사이토 나루야

소화하지 못해 설사해요

사람은 음식물로 영양분을 흡수하며 살아갑니다. 먹은 음식이 영양분으로 바뀌려면 위와 장에서 작용하는 소화 효소의 힘이 필요해요. 소화 효소가 작용해서 음식물이 분해되고 영양분이 된답니다. 그런데 소화 효소가 충분히 작용하지 않으면 어떻게 될까요? 영양분을 흡수하지 못하는 데서 그치지 않고, 설사까지 할 수 있어요.

그런데 사람에 따라 소화 효소가 잘 작용하지 않는 음식이 있어요. 대표적으로 우유가 그렇답니다. 우유에는 유당이라는 물질이 들어 있어요. 유당은 '락타아제'라는 소화 효소가 분해하지요. 이 소화 효소의 힘이 약하면 설사를 한답니다. 이러한 증상을 '유당불내증'이라고 불러요.

어릴 때는 소화가 잘되었는데 커서는?

아기와 어린이는 락타아제가 잘 작용합니다. 우유를 마셔도 이상이 없지요. 그런데 어른이 된 후에 락타아제의 작용이 약해지는 사람이 있어요.

요즈음에는 어린이뿐 아니라 어른들도 우유를 즐겨 마시지요. 하지만 기나긴 인류의 역사를 돌아볼 때 사람이 우유를 마시기 시작한 것은 아주 최근의 일이에요. 어른이 되어 락타아제 작용이 약해진 사람도 우유를 마십니다. 그래서 유당을 소화하지 못하고 설사하는 사람이 생긴답니다.

 유럽에서는 낙농업을 많이 해서 옛날부터 우유를 즐겨 마셔 왔습니다. 유럽 사람들은 어른이 되어도 락타아제가 잘 작용하여, 설사하는 사람이 적대요.

나도 과학자

여러분의 부모님은 어떤가요?

여러분의 아버지와 어머니는 우유를 마신 후에 반응이 어떤가요? 만약 설사한다면 여러분도 어른이 되었을 때 유당을 분해하지 못하고 설사할 가능성이 있답니다.

세계에서 제일 큰 나무 하이페리온

5월 20일

교과서 4학년 1학기 3단원 식물의 한살이

후쿠시마대학 공생시스템 이공학류 | 구로사와 다카히데

30층짜리 빌딩 높이의 나무

현재 세계에서 가장 높은 나무는 미국 캘리포니아 주의 레드우드 국립공원에 있는 '하이페리온'(세쿼이아 셈페르비렌스)이에요. 세쿼이아 종류로, 높이가 115.5m나 됩니다. 직경은 4.84m입니다.

높이가 상상이 가나요? 비유하자면 무려 30층짜리 빌딩에 해당하는 높이랍니다. 사람이 직접 나무에 올라가서 측정했대요.

잎으로 물을 빨아들인대요

잎은 나무줄기의 높은 부분에도 달려 있지요. 잎이 어디에 달려 있든 뿌리에서 끌어올린 물은 줄기를 따라 잎으로 전달됩니다. 잎이 에너지와 영양분을 만들어 내려면 물을 빼놓을 수 없기 때문입니다.

그런데 키가 몹시 큰 세쿼이아는 어떻게 물을 끌어올릴까요? 과학자들은 뿌리에서 100m나 되는 높이까지 물을 끌어올리는 것은 무리라고 생각했습니다. 최근 연구로 잎에서 수분을 빨아들일 수 있다는 사실을 확인했습니다. 키 큰 나무에는 아직도 비밀이 가득하답니다.

나도 과학자

나무의 높이를 쉽게 재는 법

우선 높이가 궁금한 나무를 하나 정하세요. 그리고 어른이 나무 기둥에 기대어 서서 손을 머리 위로 쭉 뻗습니다. 손끝까지 재면 2m 정도의 높이가 되겠지요. 그 모습을 멀리서 보면 나무가 어른이 팔을 뻗은 높이의 대략 몇 배인지 알 수 있어요.

🔍 우리나라에서 가장 키 큰 나무는 경기도 양평 용문사 입구에 있는 은행나무예요. 높이 42m로 약 14층 아파트 높이와 비슷하답니다.

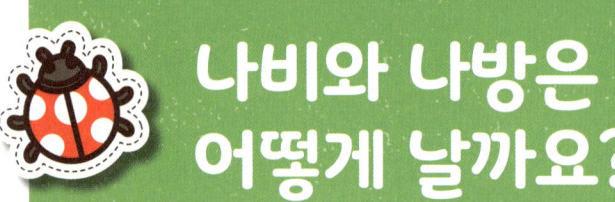

나비와 나방은 어떻게 날까요?

5/21일

교과서 3학년 2학기 2단원 동물의 생활

일본국립과학박물관 동물연구부 | 진보 우쓰기

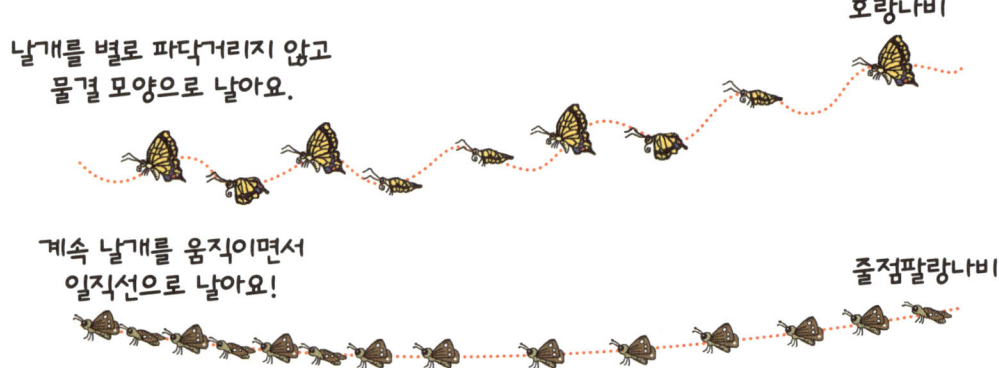

나는 데에도 다양한 방법이 있어요

나비와 나방은 어떻게 날까요? 팔랑팔랑? 파닥파닥? 어떤 모습이 연상되나요? 실은 나비와 나방의 종류에 따라 나는 모습이 다양하답니다.

이를테면 호랑나비는 날갯짓을 많이 하지 않고 우아하게 활공하면서 납니다. 꽃에 내려앉을 때는 살짝 우물쭈물하는 것처럼 보일 때도 있어요. 그에 비해 줄점팔랑나비는 빠른 속도로 날개를 움직여 일직선으로 납니다.

최대 시속 50km로 나는 박각시

줄점팔랑나비보다 더 빠르게 날개를 움직이는 것이 흔히 '박각시나방'으로 부르는 '박각시'입니다. 박각시는 날갯짓이 재빠른데, 최대 시속 50km로 날 수 있다고 해요. 마치 전투기 같답니다. 게다가 박각시는 날갯짓하면서 공중에서 정지할 수도 있어요. 공중에 떠서 빨대 모양 입을 내밀어 꽃의 꿀을 빨기도 한대요. 날면서 꿀까지 먹을 수 있다니 정말 놀랍지요?

그런데 나비와 나방의 날개에는 근육이 없습니다. 날개와 몸통이 이어진 부분의 근육으로 날개를 움직여요. 다만 종류에 따라 나는 모습이 다른 이유는 아직 밝혀지지 않았어요.

 왕나비는 바다를 건너 약 4,000km 이상을 이동할 수 있어요. 날개를 별로 움직이지 않고, 바람을 타고 나는 것이 긴 거리를 날 수 있는 이유 중 하나입니다.

나도 과학자

나비가 나는 모습을 관찰해 봅시다

나비나 나방을 발견하면 날개를 움직이지 않고 바람을 타며 나는지 아니면 날개를 바삐 움직이는지 등에 특히 유의하여 나는 모습을 유심히 관찰해 보세요. 날개의 모양과 나는 모습의 관계 등을 추측해도 재미있을 거예요.

해삼을 이용하는 여러 가지 생물

교과서 3학년 2학기 2단원 동물의 생활

5월 22일

도쿄대학 대기해양연구소 | 고토 류타로

해삼의 체액을 빨아 먹는 고둥

봄철 한사리에 갯벌이나 해변에 가면 해삼을 발견할 수 있어요. 해삼을 자세히 관찰하면 작고 하얀 고둥이 달라붙은 모습이 보입니다.

그저 우연히 붙어 있던 것일까요? 아닙니다. '바늘고둥' 무리는 해삼의 체액을 영양분으로 취하며 살아요. 만약 갯벌에서 해삼을 발견하면 바늘고둥 종류가 붙어 있지 않은지 살펴보세요. 다만 해삼을 이용하는 생물은 바늘고둥뿐만이 아닙니다.

해삼을 이용하는 '바늘고둥'과 '숨이고기'

해삼 속에서 사는 생물

해삼을 이용하는 대표적인 생물은 '숨이고기'(엔켈리오피스 사가미아누스)입니다. 눈치가 빠른 사람이라면 숨이고기라는 이름에서 이미 눈치를 챘을지도 모르겠네요. 숨이고기는 적의 눈에 띄기 쉬운 낮에 해삼의 항문을 은신처 삼아 숨는답니다.

1998년 일본의 아마미오 섬에서 보고한 '엔토발바 레손노튜리아이'(학)라는 두껍질조개는 '점해삼'에만 숨어 들어가요. 그것도 암컷과 수컷이 함께 점해삼의 식도에서 산대요.

해삼의 입장에서는 자신을 이용하는 생물들이 무척 성가시지만, 재빨리 움직일 수 없으니 다른 생물이 표면에 달라붙거나 몸속으로 숨어들어도 자기 힘으로 쫓아내기 어렵답니다.

 바늘고둥은 해삼의 몸에 입을 꽂아 체액을 빨아 먹습니다. 암컷이 달라붙어 있으면 나중에 수컷이 찾아와 해삼의 표면에서 짝짓기를 하기도 해요.

나도 과학자

갯벌이나 해변에 가 보아요

해삼이 있는 갯벌이나 해변에 갈 때는 약간의 요령이 필요합니다. 해삼은 바닷물이 빠졌을 때만 찾을 수 있는데, 해변이 늘 썰물 상태는 아니지요. 그러니 썰물 시간을 미리 알아보고 가세요.

산 정상에는 왜 눈이 남아 있을까요?

교과서 5학년 2학기 3단원 날씨와 우리 생활 심화

5월 23일

가나자와대학 지역창조학류 | 아오키 다쓰토

산 위로 올라가면 갈수록 추워져요

따뜻한 계절에도 높은 산을 쳐다보면 정상이 하얗게 보이지요? 산 위에 눈이 남아 있기 때문입니다. 그중에는 알프스 산맥처럼 일 년 내내 눈이 녹지 않는 곳도 있습니다. 무더운 여름철에도 산 정상의 눈이 녹지 않는 까닭은 무엇일까요?

그 이유는 산 정상이 평지보다 기온이 낮아서입니다. 높은 산에 오를수록 왠지 추운 느낌이 들지 않나요? 산처럼 높은 곳은 100m 올라갈 때마다 기온이 0.65℃씩 내려갑니다. 예를 들면 평지의 기온이 20℃일 때도 높이 3,000m인 산 정상은 기온이 대략 1℃밖에 되지 않습니다. 높은 곳으로 올라가면 갈수록 기온이 낮아지기 때문에 산 정상에 있는 눈이 천천히 녹는 것입니다.

산 정상에는 눈이 많이 내려요

눈이 남아 있는 또 다른 이유는 산 정상에 눈이 더 많이 내리기 때문입니다. 산 위는 평지보다 추워서 눈이 많이 내리고 쌓입니다. 쌓인 눈의 양이 많으면 녹을 때도 시간이 걸리겠지요. 그래서 주변에 있는 눈이 전부 녹아도 산 위에는 눈이 남아 있어요.

기온이 따뜻해져서 눈이 쌓이는 양이 줄어들면 산 아래부터 눈이 녹기 시작합니다. 반대로 추워서 눈이 많이 쌓이는 산 위는 늦게까지 눈이 남아요.

🔍 높은 산 위에 일 년 내내 녹지 않고 쌓인 눈을 **만년설**이라고 해요. 글자 그대로 '만 년 된 눈'이라는 뜻이 아니라 그만큼 '쌓인 지 매우 오래된 눈'을 말합니다.

나도 과학자

설산을 달력으로 이용할 수 있다고요?

산기슭에 사는 농부들은 달력 대신 매년 산에 남은 눈의 모습을 보며 농사의 작업 시기를 구분한대요. 어떻게 설산이 달력이 될까요? 한번 조사해 보세요.

남은 눈을 보니 슬슬 씨를 뿌릴 시기네요.

곤충은 세계에 몇 종류나 있을까요?

교과서 3학년 2학기 2단원 동물의 생활

일본국립과학박물관 | 도모쿠니 마사아키

지구는 곤충의 행성

곤충은 종류가 아주 많습니다. 세계적으로 약 100만여 종이 알려져 있답니다. 한국의 나비는 250여 종이 있다고 알려져 있어요. 게다가 해마다 신종이 많이 발견되고 있습니다.(82쪽 참조) 현재 이름이 붙은 생물이 175만여 종인데, 생물의 약 60%가 곤충입니다. 그래서 '지구는 곤충의 행성'이라고 표현하기도 해요. 지구상에서 종류가 가장 많고 번성한 종이 곤충인 셈입니다.

열대 우림은 곤충의 보고

곤충은 열대 우림일수록 종류가 많습니다. 19세기, 헨리 월터 베이츠라는 영국인 곤충학자가 있었습니다. 브라질에서 곤충을 조사하던 그는 집에서 한 시간 걸리는 거리를 산책하는 동안 무려 700여 종의 나비를 채집했다고 합니다.

또 미국의 에드워드 윌슨이라는 유명 곤충학자는 아마존에 있는 나무 한 그루에 43종의 개미가 살고 있었다고 기록한 바 있습니다. 영국의 브리튼 섬에 있는 개미 종수와 거의 똑같아요. 이처럼 열대 우림에는 다 세지 못할 만큼 많은 곤충이 살고 있습니다. 앞으로도 계속해서 신종이 발견되겠지요.

나도 과학자

우리 주위에는 곤충이 얼마나 있을까요?

집이나 학교 주변을 걸어 봅시다. 나비와 잠자리를 몇 종류나 찾을 수 있을까요? 풀숲에는 또 어떤 메뚜기가 있을까요? 계절마다 어떤 종류가 있는지도 조사해 보세요.

🔍 열대 우림에서 발견되는 새로운 곤충이 앞으로 더 늘어날 것입니다. 그런데 현지에는 곤충을 잘 아는 과학자가 그리 많지 않습니다. 세계의 많은 과학자가 곤충을 조사하러 열대 우림에 다녀오곤 한답니다.

침팬지는 상대방의 기분을 알 수 있어요

교과서 3학년 2학기 2단원 동물의 생활

5월 25일

교토대학 영장류연구소 | 도모나가 마사키

침팬지는 서로를 위로할 수 있을까요?

우는 사람이 있으면 여러분은 어떻게 하나요? 보통 '슬픈 일이라도 있나?', '어디 아픈가?' 하고 생각하면서 위로하거나 챙겨 주기 마련이지요.

침팬지도 상대방을 위로하는 행동을 한답니다. 예를 들면 싸우다가 다친 침팬지에게 몸을 바싹 붙이기도 하고 털을 골라 주기도 해요. 어쩌면 침팬지도 사람처럼 상대방의 기분과 생각을 상상할 수 있을지도 몰라요. 다만 침팬지가 정말 그런지 확인할 방법은 아직 없답니다.

침팬지도 '참참참'을 할 수 있다고요?

누군가 손가락으로 하늘을 가리키면 여러분도 뭐가 있나 궁금해하며 덩달아 하늘을 올려다보지요? 다른 사람이 유심히 보는 쪽이나 손가락으로 가리키는 쪽으로 주의를 돌리는 행동은 그 사람의 기분과 생각을 이해하는 데 필요한 능력입니다. 사람은 그러한 공감 능력이 아주 발달한 생물이에요. '참참참' 게임을 하다 보면 자기도 모르게 상대방의 손가락이 가리키는 방향으로 고개를 돌릴 때가 있지요. 그것은 사람이기 때문에 일어나는 현상이랍니다.

침팬지도 사람이 손가락으로 가리킨 방향을 쳐다볼 수는 있습니다. 하지만 그대로 손가락이 가리킨 방향으로 걸어가 돌아오지 않을 때도 많아요. 고양이는 손이나 손가락 끝은 봐도 손가락이 가리키는 방향을 볼 수는 없답니다.

나도 과학자

'참참참' 게임을 해 봅시다

동물원에 가서 침팬지나 일본원숭이에게 '참참참'을 하면 과연 어떤 반응을 보일까요? 개와 고양이 등 가까운 동물에게도 실험해 보세요. 너무 많이 시도하면 동물들이 스트레스를 받을 수 있으니 적당히 하는 것이 좋습니다.

🔍 영장류 중에서 눈에 흰자가 있는 것은 사람뿐입니다. 흰자가 있으면 눈동자가 더욱 뚜렷하게 보이기 때문에 그 사람이 어디를 보고 있는지 잘 알 수 있어요. 그러면 기분과 생각을 이해하기 쉬워진답니다.

강에 사는 장어의 고향은 남쪽 바다

5월 26일

교과서 3학년 1학기 3단원 동물의 한살이

/ / /

도쿄대학대학원 농학생명과학연구과 | 구로키 마리

장어는 어디에 알을 낳을까요?

장어는 강이나 연못에 살아요. 그런데 장어의 알과 새끼를 같은 곳에서 발견할 수는 없어요. 고대 그리스 학자 아리스토텔레스가 '장어는 진흙 속에서 저절로 태어난다'고 생각했을 정도랍니다.

그렇다면 동아시아에 사는 뱀장어는 어디에서 알을 낳을까요? 이 수수께끼를 풀기 위해 조사한 결과 2009년 5월, 뱀장어의 알을 괌의 서쪽 바다에서 발견했습니다. 세계 최초로 장어가 알을 낳는 장소를 발견한 거예요.

잎처럼 생긴 새끼 장어

알에서 나온 장어의 새끼는 '렙토케팔루스'라고 부릅니다. 모습이 마치 투명한 버들잎처럼 생겼어요. 그래서 '버들잎뱀장어'라고도 불러요. 여름에 태어난 렙토케팔루스는 흐르는 바닷물을 따라 한국과 일본의 바다로 와요. 대략 3,000km의 거리를 반년에 걸쳐 여행하는 거예요.

긴 여행길에서 렙토케팔루스는 실뱀장어로 성장합니다. 몸길이는 약 6cm입니다. 한국에 도착할 때까지 몸은 아직 투명하지만 어른 물고기처럼 얇고 길어진답니다. 강을 거슬러 올라갈 즈음에는 몸이 완전히 검어져요. 강과 연못에서 몇 년 동안 지낸 장어는 알을 낳을 때가 되면 자신이 태어난 바다로 다시 돌아갑니다. 3,000km의 대장정을 새로 시작하지요.

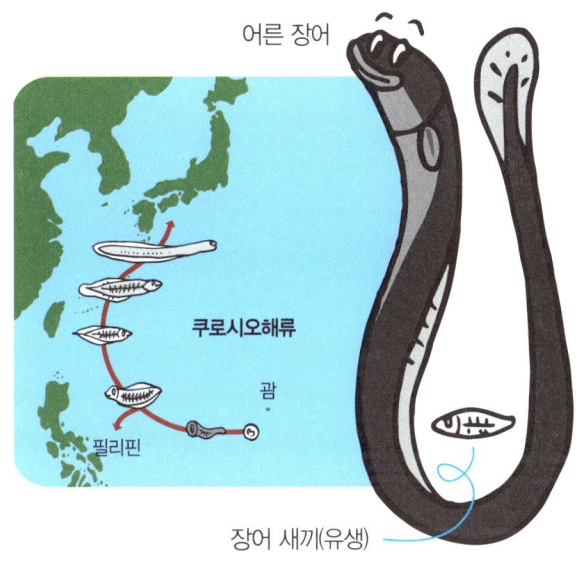

어른 장어

쿠로시오해류

괌

필리핀

장어 새끼(유생)

나도 과학자

장어의 몸은 어떻게 바뀔까요?

장어의 새끼는 쿠로시오해류에서 실뱀장어로 성장합니다. 이때 머리가 둥글어지고 몸통이 가늘어지며 소화관이 짧아져요.

 렙토케팔루스는 '작은 머리'를 뜻해요. 이름 붙일 때에는 장어 새끼인 줄 몰랐대요.

그늘에만 있는 식물은 어떻게 살까요?

5월 27일

교과서 4학년 1학기 3단원 식물의 한살이

슈토대학도쿄 도시교양학부 | 가치 나오키

양지에서 햇빛을 받고 자라는 식물

식물은 태양에너지가 중요한 에너지원이에요. 사람으로 비유하면 음식이나 돈인 셈이지요. 그렇다면 빛을 많이 받을수록 좋은 것이 아닐까요? 양지에 있는 식물은 햇빛을 많이 받겠지요. 예를 들어 민들레는 빛을 듬뿍 받아 에너지가 많습니다. 그러니 오래된 잎은 얼른 시들게 하고 성능이 뛰어난 새로운 잎을 계속 만들 수 있어요.

그런데 반대로 잎이 무성하게 우거져 일 년 내내 그늘진 숲에서도 화초와 키 작은 나무가 자랍니다. 평생 음지에서 사는 식물이 있는 셈이에요.

음지 식물은 빛이 적은 게 좋아요

음지에서 자라는 식물은 에너지를 허투루 쓰지 않아요. 받는 빛이 무척 적으니 가진 돈이 적다고 할 수 있지요. 그래서 사정에 맞추어 검소하게 산답니다. 잎을 오래도록 소중히 사용하지요. 잎이 말라 죽으면 음식과 돈을 버리는 것과 마찬가지니까요.

음지에 사는 식물은 빛을 많이 받으면 기뻐할까요? 그렇지 않답니다. 빛을 많이 받으면 몸의 수분을 잃기 쉬워요. 우리가 햇볕 아래에 오래 있으면 갈증이 나는 것처럼 말이지요. 게다가 너무 눈부시면 잎이 다치기 쉽습니다. 그러니 햇볕이 꼭 좋다고는 할 수 없어요.

 생물학에서는 음지에 사는 식물을 **음지 식물**이라고 부릅니다. 음지 식물은 빛을 적게 받아도 에너지와 영양분을 효율적으로 만들 수 있어요. 그렇게 만든 영양분을 소중히 아껴 쓰며 살아간답니다.

나도 과학자

잎이 정말로 오래도록 달려 있을까요?

봄에 숲으로 가서 음지 식물의 잎에 리본을 달아 보세요. 그리고 겨울 방학 때 다시 가서 리본을 단 잎을 찾아보세요. 눈이 쌓인 지역이라면 눈이 녹은 후에 가서 살펴보세요.

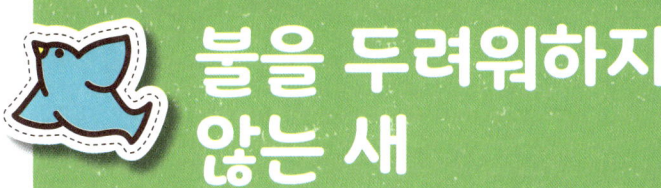

불을 두려워하지 않는 새

5월 28일

교과서 3학년 2학기 2단원 동물의 생활

릿쿄대학 이학부 생명이학과 | 우에다 게이스케

산불이 나면 동물은 어떻게 할까요?

호주에는 우기와 건기가 있어요. 우기는 비가 아주 많이 내리는 때를, 건기는 아주 건조한 때를 말합니다. 건기에는 너무 건조한 나머지 저절로 불이 붙기도 해요. 이 때문에 호주 유칼립투스 숲에 불이 난 적이 있었어요. 우리나라는 우기와 건기가 나뉠 정도는 아니지만 공기 중에 눈에 보이지 않는 물의 양, 즉 습도가 아주 낮을 때가 있어요. 이때 화재 위험을 알리고자 건조경보를 내립니다.

불이 나면 동물은 어떻게 할까요? 동물도 사람처럼 몹시 놀라 어쩔 줄 몰라 합니다. 목도리도마뱀은 땅에 구멍을 파고 숨어들어요. 메뚜기와 잠자리 등은 불에서 벗어나려고 이리저리 뛰어오르지요.

불을 코앞에 두고 곤충을 잡아먹는 새

다른 동물은 도망치기 바쁜데, 불에서 달아나는 곤충을 노리는 새가 있답니다. 벌잡이새(메로피대), 바람까마귀가 그렇습니다. 둘 다 크기는 직박구리 정도입니다. 특히 벌잡이새는 이름대로 벌을 잡아먹습니다. 솔개 같은 사나운 육식동물은 커다란 메뚜기를 잡아먹습니다. 황조롱이도 찾아옵니다.

불은 삽시간에 번져 나가요. 미처 도망치지 못해 죽음에 이르는 사람이 있을 만큼 빠르답니다. 그런데 새는 하늘 위에서 불이 번지는 모습을 지켜볼 수 있지요. 또, 불에 휩싸여도 날아서 도망칠 수 있습니다. 불이 코앞까지 다가와도 두려워하지 않고 곤충을 잡아먹는 이유이지요.

🔍 일본에서는 전통 양초를 옻나무와 검양옻나무 열매로 만든대요. 그런데 까마귀가 이 양초의 기름기를 좋아해서, 때로는 양초에 불이 붙어 있어도 물고 간대요.

 **나도 과학자**

논에 어떤 새가 찾아올까요?

논에서 경운기를 움직이다 보면 백로가 모여들 때가 있어요. 또, 하천 가장자리에서 풀 베는 기계를 돌릴 때는 찌르레기나 까마귀가 근처에 날아오기도 합니다. 다들 튀어 오르는 벌레와 개구리 등을 노리고 온답니다.

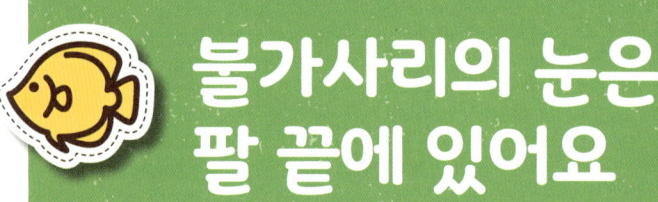

불가사리의 눈은 팔 끝에 있어요

교과서 3학년 2학기 2단원 동물의 생활

오쓰마여자대학 사회정보학과 | 호소야 나쓰미

불가사리의 팔은 5개?

불가사리는 보통 팔이 5개입니다. '별불가사리'는 한국과 일본 등지에서 흔히 발견돼요. 그런데 이따금 팔이 4개, 6개인 것도 있어요. 한편 '팔손이불가사리'는 팔이 8개, '악마불가사리'(아칸타스터 플란치)는 10~20개의 팔이 있습니다. 즉, 불가사리의 팔이 꼭 5개라고 단정할 수 없는 셈입니다.

불가사리는 몸의 굳기를 자유자재로 바꿀 수 있습니다. 불가사리의 몸은 작은 뼛조각과 근육이 이어져서 형성되어 있어요. 그래서 근육을 수축하면 뼈가 모이면서 단단한 몸이 됩니다. 반대로 근육을 이완하면 몸도 부드러워집니다. 불가사리는 이렇게 몸의 굳기를 마음대로 바꿀 수 있어서 작은 바위 틈새도 쉽게 통과할 수 있답니다.

팔에 비밀이 있어요

불가사리는 팔의 끝에 눈이 있습니다. 눈이라고 말했지만 작은 점 같은 것이랍니다. 이 눈으로 주위의 밝기를 파악해요. 불가사리는 낮 동안 그다지 움직이지 않고 가만히 있어요. 해가 저물고 주변이 어두워지는 것을 눈으로 파악하고 나서야 드디어 활동을 시작합니다. 눈 주위에는 가느다란 관이 수염처럼 나 있습니다. 이 수염으로 냄새를 맡으며 먹이를 찾아요. 먹이는 바지락 같은 조개류, 죽은 생선, 때로는 해조류 등이에요. 몸의 중앙에는 입이 있습니다. 입을 통해 위를 밖으로 꺼내 먹이를 먹는 불가사리도 있대요.

나도 과학자

원래대로 돌아갈 수 있을까요?

수족관의 체험 공간에 놀러 갔을 때 불가사리를 관찰해 보세요. 불가사리는 뒤집혔을 때 팔을 사용해서 원래 모습으로 돌아온답니다. 운이 좋다면 볼 수 있을 거예요.

🔍 바다에 갈 때는 기상청 홈페이지 등에서 밀물과 썰물의 수위를 미리 확인하세요. 불가사리를 보려면 봄철 한사리로 바닷물이 빠졌을 때가 좋아요. 물론 갈 때는 보호자와 함께 가는 것을 잊지 마세요.

나뭇가지에서 떨어지지 않는 나비 애벌레

5월 30일

교과서 3학년 2학기 2단원 동물의 생활

도쿄대학 종합연구박물관 | 야고 마사야

나비 애벌레는 다리가 모두 16개

곤충의 다리는 3쌍(6개)이라고 배웠지요. 그런데 나비 애벌레는 다리가 아주 많아요. 곤충의 몸은 보통 머리, 가슴, 배로 나누는데, 나비 애벌레의 가슴 부분에 곤충의 원래 다리 3쌍(6개)이 다 달려 있답니다. 그리고 나비 애벌레의 배에는 '배다리'라고 부르는 다리가 좌우 합해서 8개, '꼬리다리'라는 이름의 다리가 좌우 합해서 2개나 더 달려 있어요.

배다리와 꼬리다리는 나비 애벌레가 나뭇가지나 잎 위를 기어갈 때 아주 중요해요. 배다리와 꼬리다리의 끝에 비밀 병기를 숨기고 있기 때문입니다. 비밀병기란 바로 다리 끝에 갈고리처럼 휘어진 발톱이 촘촘하게 나 있는 것을 말합니다. 갈고리같이 생겼으니 어딘가에 걸기 쉽겠지요?

갈고리 모양 발톱이 빽빽하게!

내뱉은 실에 다리를 걸고 기어가요

동화 《헨젤과 그레텔》에서 헨젤은 돌멩이로 표시하면서 길을 걸어갔지요. 그것처럼 나비 애벌레는 지나가는 길에 항상 실을 뱉으면서 걷는답니다. 기어갈 때는 자기가 내뱉은 실에 발톱을 걸어요. 나뭇가지나 잎 위를 기어갈 때도 자기가 내뱉은 실에 발톱을 걸고 의지하여 앞으로 나아가기 때문에 미끄러지거나 떨어지지 않고 잘 기어갈 수 있답니다.

나도 과학자

나비 애벌레를 거꾸로 뒤집어 보세요

플라스틱 판 위에 나비 애벌레를 올린 후 곧바로 판을 뒤집으면 애벌레는 아래로 툭 떨어지고 맙니다. 하지만 애벌레가 얼마 동안 기어가게 놔둔 다음에 판을 뒤집으면 자기가 뱉어 놓은 실에 발톱을 걸기 때문에 아래로 떨어지지 않는답니다.

 나무에 걸린 실에 번데기가 거꾸로 매달린 모습을 본 적 있나요? 번데기의 엉덩이 끝부분에도 발톱이 붙어 있답니다. 번데기는 발톱을 실에 걸어 거꾸로 매달릴 수도 있어요.

사람의 손은 진화하지 않았다고요?

교과서 3학년 2학기 2단원 동물의 생활 심화

교토대학 이학연구과 | 나카쓰카사 마사토

말은 발가락이 하나예요

사람은 손가락과 발가락이 각각 5개씩 있지요. 그런데 모든 동물이 다 그런 것은 아니랍니다. 지구상에서 최초로 발가락을 가진 동물은 약 3억 6,000만 년 전에 살았던 양서류예요. **양서류**는 물속과 땅 위 생활에 동시에 적응한 동물이에요. 당시 양서류 중에는 발가락이 8개인 종류도 있었어요. 그 후에 등장한 포유류의 선조는 우리와 똑같은 5개였습니다.

한편 포유류 중에 발가락의 수가 줄어든 종류도 있어요. 대표적인 예로 말을 들 수 있습니다. 말의 선조는 앞발의 발가락이 4개였습니다. 그런데 시간이 지나면서 3개가 되었다가 지금은 하나만 있답니다. 발가락 개수가 적으면 더 빨리 달릴 수 있어요. 빨리 달릴 수 있는 말은 속도가 느린 말보다 살아남기 쉬웠겠지요?

대신 움직임이 정교해진 손가락

사람의 손가락은 선조와 똑같은 5개입니다. 그러니 달리 말해 사람의 손은 말보다 원시적인 형태라고도 할 수 있어요. 하지만 사람 손에는 대신 정교함이 있지요. 손가락 하나하나를 자유롭게 움직일 수도 있고, 엄지가 있어서 물건을 자유롭게 쥐었다 놓았다 하며 다루는 것도 가능하지요. 이를테면 퍼즐 조각을 집어 들거나 트럼프를 가지고 놀거나 젓가락을 사용해 밥을 먹어요. 그런데 왜 이렇게 손가락이 민첩해졌을까요? 그것은 사람이 두 다리로 서면서부터입니다.

사람은 두 다리로 서면서 손을 걷기 위해 쓸 필요가 없어졌습니다. 그 덕분에 음식과 도구를 다루는 능력이 발달한 것으로 보여요.

나도 과학자

침팬지 흉내를 내 봅시다

침팬지가 물건을 잡는 모습은 글러브를 낀 사람의 손 움직임과 같아요. 사람처럼 손가락을 따로따로 움직이지 못하고, 4개의 손가락 전체를 사용한답니다. 침팬지처럼 여러 가지 물건을 집어 보세요. 평소와 어떤 점이 다를까요?

🔍 원숭이도 한 손으로 물건을 쥘 수 있지만, 엄지로 잡는 것은 서툽니다. 힘 조절도 잘 못한대요.

성게도 걸어 다녀!

6월

으아~ 상어 이빨은 썩어도 문제없지롱.

장마는 어떻게 일어날까요?

6일 1

교과서 5학년 2학기 3단원 날씨와 우리 생활

가나자와대학 지역창조학류 | 아오키 다쓰토

사계절? 육계절!

우리나라에는 사계절이 있지요. 그런데 실제로는 육계절이랍니다. 봄, 여름, 가을, 겨울은 기온 변화에 따른 계절이고, 여름 장마와 가을장마는 비가 많이 내리는 우기를 말해요.

봄에서 여름으로 바뀌는 6~7월 무렵이면 공기가 축축해지고 비가 많이 내려요. 여름 장마예요. 장마가 시작되는 것을 '장마철로 접어든다'고 하고, 장마가 그치는 것을 '장마가 걷힌다'고 합니다.

봄과 여름이 싸워요

여름 장마는 봄에서 여름으로 계절이 바뀔 때 일어납니다. 이때 차가운 봄 공기와 따뜻한 여름 공기가 만나는데, 두 공기가 한 치의 양보도 없이 팽팽하게 맞서는 바람에 비를 실은 **장마 전선**이 그 자리에 계속 머무르게 돼요. 그래서 장마 때 비가 오래 많이 내립니다. 이윽고 여름 공기가 이겨서 봄 공기가 물러나면 여름 장마도 끝이 나고, 본격적으로 무더운 여름이 시작돼요. 8월은 온도가 무척 높고 안정적인 고기압이 나타납니다. 그래서 비가 아주 적게 내린답니다.

한편 가을장마도 여름 장마와 같은 원리로, 여름 공기와 가을 공기가 부딪치면서 생깁니다. 여름 공기가 져서 물러나면 비로소 계절이 가을로 바뀌어요.

나도 과학자

전국의 장마 시기를 비교해 보세요

장마철이 되면 일기 예보에서 언제부터 언제까지 장마가 이어지는지 미리 알려 줍니다. 전국의 장마 시기를 조사해 보세요. 지역마다 어떤 차이가 있을까요?

 전선은 따뜻한 공기 덩어리와 찬 공기 덩어리가 만나 생깁니다. 전선이 생기면 날씨가 변해요.

뜨거운 물에도 끄떡없는 꽃가루

6일 2일

교과서 6학년 1학기 4단원 식물의 구조와 기능

지바경제대학 경제학부 | 우치야마 다카시

멀리 여행을 떠나는 꽃가루

꽃에는 암술과 수술이 있습니다. 수술이 만든 꽃가루는 바람을 타고 날아가거나 곤충, 동물의 몸에 달라붙어 다른 꽃으로 여행을 떠나요. 최대 800km까지 날아가지요. 꽃가루의 평균 크기는 머리카락 지름의 절반 정도인 30㎛인데, 식물마다 다양해요.

예를 들어 벚꽃과 복숭아꽃의 꽃가루는 지름이 약 30~40㎛이고, 나팔꽃은 100㎛입니다. 한편 꽃가루는 여행 도중에 햇빛을 받아 마르기도 합니다. 그래서 꽃가루는 속을 지키기 위해 아주 튼튼한 막으로 뒤덮여 있어요. 유리를 녹일 만큼 뜨거운 액체를 끼얹어도 끄떡없대요.

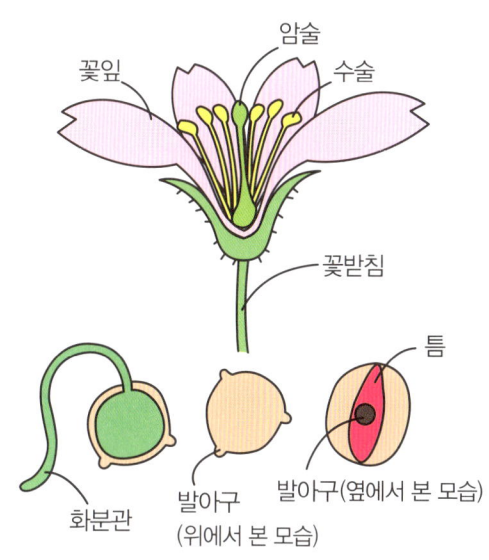

길게 늘어나는 꽃가루

꽃가루가 옮겨지면 꽃이 핀 후 씨앗이 맺힙니다. 과정을 알아볼까요? 꽃가루가 암술 끝에 닿으면 꽃가루의 구멍인 발아구에서 **화분관**이라는 긴 꽃가루 관이 나옵니다. 관 끝이 암술의 밑씨에 닿으면 씨앗이 맺혀요. 꽃가루에서 나온 관은 점점 길어집니다. 예를 들어 무궁화속인 히비스커스의 암술은 10cm 정도 되므로 화분관도 그만큼 늘어날 것입니다. 꽃가루의 지름은 보통 0.03mm 정도 되니 관이 놀랄 만큼 길게 늘어난다는 사실을 알 수 있어요.

나도 과학자

거미줄에서 꽃가루를 찾아보세요

꽃가루는 거미집에 달라붙기도 합니다. 6월 무렵이 되면 거미줄에 붙은 꽃가루를 볼 수 있어요. 거미줄을 나무젓가락 등으로 휘감아 떼어 낸 다음 물이 담긴 비커에 넣고 잘 섞으세요. 그리고 바닥에 가라앉은 꽃가루를 관찰해 봅시다.

 5월 초순부터 중순까지, 소나무 숲 근처에 가면 물웅덩이 주변이 노랗게 변한 모습을 볼 수 있어요. 바로 소나무 꽃가루인 **송홧가루**랍니다. 대부분의 꽃가루가 암술에 닿기 전에 땅에 떨어져 버린다는 것을 알 수 있어요.

달팽이와 민달팽이는 같은 종류인가요?

교과서 3학년 2학기 2단원 동물의 생활

신주대학 이학부 | 아사미 다카히로

달팽이 집을 떼어 놓을 수 없는 달팽이

달팽이는 태어날 때부터 딱딱한 달팽이 집을 짊어지고 다닙니다. 달팽이 집은 탄산칼슘으로 이루어져 있어요. 표면에는 무늬가 있고요. 이 무늬를 만드는 것은 단백질입니다.

달팽이 집 속에는 달팽이의 내장이 들어 있어요. 달팽이도 심장, 위, 간, 콩팥, 소장 등이 있답니다. 그래서 달팽이 집을 떼어 내면 달팽이는 내장이 다쳐 죽고 맙니다. 내장이 다치지 않도록 달팽이 집을 조심조심 떼어 내면 어떻게 될까요? 그러면 달팽이는 몸이 말라서 죽어 버려요. 다시 말해, 달팽이 집을 없앤다고 민달팽이가 되는 것은 아니랍니다. 달팽이와 민달팽이는 서로 다른 종류예요.

달팽이는 무엇을 먹을까요?

달팽이는 달팽이 집을 튼튼하게 만들려고 탄산칼슘이 포함된 먹이를 먹습니다. 주로 어떤 먹이를 먹을까요? 달팽이는 사는 곳과 먹이에 따라 크게 두 종류로 나눌 수 있습니다. 하나는 땅을 기어 다니는 종류입니다. 이 종류에 속한 달팽이는 낙엽에 붙은 균사를 주로 먹지요. 곤충, 지렁이, 포유동물의 사체, 말똥과 소똥 등도 먹습니다. 다른 하나는 나무 위에 사는 무리입니다. 이 무리에 속한 달팽이는 잎과 나뭇가지의 표면에 달라붙은 곰팡이를 먹어요. 대부분의 달팽이가 채소만 먹고는 살지 못한답니다.

 달팽이처럼 달팽이 집을 단단하게 만들려고 계속 탄산칼슘을 찾아다니는 것은 아주 고된 일입니다. 민달팽이는 달팽이 집이 없어도 살 수 있도록 달팽이가 진화한 생물이에요.

나도 과학자

달팽이 더듬이는 몇 개일까요?

달팽이에게는 더듬이가 있어요. 긴 더듬이 2개와 짧은 더듬이 2개입니다. 긴 더듬이의 끝에는 눈이 달려 있습니다. 눈은 밝기와 물체의 모양을 알 수 있는 정도만 보입니다. 달팽이는 눈이 별로 좋지 않아서 냄새로 먹잇감을 찾는답니다.

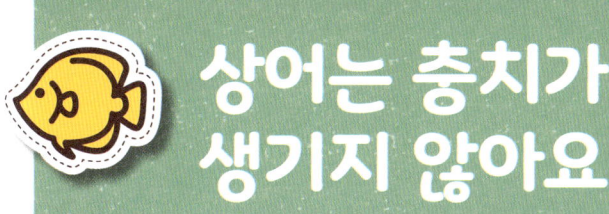

상어는 충치가 생기지 않아요

교과서 3학년 2학기 2단원 동물의 생활

도카이대학 해양학부 | 다나카 쇼

상어는 이빨이 몇 번이고 다시 나요

사람을 포함한 포유동물의 치아는 어린 시절의 이(유치)에서 성인의 이(영구치)로, 딱 한 번만 다시 납니다. 영구치가 나오고 나면 죽을 때까지 써야 하니 충치가 생기는 즉시 치료받아야 해요.

그런데 상어는 영구치가 없대요. 사람과 달리 이빨이 몇 번이고 다시 난다니, 부럽지요? 이가 닳거나 큰 물고기의 단단한 뼈를 씹다가 빠진다고 해도 아무 문제없어요. 입속에 예비 이빨이 있기 때문입니다. 이빨이 빠지면 마치 컨베이어 벨트를 타고 오듯 예비 이빨이 금세 나옵니다. 단기간에 이빨이 바뀌기 때문에 상어의 이빨은 늘 날카로운 상태를 유지할 수 있답니다.

상어는 예비 이빨이 있대요

상어 이빨의 성분과 구조는 사람과 별다른 차이가 없어요. 그러면 상어도 충치가 생길까요?

놀랍게도 상어의 이빨에는 충치가 생기지 않습니다. 아주 짧은 시간 안에 새 이빨이 나기 때문에 이빨에 음식물 찌꺼기가 남아 충치균이 번식할 틈이 없어요. 그래서 상어의 이빨은 충치가 생기지 않는답니다.

반면 사람은 예비 이빨이 없습니다. 그러니 매일 꼬박꼬박 양치질을 해야 해요. 그렇게 하지 않으면 치과 의사 선생님이 무서운 기계로 충치를 깎아 낼 수밖에 없어요.

나도 과학자

상어 화석은 이빨투성이?

커다란 생선을 물어 죽이려면 단단하고 튼튼한 이빨을 가져야겠지요. 단단한 상어 이빨에는 칼슘이 많이 있어, 화석으로 잘 남는답니다.

🔍 칼슘을 많이 함유한 상어 이빨은 화석으로 잘 남는다고 했지요. 반면에 상어 몸통의 뼈대는 연골로 이루어져서 상어가 죽으면 금세 썩어 버려요. 그래서 거의 화석으로 남지 않는대요.

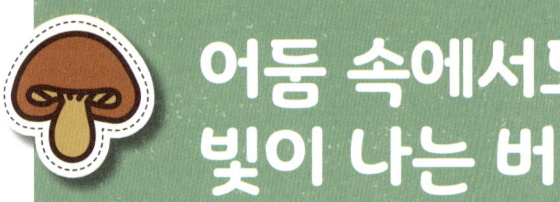

어둠 속에서도 빛이 나는 버섯

6월 5일

교과서 4학년 2학기 1단원 식물의 생활

일본국립과학박물관 식물연구부 | 호사카 겐타로

반딧불이처럼 빛나는 버섯

초여름, 반짝반짝 엉덩이를 밝히며 날아다니는 반딧불이를 발견하면 너무나 아름다워서 넋을 잃고 구경하곤 하지요. 반딧불이는 암컷과 수컷이 짝을 찾기 위해 빛난답니다.

그러면 버섯이 빛을 내는 이유는 무엇일까요? 빛나는 버섯은 세계에서 50여 종이 발견되었어요. 우리나라에도 화경버섯과 받침애주름버섯이 발광 버섯으로 알려져 있습니다.

버섯은 어떻게, 왜 빛이 날까요?

빛나는 버섯을 보면 모두 초록색으로 빛이 나요. 그 이유는 빛을 내는 생물에 '루시페린'이라는 물질이 있어서라는 연구 결과가 있습니다. 하지만 빛을 내는 과정은 아직 확실히 밝혀지지 않았어요.

버섯은 무슨 목적으로 빛이 날까요? 그것은 아직 풀리지 않은 수수께끼입니다. 반딧불이처럼 버섯도 짝을 찾는 것은 아닐 테지요. 연구자 중에는 야행성 곤충을 불러들이기 위해 빛을 낸다고 주장하는 사람도 있어요. 버섯의 씨앗에 해당하는 '포자'를 곤충이 운반하도록 불러들인다는 것입니다. 하지만 버섯의 빛에 벌레가 모여드는 모습은 현재까지 관찰되지 않았습니다.

 빛나는 버섯은 따뜻한 지역의 구실잣밤나무 숲이나 떡갈나무 숲에서 찾을 수 있습니다. 최근 지리산에서 화경버섯이 발견되었어요. 어두울 때 눈이 적응한 다음 찾으면 쉽게 발견할 수 있어요.

나도 과학자

버섯이 빛나는 이유를 추측해 보세요

다른 생물들 중에는 적에게 경고하기 위해 빛을 내는 것도 있어요. 어떤 연구자는 버섯의 몸에 쌓인 '불순물'이 우연히 빛나는 것뿐이라고 말합니다. 여러분은 버섯이 왜 빛을 낸다고 생각하나요? 자유롭게 상상해 보세요.

나비의 날개는 물풍선처럼 부풀어 올라요

교과서 3학년 2학기 | 2단원 동물의 생활

도쿄대학 종합연구박물관 | 야고 마사야

쭈글쭈글한 날개는 어떻게 펴질까요?

나비가 번데기에서 나오는 것을 **날개돋이** 또는 **우화**라고 합니다. 갓 날개돋이한 나비는 색깔이 연하고, 좁은 번데기 속에 있었기 때문에 날개가 쭈글쭈글해요. 나비는 그러한 날개를 어떻게 펼칠까요?

나비는 번데기 안에 있을 때 배에 체액을 모아 둡니다. 날개돋이하면 배에서 날개 쪽으로 체액을 보내요. 날개로 체액이 흘러가면서 물풍선이 부풀어 오르듯 날개가 펴지는 것입니다.

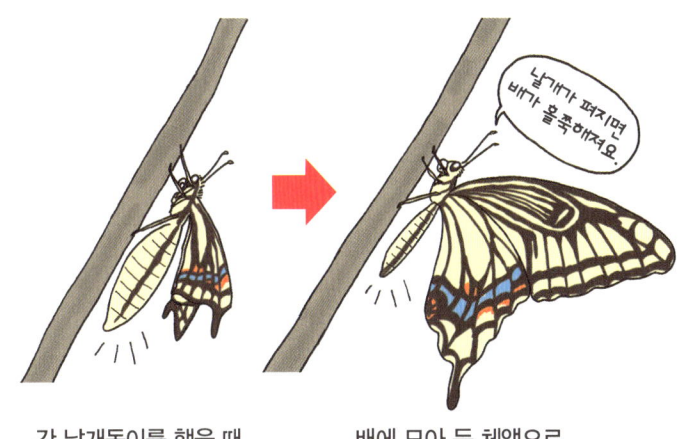

갓 날개돋이를 했을 때 → 배에 모아 둔 체액으로 날개를 폈을 때

특별한 오줌

10~12분 정도 체액을 보내면 날개의 구석구석까지 체액이 닿아 날개가 쫙 펴져요. 날개가 다 펼쳐지면 나비는 날개가 단단해질 때까지 몇 시간 동안 쉽니다. 준비가 모두 끝나면 날갯짓을 시작해요.

날개가 펴질 때 말고는 날개에 체액이 들어가지 않습니다. 날개에는 피도 흐르지 않는데, 날개를 펼 때만 체액이 들어가다니 흥미롭지 않나요? 들어간 체액은 거꾸로 흘러 다시 배로 돌아옵니다. 그리고 다 쓴 체액은 몸 밖으로 배출됩니다. 날개돋이할 때만 나오는 특별한 오줌인 셈입니다. 만약 집 안에서 번데기가 날개돋이를 한다면 떨어진 체액 때문에 방이 더러워질 수 있으니 주의하세요.

나도 과학자

날개를 편 모습을 관찰해 보세요

나비의 유충을 길러서 날개돋이하는 모습을 관찰해 봅시다. 날개돋이는 아침과 저녁 무렵에 잘 일어나고 시간도 짧으니 놓치지 않게 조심하세요.

 날개돋이할 때 나오는 오줌은 색깔도 특별합니다. 붉은색 오줌을 누는 나비도 있어요.

비가 오면 왜 산사태가 잘 일어날까요?

교과서 3학년 2학기 3단원 지표의 변화 심화

가나자와대학 지역창조학류 | 아오키 다쓰토

산사태에는 두 종류가 있어요

TV나 인터넷에서 산사태 영상을 본 적 있나요? 비가 내리면 산은 잘 무너진답니다. 왜 그럴까요?

산사태에는 크게 두 종류가 있어요. 하나는 벼랑이 무너지거나 돌이 떨어지는 것이고, 다른 하나는 흙이 흘러내리는 것입니다. 둘 다 지구의 중력 때문에 일어나는 현상입니다. **중력**이란 지구가 지구 위의 모든 것을 끌어당기는 힘을 말해요.

벼랑이 무너지거나 돌이 떨어지는 것은 중력이 끌어당겼기 때문입니다. 또 흙이 흘러내리는 것은 비 때문에 비스듬해진 땅 위로 흙이 기울며 흐르기 때문이고요. 이때는 마찰이 생기기 때문에 천천히 흘러내려요.

땅에 물이 스며들면 어떻게 될까요?

산을 이루는 돌과 흙은 마찰을 일으키며 서로 받치기 때문에 쉽사리 무너지지 않습니다. 그런데 비가 내리면 흙과 돌 사이에 물이 들어가면서 마찰력이 줄어들어요. 즉, 땅 표면이 느슨해지는 거예요. 그렇게 중력이 마찰력보다 커지면 산이 무너지기 시작합니다.

또 많은 비가 내리면 일시적으로 강물이 불어나지요. 불어난 물은 흘러가면서 강기슭을 깎아요. 땅을 받치던 흙이 깎이면 흙이 떠받치던 산의 상태가 불안정해지겠지요. 결국 저항이 약해지고 산이 무너지기 쉬워집니다. 그래서 비가 내리면 산사태가 잘 일어나고, 그로 인한 피해가 많이 생긴답니다.

땅이 흘러내리는 과정

여름 장마가 끝날 무렵인 7월 말에는 많은 비가 자주 내립니다. 또 10월에 가을장마가 내릴 시기에 태풍이 오면 큰비가 돼요. 이런 때는 특히 흙이 무너져 피해가 일어나기 쉬우니 주의가 필요합니다.

나도 과학자

벼랑이 제일 잘 무너지는 때는 언제?

비가 내리면 땅이 헐거워지거나 강기슭이 깎이면서 산이 무너진다는 것을 잘 알았지요? 그러면 비가 어떻게 내릴 때 벼랑이 제일 심하게 무너질지 한번 추측해 보고, 조사해 보세요.

성게도 걸어 다닌대요

교과서 3학년 2학기 2단원 동물의 생활

오차노미즈여자대학 사이언스&에듀케이션센터 | 요시무라 가즈야

걸어서 움직이는 성게

성게는 걸을 수 있습니다. 밤송이처럼 생겨서 움직일 것 같지 않은데 언제 걸을까요? 바로 먹이를 구할 때입니다. 주로 미역 같은 해조류를 먹어요. 성게가 활동하는 것은 밤 시간대이고, 낮에는 대부분 바위 틈새에 숨어 있어요. 그래서 숨기 좋은 바위 그늘을 찾아 돌아다니기도 해요.

성게는 가시와 관족을 이용해 걷습니다. 빨대처럼 생긴 관족은 몸에 붙은 발로, 늘어나기도 하고 줄어들기도 해요. 관족 속으로 밖에서 끌어들인 바닷물이 들어오는데, 그 양으로 관족의 길이를 조절한대요. 또, 관족의 끝에는 빨판이 붙어 있어요. 성게는 걷는 방법도 독특한데, 관족을 쭉 뻗어 빨판을 바닥에 붙인 다음 다시 관족을 수축해요. 그런 식으로 이동한답니다.

관족으로 이동하는 성게

빨판에 숨겨진 비밀

관족의 빨판은 빨대처럼 물을 빨아들이기 쉬운 모양입니다. 하지만 그보다 더 굉장한 비밀이 숨어 있어요. 빨판에서 '풀'같이 끈적끈적 잘 달라붙는 액체가 나온다는 점이죠. 빨판을 뗄 때는 풀을 녹이는 물질도 나온대요. 관족은 그야말로 걷는 데 필요한 무기를 모두 갖췄다고 할 수 있습니다. 한편 성게의 몸에는 가시가 있습니다. 가시는 천적으로부터 몸을 지킬 때 도움이 되지만 걸을 때도 쓴대요.

 바다에는 물의 흐름이 빠른 곳도 있습니다. 그래서 성게는 물에 휩쓸리지 않도록 관족과 가시를 사용해 몸을 바위 틈새 등에 고정한답니다.

나도 과학자

성게는 어떻게 걸을까요?

수족관에서 성게를 관찰해 보세요. 움직이는 성게가 있나요? 성게가 걸을 때 투명하거나 연한 색을 띠는 관족이 보이나요?

씨앗은 3,000년 이상 살 수 있어요

6월 9일

교과서 4학년 1학기 3단원 식물의 한살이

후쿠시마대학 공생시스템 이공학류 | 구로사와 다카히데

수명이 아주 긴 연꽃 씨앗

씨앗에도 수명이 있어요. 버드나무의 씨앗처럼 수명이 며칠밖에 안 되는 것은 땅에 떨어지면 바로 싹을 틔웁니다. 반대로 잡초 중에는 수십 년 이상의 수명을 가진 씨앗도 있어요. 씨앗은 발아 기회가 찾아올 때까지 흙 속에 잠들어 있답니다.

연꽃은 연못 등지에 서식하는 수초입니다. 지름이 약 15cm인 꽃을 피워요. 연꽃의 땅속줄기는 우리 식탁에 잘 오르는 연근이랍니다. 연꽃의 씨앗은 딱딱하고 튼튼한 껍질로 덮여 있어요. 씨앗의 수명이 짧게는 2,000~3,000년, 길게는 1만 년을 간다고 해요.

여기서 피어난 꽃의 이름은 학자의 이름을 따서 '오가 연꽃'이라고 합니다.

700년 만에 꽃을 피운 고려 시대 연꽃

2009년 경상남도에서 연꽃 씨앗 10개를 찾아 나이를 측정한 결과 고려 시대 것으로 밝혀졌어요. 약 600~700년 전에 씨앗이 태어난 거지요. 그중 3개가 2010년에 아름다운 꽃을 피웠답니다. 이 꽃의 이름은 삼국 시대 이전의 옛 나라인 아라가야에서 이름을 딴 '아라 백련'이에요.

한편 일본에서는 1951년 한 식물학자가 약 2,000년 전에 묻힌 것으로 보이는 연꽃 씨앗을 찾았대요.

 세계에서 가장 오래된 씨앗은 2005년 이스라엘의 유적지에서 발견된 대추야자 씨앗이에요. 이 씨앗의 나이를 측정한 결과 무려 2,000년 전의 씨앗이라고 하네요. 이 씨앗은 현재 높이가 약 3m인 나무로 자랐습니다. 씨앗의 생명력은 참 놀랍지요?

나도 과학자

연꽃 씨앗은 왜 장수할까요?

연꽃은 연못과 호수에서 사는 식물입니다. 그런데 홍수, 폭우 등을 이유로 연못이 흙에 파묻힐 때가 있어요. 그러면 연꽃의 씨앗은 흙 속에서 잠자코 물이 다시 돌아오기만을 기다린답니다.

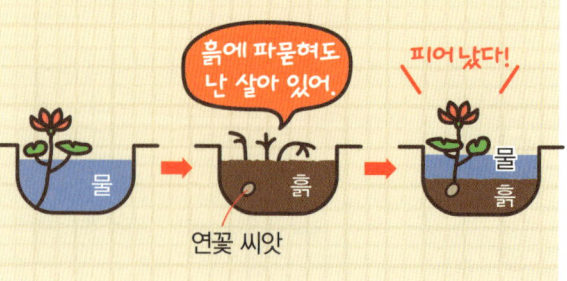

개는 왜 킁킁거리며 냄새를 맡을까요?

교과서 3학년 2학기 2단원 동물의 생활

아자부대학 수의학부 | 기쿠스이 다케후미

개는 코를 박고 무엇을 찾을까요?

개는 자주 땅에 코를 박고 냄새를 맡습니다. 마치 뭔가를 찾는 것처럼 말이지요. 때로는 구멍을 파기도 해요. 도대체 무엇을 찾는 것일까요? 구멍은 왜 팔까요? 개는 흙 속에 있는 곤충 같은 생물의 냄새를 맡을 수 있어요. 호기심이 아주 강하니, 땅속에 생물이 있다는 것을 알면 파 보고 싶겠지요? 그래서 냄새를 풍기는 곤충을 찾으려고 구멍을 파요.

개는 뭔가를 찾을 때 냄새에 의지합니다. 개의 시력은 사람으로 치면 0.2~0.5 정도예요. 게다가 빨간색은 구분하지 못합니다. 또 정지한 것보다 움직이는 것을 더 잘 봅니다. 이러한 시력의 특징 때문에, 뭔가를 찾을 때는 뛰어난 후각을 사용한답니다.

늑대에게서 물려받았다고요?

개는 잠자리를 만들 때도 구멍을 판답니다. 개와 비슷한 늑대도 땅을 파서 자는 동물이에요. 늑대가 파는 구멍은 무척 깊답니다. 무려 4m까지 파기도 한대요. 늑대와 가까운 개인 시베리아 허스키도 구멍을 크게 팝니다. 개는 늑대가 진화해 탄생했습니다. 그러니 개가 구멍을 파는 행동은 늑대의 습성이 남아 있어서인지도 몰라요.

나도 과학자

개는 말을 알아들을까요?

개에게 말을 걸어 보세요. 그러면 사람의 얼굴을 빤히 바라본답니다. 이야기의 내용을 자세히 이해하지는 못해도 단어는 알아듣습니다. 개와 함께 놀이하고 산책하며 말을 거는 것은 개와 유대감을 더욱 깊이 만드는 데 큰 도움이 돼요.

🔍 개는 단어를 기억합니다. 공이라고 말하면 공을 물고 온답니다. 개는 이러한 단어를 몇 개까지 기억할 수 있을까요? 최근 연구에 따르면 개가 기억할 수 있는 단어의 개수는 250개 정도래요.

토지가 메마르면서 멸망한 고대 문명

교과서 3학년 2학기 3단원 지표의 변화

6월 11일

농업환경기술연구소 | 와가이 로타

나무를 다 내어 주고 벌거숭이가 된 산

약 5,000년 전에 세계 각지에 문명이 일어났어요. **문명**이란 인류가 미개한 상태를 벗어나 기술이나 사회가 발전한 상태를 뜻해요. 이 시기에 사람들은 마을을 이루고 농사를 짓고 동물을 키우기 시작했습니다. 마을은 점점 커져서 도시를 이루고 찬란한 문화를 꽃피웠답니다.

인구가 늘면 그만큼 식량도 많이 필요하지요. 그래서 옛날 사람들은 새로 땅을 일구어 작물을 키웠습니다. 평평한 땅이 모자라자 이번에는 산의 나무를 베어 내고 밭을 만들었어요. 그 밖에도 집을 짓거나 연료로 쓰기 위해서 많은 나무를 벴어요. 그러다 보니 어느 순간 벌거숭이산이 생겨났어요.

나무가 땅을 비옥하게 해요

이때 생겼던 문명은 대부분 어느새인가 멸망해 버렸습니다. 그 원인 중 하나는 작물을 기르는 데 알맞은 비옥한 땅이 사라졌기 때문입니다.

산에서 나무가 사라지자 땅이 점점 메말라 작물이 잘 자라지 않게 되었습니다. 사람들은 황폐해진 마을을 버리고 다른 땅을 찾아 떠날 수밖에 없었답니다.

 먼 옛날 문명이 사라진 것과 비슷한 일이, 지금으로부터 약 400년 전에 모아이로 유명한 이스터 섬에서 일어났습니다. 나무를 지나치게 많이 베는 바람에 토양이 메말라 작물이 자라지 못했기 때문이래요.

나도 과학자

숲은 물을 모으는 역할도 해요

페트병을 사용해 실험해 보세요.
① 그림과 같이 자른 페트병 2개를 준비합니다.
② 한쪽에 풀밭이나 숲에 있는 흙을 넣고, 또 한쪽에는 모래와 자갈이 섞인 흙을 넣어요.
③ 두 페트병에 같은 양의 물을 넣고 아래로 떨어지는 물의 양을 비교해 보세요. 모래와 자갈이 섞인 쪽의 물이 더 빨리 떨어질 거예요. 식물의 뿌리나 영양분을 많이 포함한 흙은 물을 머금는답니다.

모래와 자갈 / 풀과 뿌리가 들어간 흙 / 화장지 / 어느 쪽이 빠를까?

달팽이 집이 왼나사 모양인 달팽이

6월 12일

교과서 5학년 2학기 2단원 생물과 환경

교토대학 하쿠비센터 | 호소 마사키

달팽이 집은 오른나사가 많아요

장마철이 되면 달팽이를 쉽게 볼 수 있어요. 달팽이의 가장 큰 특징은 등에 업은 달팽이 집이지요. 그런데 달팽이 집의 중심을 보면 오른쪽 또는 왼쪽으로 감겨 있습니다.

대수롭지 않아 보이지만, 사실 달팽이에게는 달팽이 집이 오른쪽으로 감긴 오른나사 모양인지 왼쪽으로 감긴 왼나사 모양인지가 아주 중요합니다. 같은 방향으로 감긴 것끼리만 자식을 만들 수 있기 때문입니다. 오른나사 모양의 달팽이와 왼나사 모양의 달팽이가 만나면 자식을 만들 수 없어요. 달팽이는 대부분 오른나사가 많기 때문에 왼나사 모양의 달팽이는 자손을 퍼트리기가 어렵습니다.

뱀 때문이에요!

신기하게도 일본 오키나와의 이리오모테 섬과 이시가키 섬에는 왼나사 모양의 달팽이가 많습니다. 이 섬에 서식하는 뱀을 조사해 보니 뱀의 턱이 오른나사 모양의 달팽이를 잡아먹는 데 적합한 생김새라는 사실이 밝혀졌습니다. 즉, 이 뱀이 먹기 힘들어하는 왼나사 모양의 달팽이가 더 잘 살아남은 거예요.

달팽이집이 오른나사 모양인 달팽이는 뱀에게 잡아먹히기 쉬워요!

왼나사 모양인 달팽이끼리 짝짓기를 할 수 있어요.

나도 과학자

달팽이 집이 어느 쪽으로 감겼을까요?

달팽이를 발견하면 달팽이 집이 어느 쪽으로 감겼는지 관찰해 보세요. 대부분 오른쪽으로 감겨 있지만, 이따금 왼쪽으로 감긴 달팽이도 찾을 수 있어요. 소라와 우렁이 등도 관찰해 보세요.

달팽이(오른나사 모양) 소라(오른나사 모양)

우리 모두 껍데기가 있는 조개류예요.

달팽이(왼나사 모양) 우렁이(왼나사 모양)

🔍 일본 이리오모테 섬과 이시가키 섬에 있는 달팽이를 먹는 뱀 '파레아스 이와사키'(학)는 아래턱의 이빨 개수가 왼쪽은 16개인 데 비해 오른쪽은 24개나 됩니다. 이 차이 때문에 오른나사 모양의 달팽이를 잡아먹기 쉽답니다.

논은 물고기 천국?

6월 13일

교과서 3학년 2학기 2단원 동물의 생활

토목연구소 | 무라오카 게이코

강과 논을 오가요

논과 주변 수로에는 붕어, 송사리, 메기 등 여러 물고기가 살아요. 겨울철에는 논에서 물을 빼기 때문에 물고기들이 살 수 없는데, 봄이 되어 논에 물을 대면 물고기들이 다시 모습을 드러낸답니다. 이 물고기들은 과연 어디에서 나타나는 것일까요?

논은 물을 대거나 다 쓴 물을 흘려보내기 위해 용수로와 연결되어 있어요. 논밭에 강이나 저수지의 물을 대려고 만든 통로를 '용수로'라고 해요. 이 물길을 따라 물고기가 강에서 올라오는 것입니다.

논을 찾아온 물고기들은 알을 낳습니다. 태어난 새끼는 논에서 무럭무럭 자라요. 논에는 커다란 물고기가 들어올 수 없기 때문에 천적도 없답니다. 물고기에게 논은 그야말로 천국이 따로 없지요. 그리고 크면 다시 강으로 돌아가는 것입니다.

환경 변화에 지지 않는 물고기들

수십 년간 논은 깔끔하게 정비되었어요. 그러면서 논이 주위 물길을 잇는 통로나 강보다 높아져 물고기가 논에 들어갈 수 없는 곳도 있어요. 하지만 어떤 물고기는 그런 장애물을 아랑곳하지 않고 비가 내릴 때를 이용해 논으로 올라갑니다. 또, 논과 물길을 잇는 통로에 물이 없는 겨울에는 작은 물웅덩이에서 봄이 오기만을 기다리는 물고기도 있습니다. 논은 사람이 필요해서 만들었지만, 이제 물고기에게 없어서는 안 될 삶의 터전이 된 셈이에요.

나도 과학자

용수로에서 물을 찾아보아요

용수로에는 어떤 물고기가 있을까요? 그물로 떠서 관찰해 볼까요? 그물을 강물이 흐르는 위쪽에 둔 다음 아래쪽에서 발로 망을 향해 물고기를 몰아넣어요. 망을 용수로의 가장자리에 딱 붙이는 것이 요령입니다.

 논에 있는 물고기를 보려면 물을 뺄 때가 기회입니다. 물고기들이 일제히 논에서 도망치기 때문에 물이 나가는 곳에서 기다리기만 하면 물고기들이 알아서 나타날 거예요.

꽃벌은 길쭉한 꽃에 든 꿀을 어떻게 먹을까요?

교과서 3학년 2학기 2단원 동물의 생활

6월 14일

슈토대학도쿄 도시교양학부 | 시미즈 아키라

꽃벌은 입이 길게 늘어나요

꽃의 종류에 따라 꿀이 길고 가느다란 꽃잎 끝에 있는 것도 있어요. 예를 들면 '삼지구엽초'는 꽃잎이 관처럼 길쭉한데, 그 끝에 꿀이 고여 있습니다. 관이 가늘어서 벌레가 거의 들어갈 수 없답니다.

그런데 꽃벌은 삼지구엽초의 꿀을 잘 빨아 먹어요. 삼지구엽초의 모양에 맞춘, 길쭉한 빨대 모양의 입을 가지고 있기 때문입니다. 이러한 입은 작은턱과 아랫입술이 늘어나서 생긴 것이라고 합니다.

어리호박벌은 짧은 입으로 꿀을 먹어요

입의 길이는 벌의 종류에 따라 다릅니다. 저마다 주로 먹는 꽃 모양에 따라 입의 길이가 변한 것으로 보여요. 삼지구엽초의 꿀을 빠는 호박벌의 입 길이는 2cm에 가깝습니다.

그런데 입이 별로 길지 않아도 꿀을 잘 빨아 먹는 벌도 있습니다. '어리호박벌'은 펜 끝처럼 짧고 단단한 입을 가지고 있습니다. 입 끝으로 꽃에 구멍을 내어 꿀을 훔치듯 먹어요. 구멍을 뚫으면 아무리 길쭉한 관에 들어 있는 꿀이라도 먹을 수 있겠지요. 정말 지혜롭지 않나요?

빨대 모양의 입

삼치구엽초의 꿀을 먹는 꽃벌

나도 과학자

독특한 모양의 꽃을 찾아보세요

꽃의 꿀을 빨아 먹는 곤충들은 즐겨 먹는 꽃의 모양에 맞추어 진화했어요. 만약 독특하게 생긴 꽃을 발견한다면 그 꽃을 찾아오는 곤충들을 유심히 관찰해 보세요.

해오라비난초

🔍 나방도 꽃 모양에 맞춘 긴 빨대 같은 입을 가지고 있어요. 마다가스카르의 난초인 '앙그라이쿰 세스퀴페달레'(학)의 꿀을 빨아 먹는 '그산토판 모르가니 프라이딕타'(학) 나방은 20cm가 넘는 긴 입을 가지고 있답니다.

아빠 흰동가리가 나중에 엄마가 된다고요?

6월 15일

교과서 3학년 2학기 2단원 동물의 생활

도쿄대학 대기해양연구소 | 사루와타리 도시로

암컷은 몸집이 큰 편이 좋아요

사람은 아빠가 저절로 나중에 성이 바뀌어 엄마가 되는 것은 상상할 수 없는 일이지요. 그런데 흰동가리는 아빠가 중간에 성을 바꿔 엄마가 된대요!

흰동가리는 태어날 때 모두 수컷이래요. 어른 물고기가 되면 가장 몸집이 큰 수컷이 같은 무리에 있는 큰 암컷과 짝짓기를 합니다. 그런데 나중에 사람에게 잡히거나 죽어서 암컷이 없어지면 무리에서 가장 큰 수컷이 암컷으로 변해요. 그리고 두 번째로 큰 수컷과 짝짓기를 합니다.

그 이유는 몸집이 큰 것이 암컷이 되어야 더 많은 알을 낳을 수 있기 때문으로 보여요. 수컷에서 암컷으로 성을 바꾸는 특징은 흰동가리 이외에 감성돔, 양태에서도 볼 수 있답니다.

암컷에서 수컷이 되는 물고기

한편 놀래기, 비늘돔, 능성어 등은 그와 정반대입니다. 암컷으로 성장하고 나중에 수컷으로 변한답니다. 이는 수컷의 영역과 관련 있어요. 수컷은 자기 영역에 있는 암컷을 혼자 차지해서 새끼를 만듭니다. 그래서 암컷을 차지하려고 수컷끼리 격렬한 싸움을 벌이지요.

몸이 작은 상태로 수컷이 되면 경쟁에 승리하여 자기 영역을 가질 수가 없습니다. 암컷으로 크게 성장한 다음 수컷이 되는 편이 자기 영역을 가지고 자손을 퍼트리는 데 유리해요.

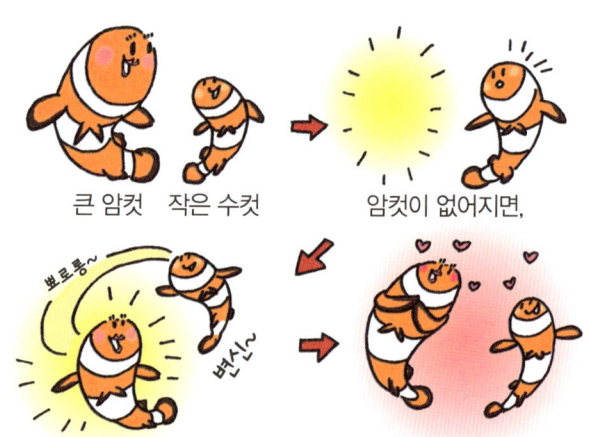

큰 암컷   작은 수컷   암컷이 없어지면,
수컷이 암컷으로 변신!   새로운 부부가 탄생해요.

나도 과학자

사람의 성은 어떻게 결정될까요?

중간에 성이 바뀌는 물고기와 달리 사람은 아버지의 정자에 남성이 되는 염색체(Y염색체)가 있느냐에 따라 성별이 결정됩니다.

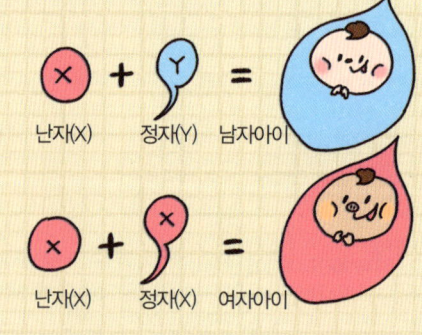

난자(X) + 정자(Y) = 남자아이
난자(X) + 정자(X) = 여자아이

🔍 파충류인 악어와 도마뱀은 알일 때 주변 온도에 따라 성별이 결정됩니다. 악어의 경우는 대부분 고온이면 수컷, 저온이면 암컷이 된대요.

천남성은 벌레를 속여 꽃가루받이를 해요

교과서 6학년 1학기 4단원 식물의 구조와 기능

6월 16일

후쿠이대학 교육지역과학부 | 니시자와 도오루

곤충을 속이는 덫

'천남성'은 암꽃과 수꽃이 따로 피는 식물입니다. 수꽃은 꽃가루를 만들고, 암꽃은 암술에 꽃가루를 받아 씨앗을 만듭니다. 각각 작은 꽃이 모여 '포'라는 방망이 모양의 특별한 잎 속에 있어요.

포 속에서는 비릿한 냄새가 희미하게 납니다. 포 안쪽은 반들반들하고 아랫부분이 밝아요. 그래서 버섯파리는 냄새와 빛에 이끌려 포 속으로 들어갑니다. 그런데 암꽃의 포는 한 번 들어가면 빠져나갈 수 없는 구조예요.

출구 없는 공포

예를 들어 버섯파리가 포 속에 갇히면 출구를 찾아 이리저리 헤매요. 갇힌 곳이 수꽃의 포라면 딱 하나 있는 출구를 찾아 꽃가루가 있는 꽃 위를 돌아다니다가 몸이 꽃가루로 온통 뒤덮입니다.

꽃가루를 뒤집어쓰고 밖으로 나온 버섯파리는 암꽃의 포에도 들어가게 됩니다. 암꽃의 포는 수꽃과 똑같이 생겼어요. 버섯파리는 또 갇혀서 출구를 찾아 돌아다니는데, 이때 버섯파리의 몸에 묻은 꽃가루가 암술에 붙어요. 이러한 과정을 거쳐 천남성에 씨앗이 생긴답니다. 그런데 천남성 암꽃에는 출구가 없어요. 그래서 버섯파리는 천남성의 꽃가루받이만 도와준 채 밖으로 나가지 못하고 죽어요.

 천남성은 토란과 같은 천남성과로 30종 이상이 알려져 있어요.

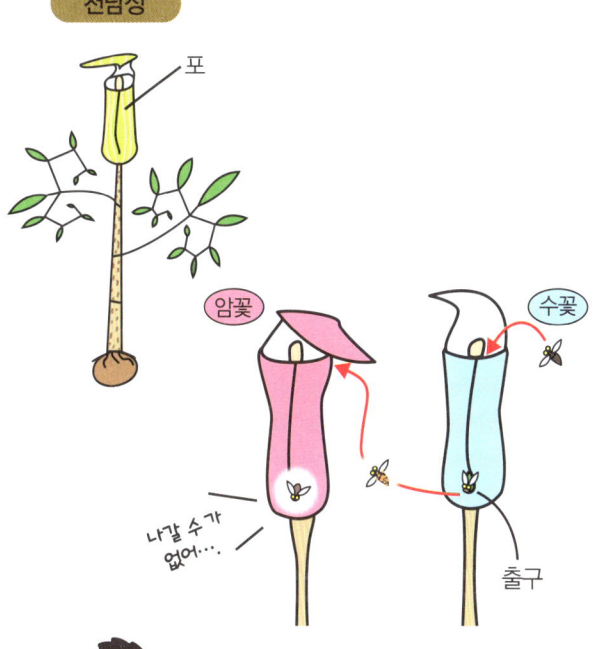

나도 과학자

천남성은 어디에 피어 있을까요?

4~5월에 산과 들의 햇볕이 잘 드는 곳을 찾아보세요. 천남성을 발견하면 위에서 들여다보고 암꽃인지 수꽃인지 확인합니다. 통 부분에 구멍이 없으면 암꽃, 있으면 수꽃입니다.

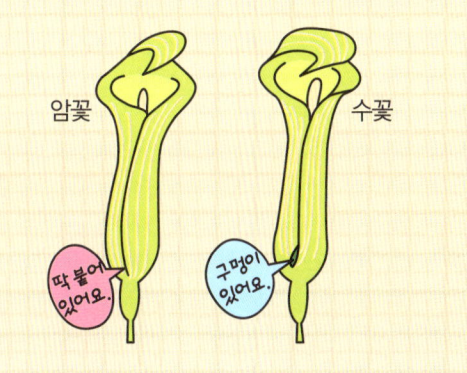

몽구스는 왜 오키나와에 있으면 안 될까요?

교과서 5학년 2학기 2단원 생물과 환경

얀바루야생생물보호센터 | 야마모토 이치히토

반시뱀과 몽구스

일본 오키나와에는 '반시뱀'(트리메레수루스 플라보비리디스)이라는 맹독을 가진 뱀이 있어요. 옛날에는 반시뱀에 물려서 목숨을 잃는 사람도 많았대요. 사람들은 반시뱀을 쫓아내기 위해 몽구스를 풀어 놓았습니다.

그런데 몽구스는 반시뱀을 거의 먹지 않았습니다. 이번에는 몽구스를 잡기 위해 사람들이 애써야 했어요. 왜 몽구스를 잡아야만 했을까요?

오키나와뜸부기와 몽구스

오키나와 본섬에는 독자적으로 진화한 생물들이 있습니다. 그중 하나는 바로 오키나와 본섬의 북부 얀바루 지역에 서식하는 '오키나와뜸부기'입니다.

오키나와뜸부기는 새이지만 날지 못해요. 오키나와 본섬에는 원래 대형 육식 포유류가 없기 때문에, 날아서 도망갈 능력이 필요 없었어요.

그런데 1990년 무렵부터 얀바루 지역에 몽구스를 풀면서, 오키나와뜸부기는 몽구스에게 잡아먹혀 개체수가 줄어들었습니다. 얀바루 지역에는 그 밖에도 오키나와 고유의 생물이 많이 살고 있는데, 몽구스 때문에 피해를 받고 있어요. 몽구스를 오키나와로 들여온 것은 사람이므로 몽구스의 잘못은 아니지만, 귀중한 다른 생물을 지키기 위해 계속해서 몽구스를 잡고 있답니다.

먹을 것이 부족했던 옛날에는 황소개구리와 큰입배스를 식량으로 들여왔어요. 외래종은 우연히 배, 비행기 등을 통해 들어오기도 해요. 요즘은 애완동물로 키우다가 버려지는 일도 있어요. 이렇게 우리나라 자연에 들어온 외래종은 생태계를 무너뜨리기 때문에 문제가 됩니다.

나도 과학자

몽구스 외의 외래종에는 무엇이 있을까요?

외국이나 다른 지역에서 들여온 생물을 '외래종'이라고 부르는데, 몽구스 이외에도 문제가 되는 생물이 많습니다. 여러분의 주위에는 이러한 외래종이 없는지 한번 알아보세요.

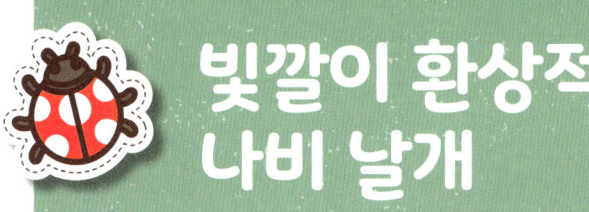

빛깔이 환상적인 나비 날개

6월 18일

교과서 3학년 2학기 2단원 동물의 생활

일본생물지리학회, 아야세천을 사랑하는 모임 | 모리나카 사다하루

아름다운 색을 만드는 날개의 비밀

생물의 색은 때때로 사람의 마음을 끌어당깁니다. 대부분은 색소가 만들어 낸 색이겠지요. 색소는 물감처럼 색의 바탕이 되는 성분입니다. 그런데 색소가 없는데도 색이 보일 때가 있어요. 예를 들면 비단벌레의 표면과 전복 껍데기의 안쪽 면 등입니다. 마치 금속처럼 광택이 있고, 햇빛이 닿는 부분에 아름다운 색깔이 비칩니다. 나비 날개의 아름다운 빛도 색소가 만들어 내는 것이 아니라 햇빛이 날개 부분의 홈에 닿아 만들어 내는 것입니다. 이는 생물뿐 아니라 CD와 DVD의 표면, 비눗방울 등에서도 볼 수 있어요. (92쪽 참조)

환상적인 빛깔의 나비

매우 환상적인 빛을 가진 나비가 있습니다. 열대 지방에 서식하는 '푸른 모르포 나비'(모르포 디디우스)입니다. '살아 있는 화석'이라고도 불리는데, 날개가 선명한 푸른색을 띠어요. (92쪽 참조)

희귀한 나비로는 '골리아스 호랑나비'(트로이데스 프라토룸)가 있어요. 앞날개는 광택이 있는 검은색이고 뒷날개는 황금색인데, 햇빛을 받으면 마치 진주처럼 반짝입니다. 인도네시아의 부루 섬에만 있어요.

우리나라에서는 배추흰나비, 황오색나비, 번개오색나비 등을 볼 수 있어요. 배추흰나비는 배추와 무 같은 작물에 피해를 끼쳐요. 황오색나비 수컷의 날개 색깔은 푸른빛이 난답니다. 번개오색나비는 날개에 색이 다섯 가지 있어요.

황오색나비 푸른 모르포 나비 골리아스 호랑나비

 빛의 관계에서 고유색이 있는 것이 아니라 사물의 구조에 따라 환상적으로 보이는 색깔을 '**구조색**'이라고 합니다. 모르포 디디우스의 구조색은 의류나 자동차 몸체 등에도 응용된답니다.

나도 과학자

작은녹색부전나비는 어디에 있을까요?

반짝이는 초록빛 날개를 가진 작은녹색부전나비를 찾아보세요. 오리나무가 자라는 강가의 숲에서, 6월~8월 초까지 볼 수 있답니다.

작은녹색부전나비

한국과 일본의 송사리는 사실 두 종류?

교과서 3학년 2학기 2단원 동물의 생활

니가타대학 이학부 | 사카이즈미 미쓰루

동해안과 서해안의 송사리는 달라요

지금까지 한국과 일본에 서식하는 송사리는 같은 종류라고 생각했습니다. 그런데 최근 한국과 일본의 송사리가 서로 다르다는 사실이 밝혀졌어요. 심지어 우리나라 안에서도 동해안과 서해안의 송사리 모습이 조금씩 다르대요. 이것은 일본도 마찬가지입니다. 일본 북부와 남부 지역의 송사리 모습이 다르다고 합니다. 한국과 일본의 송사리 모습이 모두 같은 줄 알았는데 정확히는 4가지 종류로 나뉘었던 거예요.

일본 북부와 남부의 송사리도 다르대요

일본 북부 지역의 송사리와 남부 지역의 송사리는 어떻게 다를까요? 두 종류의 송사리는 겉보기에 차이가 느껴지지 않을 만큼 비슷합니다. 하지만 주의 깊게 관찰하면 다른 점이 있어요. 북부 지역의 송사리는 수컷의 등지느러미가 살짝 갈라져 있는 데 비해, 남부 지역의 송사리는 등지느러미가 깊게 갈라져 있답니다. 또 북부 지역의 송사리는 몸의 뒤쪽 절반이 진한 그물코 무늬인데, 남부 지역의 송사리는 무늬가 없어요.

나도 과학자

두 종류의 차이를 알 수 있나요?

비슷하게 생긴 송사리지만, 자세히 관찰하면 모습이 조금씩 다른 것을 알 수 있어요. 여러분도 우리나라의 송사리의 모양을 조사해 보세요.

 일본 북부의 송사리와 남부의 송사리는 거의 차이가 없다고 생각할지도 몰라요. 하지만 유전 정보를 비교하니 둘의 차이가 3% 이상 났답니다. 사람과 침팬지의 차이는 1%라고 하니, 서로 비슷해 보이는 송사리의 유전 정보 차이가 얼마나 큰 차이인지 알겠지요?

일벌은 암컷인데 왜 자식을 낳지 않을까요?

교과서 3학년 2학기 2단원 동물의 생활

고베대학 이학연구과 | 스가하라 미치오

일벌도 자식을 낳을 수 있어요

일벌은 암컷이어서 원래 알을 낳을 수 있습니다. 하지만 여왕벌이 내보내는 물질을 감지해 알을 낳지 못한답니다.(90쪽 참조) 왜 꿀벌은 여왕벌만 알을 낳을까요? 그 이유는 꿀벌이 집단생활을 하기 때문입니다. 수많은 벌이 함께 사는 꿀벌은 집단을 위해 모두가 서로 협력해야 합니다.

그런데 일벌이 저마다 자기 알을 낳으면 여러 새끼 벌이 태어나겠지요. 모두가 제멋대로 행동하기 시작하면 집단이 의견을 모으기 힘들어요. 그래서 여왕벌만 알을 낳아 집단을 통제한답니다.

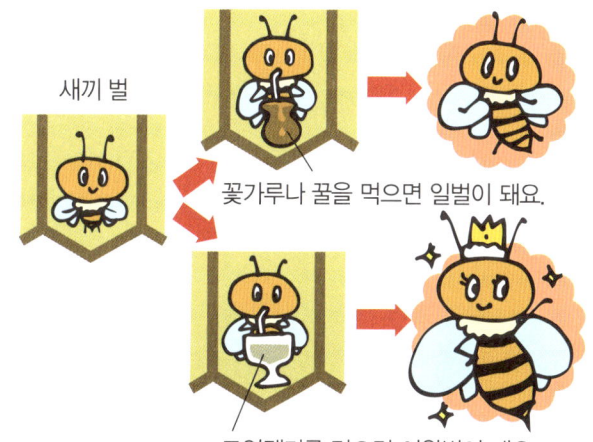

새끼 벌 / 꽃가루나 꿀을 먹으면 일벌이 돼요. / 로열젤리를 먹으면 여왕벌이 돼요.

로열젤리의 비밀

집단에서 혼자만 알을 낳을 수 있는 여왕벌은 과연 어떻게 탄생할까요? 여왕벌이 벌집의 특별한 구멍에 알을 낳으면, 여기서 태어난 새끼 벌은 특별한 먹이인 '로열젤리'만 먹습니다. 로열젤리를 계속 먹으면 여왕벌이 되기 위한 몸의 스위치가 켜져요. 일벌의 몸에서 만들어지는 **로열젤리** 속에 스위치를 켜는 특별한 단백질이 함유되어 있답니다. 같은 여왕벌 엄마에게서 태어난 새끼 벌이라도 어떤 먹이를 먹느냐에 따라 역할이 결정되는 것이지요.

🔍 같은 벌집에 사는 꿀벌들은 알을 낳는 **여왕벌**, 먹이를 모으는 **일벌**, 여왕벌과 짝짓기를 하는 **수벌**로 각자 역할을 분담한답니다.

나도 과학자

사람이 로열젤리를 먹으면 어떻게 될까요?

로열젤리를 계속 먹은 꿀벌은 여왕벌이 됩니다. 사람이 로열젤리를 계속 먹으면 어떤 변화가 일어날까요?

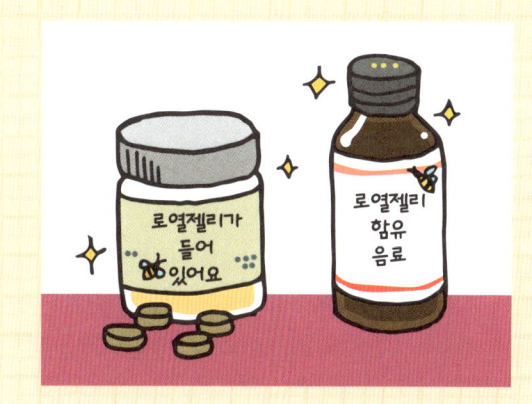

전 세계 사람들은 왜 피부색이 다를까요?

6월 21일

교과서 3학년 2학기 2단원 동물의 생활 심화

지치의과대학 인류유전학연구부 | 나카야마 가즈히로

자외선으로부터 피부를 보호해요

전 세계 사람들의 피부색은 다양하지요. 검은색에 가까운 사람이 있는가 하면 희거나 밝은 갈색에 가까운 사람도 있습니다. 모두 물리학적으로는 같은 종이지만, 조상 대대로 살아온 지역에 따라 신체적 특징이 다르답니다.

예를 들면 피부색은 햇빛의 세기에 영향을 받습니다. 햇빛 속에 있는 자외선은 비타민 D를 만드는 데 빼놓을 수 없지만 몸의 성분을 파괴하는 작용도 해요. 그래서 사람은 멜라닌이라는 물질로 자외선으로부터 몸을 지킨답니다. 피부색이 검은 것은 멜라닌이 있기 때문입니다.

적도 근처는 자외선이 강하기 때문에 그곳에 사는 사람들은 피부색이 검은 편이 살아남기 쉬웠을 거예요. 반대로 유럽 같은 북쪽 지역은 자외선이 약하기 때문에 멜라닌이 많이 필요하지 않았겠지요.

기후에 따라 변하는 체형

체형도 기후와 관련 있습니다. 이를테면 더운 지역에는 몸이 왜소하고 손발이 긴 사람이 많아요. 몸이 작으면 몸의 열을 쉽게 떨어뜨려서 체온을 유지할 수 있기 때문입니다. 한편 추운 지역에는 몸통이 두껍고 손발이 짧은 체형이 많습니다. 몸집이 커야 체내에 열을 저장하기 쉬워 추운 곳에서 버틸 수 있기 때문이지요.

나도 과학자

다른 동물은 어떨까?

곰과 여우 등 추운 지역에 서식하는 종과 따뜻한 지역에 서식하는 종을 비교해 보세요.

🔍 포유류와 조류는 같은 종류라도 추운 지역에 사는 동물이 따뜻한 지역의 동물보다 몸이 크고 귀와 꼬리 등이 작습니다. 이것도 추운 지역에서 열을 최대한 빼앗기지 않기 위한 특징이에요.

별주부전에서 토끼를 데려간 바다거북

6월 22일

교과서 3학년 2학기 2단원 동물의 생활

도쿄대학 대기해양연구소 | 사루와타리 도시로

수컷은 바닷속에서만 지내요

자라가 용왕의 병을 고치기 위해 토끼의 간을 찾아 나서는 이야기를 아시나요? 바로 《별주부전》의 내용입니다. 그런데 실제로 자라는 민물에 살기 때문에 바다에 사는 용왕을 모실 수가 없어요. 그 역할은 바다거북이 해야 맞아요. 거북은 크게 '바다거북'과 '육지거북'으로 나뉘는데, 이야기처럼 바닷속에서 주로 활동하는 거북이는 바다거북이지요.

바다거북은 헤엄치기 편하도록 다리가 지느러미 형태랍니다. 그래서 물 밖에서는 다리가 아닌 몸통으로 무거운 체중을 버텨야 하기 때문에 힘들어요. 완전히 자라면 큰 몸집 때문에 몸 속 장기가 눌려서 상할 정도예요. 그래서 물 밖으로 잘 나오지 않는답니다. 번식을 위한 교미도 바닷속에서 이루어지기 때문에 수컷은 육지로 올라올 일이 없어요.

평생을 바닷속에서 지내요

수컷과 달리 바다거북 암컷은 알을 낳을 때 육지에 올라와요. 모래사장에 알을 낳은 후 수십 일이 지나면 새끼가 나옵니다. 이제 막 알을 깨고 나온 아기 거북의 등껍데기 길이는 불과 몇 센티미터밖에 되지 않아요. 하지만 자기 힘으로 모래를 휘저으며 기어 나와서 바다로 향합니다.

 조류인 펭귄과 포유류인 돌고래의 발도 바다거북과 아주 비슷하게 생겼습니다. 분류는 다르지만 똑같이 '헤엄'이라는 목적이 있기 때문에 펭귄과 돌고래의 발도 지느러미 모양으로 진화한 것이지요.

나도 과학자

바다 생활에 적합한 몸을 관찰해 보아요

수족관에 가면 바다거북의 다리 모양을 관찰해 보세요. 육지거북과 다른 점이 보일 거예요.

바다거북 / 육지거북

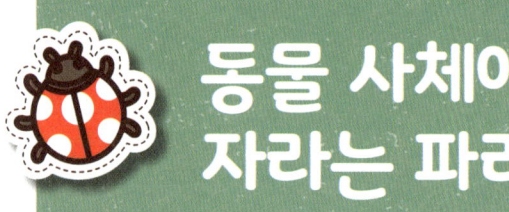

동물 사체에서 자라는 파리

교과서 3학년 2학기 2단원 동물의 생활

오비히로축산대학 축산생명과학연구부문 | 이와사 미쓰히로

어떤 파리는 사체에 알을 낳아요

뼛속에서 자라는 파리가 있습니다. '치즈 파리'(피오필라 카세이)와 '노랑굴파리'예요. 치즈 파리의 성충은 몸길이가 3~6mm이지요. 사슴이나 돼지 등의 동물 사체에 모여들어 사체의 뼈가 드러날 무렵, 썩은 살에서 나오는 즙을 빨아 먹습니다. 그리고 살이나 뼈의 표면에 알을 낳습니다.

알은 하루에서 이틀 사이에 부화해요. 그래서 유충은 육즙을 먹으며 자라고, 몸이 커지면 뼛속으로 들어갑니다. 다만 어느 시점에 들어가는지는 아직 밝혀지지 않았어요. 뼈에 들어간 유충은 부드러운 '골수'를 먹다가, 뼈에서 나와 흙 위에서 번데기가 됩니다. 일부 유충은 뼛속에서 번데기가 된대요.

파리가 뼛속에서 자라는 이유

치즈 파리와 노랑굴파리가 뼛속에서 자라는 데는 두 가지 이유가 있어요. 뼈에는 다른 곤충이 들어오기 힘들기 때문에 천적이 적고, 영양분이 들어 있기 때문이에요.

치즈 파리는 일본에도 서식합니다. 하천 둔치, 수풀, 숲 등 나무가 있는 곳에 있어요. 다만 구체적으로 생활하는 장소 등은 아직 자세히 밝혀지지 않았습니다. 그런데도 부패하는 살이 있으면 어디에서 알고 오는지 모여드는 것입니다.

 치즈 파리는 치즈를 만드는 데에도 이용됩니다. 구더기 때문에 치즈 발효가 잘 된다고 해요. 다만 이 치즈를 먹는 것은 이탈리아의 극히 한정된 지역뿐이에요.

나도 과학자

뼈의 표면은 어떻게 생겼을까요?

동물 뼈를 관찰해 봅시다. 뼈의 표면에는 놀랍게도 작은 구멍이 숭숭 뚫려 있어요. 파리가 뼈에 알을 낳으면 알에서 부화한 유충이 구멍을 통해 뼛속으로 들어가요. 이렇게 뼈의 표면은 반들반들하지 않답니다.

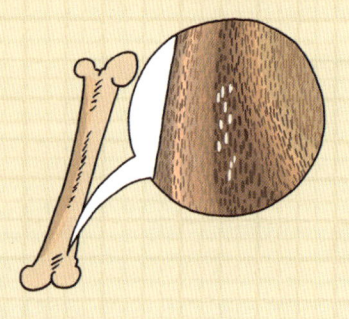

사슴의 뿔은 왜 있을까요?

6월 24일

교과서 3학년 2학기 2단원 동물의 생활

아자부대학 수의학부 | 다카쓰키 세이키

꽃사슴의 생활

꽃사슴은 주로 숲에서 삽니다. 암컷은 서너 마리가 무리 지어 다니고, 수컷은 보통 다른 곳에 있습니다. 가을이 되면 암컷이 있는 곳으로 수컷이 찾아와 암컷 몇 마리를 수컷 하나가 혼자서 차지합니다.

수사슴의 뿔은 어떻게 자랄까요

꽃사슴은 수컷만 뿔이 있습니다. 이 뿔은 매년 새로 자라요. 계절에 따라 뿔이 어떻게 자라는지 알아볼까요? 4월이 되면 꽃사슴의 머리에서 뿔이 떨어지고, 곧 새로운 뿔이 자라나기 시작합니다. 새 뿔은 피가 통하면서 점점 커지고, 8월이 되면 피가 멈추면서 단단하고 근사한 뿔이 완성됩니다. 그리고 이듬해 봄이 되면 다시 뿔이 떨어지는 것입니다.

수컷은 뿔을 크게 만들기 위해 먹이를 아주 많이 먹어요. 먹이에 포함된 칼슘 같은 영양소는 뿔을 크게 만드는 데 필요해요. 몸에 저장해 둔 칼슘도 뿔의 재료가 됩니다.

가을이 되면 수사슴은 암컷을 독점하려고 수컷끼리 뿔을 맞대고 싸워요. 암컷은 더 멋진 뿔을 가진 수사슴을 선택하고, 찾아오는 수컷 역시 뿔과 몸의 크기를 통해 자신보다 강한 상대인지 판단합니다. 이처럼 멋진 뿔을 가진 수컷일수록 강하고 많은 자손을 남길 수 있습니다.

 암컷 꽃사슴은 몸무게가 30kg이 넘으면 임신이 쉬워집니다. 한편 수컷은 한 살 때부터 뿔이 자랍니다. 암컷을 차지하려면 힘이 세고, 경험이 많고, 싸움을 잘해야 한답니다.

나도 과학자

암컷의 인기를 끄는 동물의 외모에는 무엇이 있을까요?

수사자의 갈기, 공작의 아름다운 깃털, 바다코끼리의 송곳니 등은 없다고 해서 나쁜 것은 결코 아니에요. 하지만 암컷의 인기를 얻으려면 꼭 필요합니다. 어떤 외모로 암컷을 유혹하는지 동물원에 가서 눈으로 확인해 보세요.

하늘에서 떨어지는 돌은 무엇일까요?

교과서 3학년 1학기 5단원 지구의 모습

아이즈대학 우주정보과학클러스트 | 데무라 히로히데

지구에 떨어지는 돌이 있어요

밤하늘을 올려다보면 별똥별이 떨어지는 모습을 볼 수 있지요. 우주에는 작은 먼지와 돌멩이가 아주 많이 떠다닙니다. 그것이 지구에 떨어질 때 빛나면서 별똥별이 되는 거예요. 별똥별은 대부분 하늘에서 전부 타 사라지는데, 이따금 땅에 떨어지는 것이 있습니다. 바로 **운석**이에요.

운석에는 돌과 철 등 여러 가지 종류가 있습니다. 생긴 시대도 다양한데, 지구가 탄생한 아주 먼 옛날에 생긴 태양계의 화석 같은 운석도 있고, 새로 생긴 운석도 있어요. 그중에는 달이나 화성에서 온 운석도 있답니다. 달이나 화성에 커다란 운석이 충돌하면서 튕겨 나간 파편이 지구에까지 온 것입니다.

우리나라 최초 운석은 무엇일까요?

우리나라에도 운석이 여기저기 떨어져 있겠지요. 그런데 발견하기가 쉽지 않습니다. 2000년 가평에서 운석을 처음으로 발견했어요. 2014년에는 그보다 더 이른 시기에 떨어진 운석을 찾았습니다. 발견한 지역 이름을 따서 '청주운석'이라고 이름 붙였지요. '가평운석'보다 약 30년 전에 떨어진 것으로 추측하고 있어요. 원래 1970년경 한 시골 밭에 떨어졌는데, 당시에는 돌덩어리로만 알고 있다가 뒤늦게 연구한 결과 알아냈대요.

🔍 지구에 떨어지는 운석 중에는 돌과 철 이외에 얼음으로 된 것도 있습니다. 그런데 얼음은 땅에 떨어지기 전에 증발해 버리기 때문에 남지 않아요. 그래서 운석과 운철은 있어도 운빙은 없답니다.

나도 과학자

운석이 지구에 구멍을 낸다고요?

커다란 운석이 떨어지면 땅에 구멍이 생기기도 합니다. 이것을 '크레이터'라고 불러요. 달에 있는 둥근 구멍이 바로 크레이터입니다. 공룡이 멸종한 계기로 추측하는 운석 크레이터는 지름이 약 180km인 것도 있습니다.

식물? 동물? 신기한 생물 유글레나

교과서 5학년 1학기 5단원 다양한 생물과 우리 생활

기초생물학연구소 | 마루야마 신이치로

유글레나는 편모로 움직여요

흔히 '연두벌레'라고 부르는 '유글레나'는 편모로 헤엄친다는 점에서 동물로 분류하기도 하고, 엽록체를 통해 광합성을 한다는 점에서 편모조류라는 식물로 분류하기도 해요. 주로 논과 저수지에서 삽니다. 몸은 하나의 세포로 이루어져 있고, 스스로 이동할 수 있어요. 두 개의 편모 중에 눈에 더 잘 띄는 긴 편모를 이용해 헤엄칩니다. 유글레나의 종류 중에는 긴 편모를 두 개 가진 것도 있어요. 이렇게 편모를 이용해 몸을 움직이는 운동을 **편모 운동**이라고 해요.

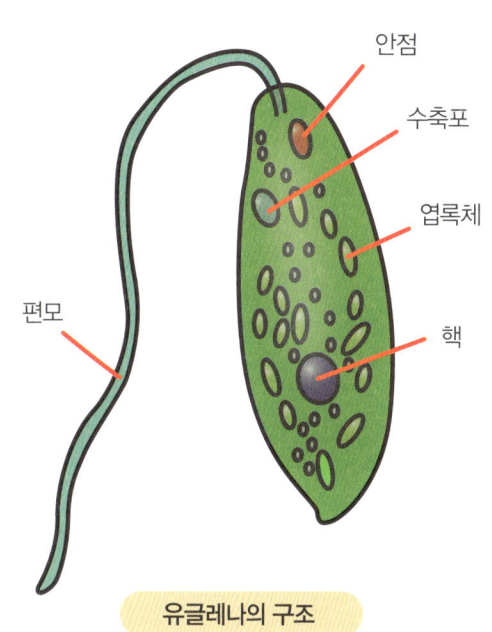

유글레나의 구조

외부 먹이도 집어삼켜요

연두벌레라는 이름처럼 유글레나는 초록색입니다. 몸에 초록색 알갱이 부분들이 보인답니다. 바로 엽록체예요. 유글레나는 엽록체를 통해 식물처럼 햇빛을 흡수해 에너지와 영양분을 만듭니다. 그래서 먹이를 구하지 않아도 살 수 있어요. 실험으로 유글레나의 엽록체를 제거해 보았더니 스스로 영양분을 만들지 못했습니다. 이 경우 유글레나는 살지 못할까요?

그렇지는 않아요. 물속에 영양분을 주면 그것을 집어삼킨다고 합니다. 놀랍게도 외부에 있는 영양분을 먹고 살아갈 수 있습니다.

 유글레나는 밝은 곳에서 일직선으로 헤엄칩니다. 그런데 어두운 곳에서는 마치 놀라서 허둥거리는 것처럼 사방팔방으로 마구 돌아다닙니다. 그러다가 밝은 곳으로 나가면 다시 일직선으로 헤엄칩니다.

나도 과학자

알록달록한 색깔의 해조류

초록색 유글레나는 빛을 흡수하는 색소가 초록색입니다. 그렇다면 해조류는 어떨까요? 해조류는 종류마다 햇빛을 흡수하는 색소가 다양해요. 그래서 해조류의 색깔에는 초록색뿐 아니라 빨간색, 보라색 등도 있지요. 다양한 색깔의 해조류에는 무엇이 있는지 알아보세요.

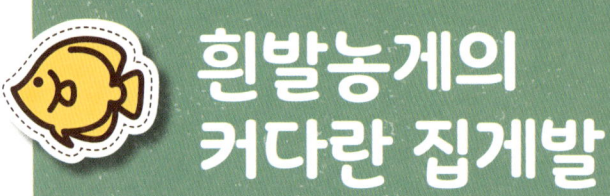

흰발농게의 커다란 집게발

6월 27일

교과서 3학년 2학기 2단원 동물의 생활

구마모토대학 연안역환경과학교육연구센터 | 헨미 야스히사

무엇 때문에 집게발을 흔들까요?

여름철 갯벌에 가면 '흰발농게'가 마치 리듬을 타듯 커다란 집게발을 흔드는 모습을 볼 수 있어요. 도대체 왜 집게발을 흔들까요? 커다란 집게발이 있는 것은 수컷이고, 암컷은 집게발이 작아요. 수컷은 암컷에게 호감을 표시하기 위해 집게발을 흔듭니다.

더 커다란 집게발을 가진 수컷일수록 암컷에게 인기를 얻습니다. 짝을 이룬 수컷은 깊이가 약 20~30cm인 자신의 집 구멍으로 암컷을 불러들여요. 암컷은 그곳에서 알을 낳습니다. 그리고 약 보름 후에 새끼가 알을 깨고 나오는데, 그동안 암컷은 알 옆에서 떠나지 않는답니다.

커다란 집게발이어서 힘든 점

수컷끼리 싸울 때도 집게발을 씁니다. 집게발이 커야 싸움에 유리하겠지요. 이렇게 집게발이 크면 암컷에게 인기도 얻고 싸울 때도 유리하니, 좋을 것 같지만, 힘든 점도 있답니다. 집게발이 커서 눈에 띄기 때문에 게를 잡아먹는 새의 공격을 많이 받아요. 집게발이 무거워 빨리 도망가기도 힘듭니다. 커다란 집게발은 무게가 몸의 약 35%나 되기 때문에 흔들려면 많은 에너지를 써야 합니다. 그래서 수컷은 먹이를 많이 먹어야 해요.

 흰발농게는 작은 집게발을 사용해 갯벌의 진흙에 들어 있는 유기물을 먹습니다. 암컷은 양쪽에 있는 집게발로 흙을 퍼내지만, 수컷은 한쪽 집게발만 사용해요. 커다란 집게발은 식사할 때 쓰지 않는답니다.

나도 과학자

수컷은 암컷을 어떻게 찾아낼까요?

우리나라에서는 간척지 사업을 많이 한 탓에 흰발농게의 서식지가 파괴되어 멸종 위기에 있어요. 최근 인천 송도와 안산 대부도 갯벌이 습지보호지역으로 지정되었습니다. 흰발농게를 찾으면 아래 그림과 같은 실험을 해 보세요. 커다란 집게발이 리듬감 있게 움직인다면 암컷으로 착각했다는 것을 알 수 있어요.

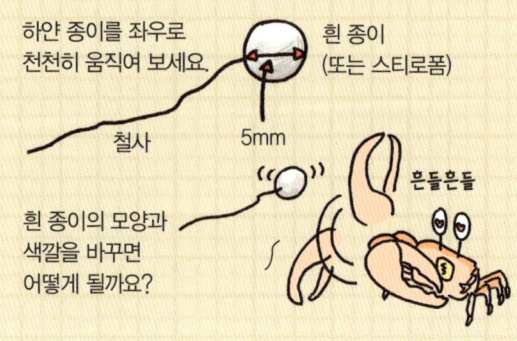

지구에서 제일 처음 탄생한 생물은?

6월 28일

교과서 4학년 1학기 2단원 지층과 화석

도쿄대학대학원 | 이소자키 유키오

바다에 살았던 지구 최초의 생명

현재 지구에는 우리처럼 땅 위에서 살아가는 동물 외에도 하늘을 나는 동물, 물속에서 사는 동물이 있습니다. 그중에는 고래처럼 몸집이 커다란 동물이 있는가 하면, 곤충처럼 손바닥보다 작은 동물도 있는 등 크기가 저마다 다양하답니다. 이렇게 많은 종류의 동물과 식물은 수십억 년이라는 기나긴 세월에 걸친 진화로 탄생했습니다.

이 진화의 역사를 거슬러 올라가 우리의 선조, 또 그 선조의 선조를 더듬어 보면 약 38억 년 전의 생물에까지 다다릅니다. 그 생물의 크기는 아주 작았답니다. 너무 작아서 맨눈으로는 볼 수 없었습니다.

자세한 것은 아직 몰라요

현재 과학자들은 적어도 38억 년 전에 최초의 생명이 탄생한 것으로 보고 있습니다. 2017년 캐나다 퀘벡에서 미생물 화석을 발견했는데, 이는 37억 7,000만 ~ 42억 8,000만 년 전에 생긴 바위 층에 있었습니다.

하지만 정말로 최초의 생명이 언제 탄생했는지는 아무도 모르겠지요? 지구가 46억 년 전에 생겼으니 그로부터 얼마 되지 않아 탄생한 것은 확실해 보입니다. 과학자들은 계속해서 생물의 흔적이 남은 화석을 찾고 있어요. 가장 오래된 화석의 기록은 언제 또 바뀔지 모릅니다.

지구에서 제일 처음 탄생한 생물은?

현재 알려진 가장 오래된 화석에 생물의 형태가 그대로 남아 있는 것인지는 사실 확실하지 않습니다. 그래서 가장 오래된 생물의 모습은 아직 밝혀지지 않았다고도 할 수 있답니다.

나도 과학자

생물이 존재하는 것은 바다 덕분일까요?

금성, 화성에는 바다가 없어요. 태양계의 행성 가운데 왜 지구에만 물이 있을까요? 태양과의 거리와 상관있을지도 몰라요. 한번 생각해 보세요.

달팽이도 꼬리를 자르고 도망가요

6월 29일

교과서 3학년 2학기 2단원 동물의 생활

교토대학 하쿠비센터 | 호소 마사키

도마뱀은 꼬리를 자르고 도망가요

도마뱀은 새나 쥐 등 적에게 꼬리를 잡혔을 때 꼬리만 자르고 도망갈 수 있습니다. 꼬리를 자르면 그 부위의 근육이 수축해 피가 나지 않아요. 그리고 곧 새로운 꼬리가 생깁니다. 이것을 **재생**이라고 해요. 재생된 꼬리는 원래 꼬리와 색깔과 모양이 달라요.

귀뚜라미, 메뚜기, 게, 지렁이 등도 적의 공격을 받았을 때 몸의 일부를 자르는 생물입니다. 다만 잘린 부분을 재생하는 동물도 있고 재생하지 못하는 동물도 있어요.

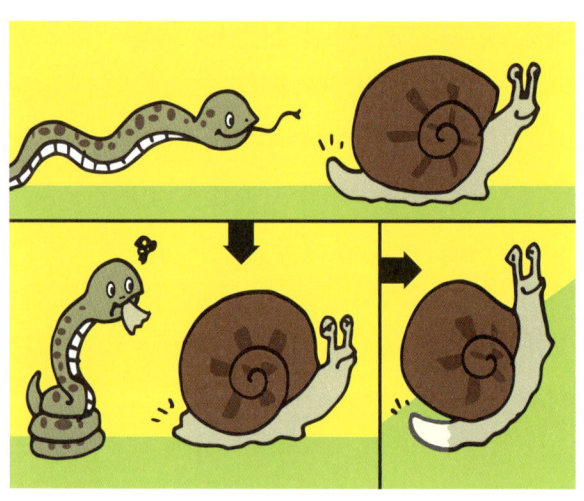

달팽이도 꼬리를 자르고 도망가요

일본 오키나와의 이리오모테 섬과 이시가키 섬에는 '사쓰마 칼리기노사'(학)라는 달팽이가 있습니다. 이 달팽이의 천적은 같은 섬에 사는 뱀이에요.

사쓰마 칼리기노사의 새끼는 뱀의 공격을 받으면 꼬리를 자릅니다. 뱀이 꼬리 부분을 물기 때문에 꼬리를 자르면 달아날 수 있답니다. 다 크면 껍데기의 모양이 변해서 뱀의 공격을 피하기 쉬워지므로 꼬리를 잘라 내는 일이 줄어들어요.

한편 재생된 꼬리는 원래 꼬리와 색깔이 다르기 때문에 한눈에 알아볼 수 있어요. 어떤 원리로 꼬리를 자르는지는 아직 밝혀지지 않았습니다.

 **나도 과학자**

적에게서 도망친 증거를 찾아보세요

도마뱀, 귀뚜라미, 메뚜기는 몸의 일부분을 잘라 내는 생물이에요. 우리 주변에서 흔히 찾을 수 있지요. 꼬리가 없는 도마뱀, 재생된 꼬리를 가진 도마뱀, 뒷다리가 없는 귀뚜라미나 메뚜기 등을 찾아 관찰해 보세요.

 꼬리를 자른 달팽이는 꼬리가 재생되는 동안 껍데기의 성장이 느려집니다.

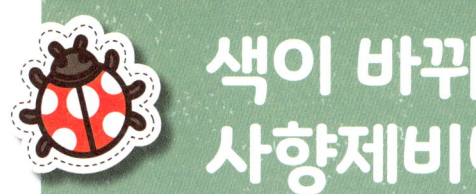

색이 바뀌는 사향제비나비의 실

교과서 3학년 2학기 2단원 동물의 생활

야마구치대학 이학부 | 야마나카 아키라

실을 토해서 몸을 고정해요

초여름 강둑에서 쥐방울덩굴을 발견하면 '사향제비나비'의 애벌레를 찾아보세요. 사향제비나비의 애벌레는 흑갈색 바탕에 하얀 띠를 둘렀고, 빨간색과 흰색 돌기가 있어서 금방 찾을 수 있답니다.

애벌레를 발견하면 집에서 키워 봅시다. 먹이인 쥐방울덩굴을 주면 애벌레는 점점 몸집이 커져요. 성장한 다음에는 번데기로 변신하는데, 그 전에 애벌레는 실을 토해 몸을 고정합니다. 이것은 번데기가 되었을 때의 생명 줄이랍니다.

실의 색깔이 바뀌어요

애벌레가 뱉은 실은 날이 갈수록 색깔이 변합니다. 무엇이 실의 색깔을 결정할까요?

번데기를 고정하는 실은 공기 중의 수분(습도)에 따라 색깔이 바뀌어요. 애벌레는 번데기가 될 때 실을 사용해 잎 뒷면 등에 몸을 고정합니다. 그런데 잎은 인간과 마찬가지로 호흡하기 때문에 잎의 뒷면은 공기 중의 수분이 많아집니다. 이것이 번데기 실의 색을 바꾸는 것입니다.

그런데 색이 변하는 것이 다가 아니에요. 돋보기를 사용하면 실의 색깔이 흰색일 때 여러 가닥의 실이 뿔뿔이 흩어져 있다가 검은색이 되면 한 가닥의 두꺼운 실로 변한다는 것을 확인할 수 있어요. 잎이 호흡하는 동안 실이 튼튼해져서, 번데기가 날개돋이할 때까지 단단히 고정해 준답니다.

 '사향제비나비'라는 이름은 한국의 생물학자이자 나비 박사인 석주명(1908~1950)이 붙였어요.

나도 과학자

사향제비나비를 키워 봅시다

사향제비나비 애벌레는 쥐방울덩굴만 먹어요. 이것을 먹이로 주면서 애벌레를 길러 번데기가 되면, 실내 습도에 따라 실의 색깔이 어떻게 변하는지 관찰해 봅시다.

여름 방학 때
별똥별을 관찰해 보세요

페르세우스자리 유성우

ⓒ 자료 : 후지이 아키라

여름 방학이 되면 부모님과 함께 밤하늘의 별을 관찰하러 밖으로 나가 보세요. 매년 8월 12~13일 무렵마다 '페르세우스자리 유성우'가 찾아옵니다. 일 년 중에 제일 많은 별똥별을 볼 수 있는 시기랍니다. 많을 때는 별똥별을 한 시간에 30~50개나 볼 수 있어요.

도시에서도 보이긴 하지만, 수많은 별똥별을 관찰하기에 도시의 불빛은 너무 밝아요. 그러니 가능하면 밤하늘이 새카맣고 공기가 맑은 산 위나 해변에서 관찰하기를 추천합니다. 도구는 아무것도 필요 없어요. 넓은 하늘이 보이는 곳이라면 어느 방향에서든 관찰할 수 있답니다. 가족이나 친구와 둘러 앉아 밤하늘을 바라보세요.

8월이 되면 유성우(별똥별 무리)가 제일 많이 떨어지는 시간대 예보가 발표됩니다. 그 시간에 맞춰서 밤하늘을 올려다보면 됩니다.

찾아보기

ㄱ

가위개미 126
갈조류 61, 157
건초열 119
겨울자나방 24
겹눈 28, 150
경골어류 23
고유종 56, 124
고치 99, 135
골리아스 호랑나비 189
곰벌레 48, 87
공룡 22, 38, 49, 55, 65, 98, 104, 105, 157, 196
공벌레 38, 146
광합성 49, 50, 136, 154, 197
교접기 23
구리이끼 115
구조색 189
국화 142
귀지 53
규조류 49
균류 26, 126
균사 126, 174
그리마 71
그산토판 모르가니 프라이딕타
　(Xanthopan morgani
　praedicta) 185
극동전갈 38
기각 23
기낭 65
기차노래기 71
김 61
깡충거미 129
꽃가루받이 30, 104, 117, 119, 155, 187
꽃눈 76

꽃벌 185
꽃사슴 66, 195
꿀벌 30, 90, 117, 133, 143, 147, 155, 191
꿀벌 난초 133

ㄴ

나비 비늘 52, 92
나비 애벌레 131, 150, 169, 201
나비난초 133
나이테 41, 74
나팔꽃 66, 173
난태생 102
난생 102, 149
날개돋이 90, 102, 177
넓적부리황새 44
네발나비 52
노랑굴파리 194
노래기 71, 146
노린재 19, 82
녹조류 31, 50, 61, 157
높새바람 29
누에나방 135
늘보원숭이 105

ㄷ

다듬이벌레 19
다육식물 67
단층 85
달팽이 64, 174, 183, 200
대왕오징어 27
댕가리 34

도마뱀 59, 77, 167, 186, 200
돈벌레 71
동해 35
두껍질조개 28, 54, 153. 161
두더지 20
디소스티쿠스 엘레기노이데스
　(Dissostichus eleginoides) 137

ㄹ

렙토케팔루스
　(Leptocephalus) 165
로열젤리 30, 191

ㅁ

마리모 50
만년설 162
매생이 61
맨틀 85, 125
머릿니 19
메가포드
　(Megapodiidae) 149
메로 137
메로피대
　(Meropidae) 167
메추리장구애비 146
멧토끼 56, 124
명태 137
모래주머니 16, 36
모르포 디디우스
　(Morpho didius) 92, 189
몽구스 34, 188
무덤새 149

203

문명 41, 182
물렁진드기 48
미역 61, 81, 93, 116, 120, 157, 179
민달팽이 174

ㅂ

바늘고둥 161
바다거북 193
박각시 160
반시뱀 188
발라우스티움 무로룸
 (Balaustium murorum) 122
배젖 83
배지느러미 23
배추흰나비 79, 121, 189
버들잎뱀장어 165
번데기 102, 131, 135, 146, 169, 177, 194, 201
베르그만의 법칙 43
별똥별 196, 202
별모래 103
병원체 40
부화 102, 122, 149, 194
분꽃 138
불가사리 153, 168
붉은털진드기 122
브라인슈림프 113
브리슬콘 소나무 41

ㅅ

사냥 36

사추마 칼리기노사
 (Satsuma caliginosa) 200
사향제비나비 201
산사태 86, 178
산호말 70
산호초 64, 70, 103
삼각측량 60
삼색 털 고양이 132
삼엽충 28, 38
삼지구엽초 185
생물다양성 협약 56
생체모방공학 47
선인장 67
세쿼이아 셈페르비렌스
 (Sequoia sempervirens) 159
송사리 184, 190
쇠재두루미 65
수벌 90, 133, 191
수분 104, 117, 119, 133, 155
수생곤충 146
수준측량 60
숨이고기 161
스트로마톨라이트 49
스포로폴레닌 100
시스트 100,113
시조새 22
신카이아 크로스니에리
 (Shinkaia crosnieri) 63
신종 82, 163
심해어 27, 58, 63, 137
쌍시류 19
쓰나미 86

ㅇ

아가미심장 18

아라 백련 180
아르디피테쿠스 라미두스
 (Ardipithecus ramidus) 130
아르카이오프테릭스
 (Archaeopteryx) 22
아르테미아(Artemia) 113
아르헨티노사우루스 22
아이가그로필라 리나에이
 (Aegagropila linnaei) 50
아칸타스터 플란치
 (Acanthaster planci) 168
아프리카 깔따구 48
아홀로틀 77
암모나이트 38, 49
암브록스 77
앙그라이쿰 세스퀴페달레
 (Angraecum sesquipedale) 185
야쿠시마 원숭이 43
양서류 170
어룡 94
어리호박벌 185
에쿠스 카발루스 페루스
 (Equus caballus ferus) 128
엔켈리오피스 사가미아누스
 (Encheliophis sagamianus) 161
엔토발바 레손노튜리아이
 (Entovalva lessonothuriae) 161
여왕벌 30, 90, 191
연골어류 23
연두벌레 197
연어 58
오렌지라피 137
오른나사 183
오키나와뜸부기 188
오프리스 아피페라
 (Ophrys apifera) 133
올빼미 37, 98
올빼미원숭이 105

와편모조류 100
외래종 34, 188
외투막 18
왼나사 183
운석 22, 39, 196
유공충 103
유글레나 197
유채꽃 101
유충 99, 102, 131, 135, 146, 147,
　　 150, 177, 194, 201
육지거북 193
윤년 74
윤형동물 87
융게르마니아 불카니콜라
　　(Jungermannia vulcanicola) 145
이크티오사우루스 94
인분 52, 92
인시류 19
일벌 90, 191
일본원숭이 43, 78, 118, 164
잎꾼개미 126

자나방 24, 57
자산어보 61
자외선 121, 143, 156, 192
작은녹색부전나비 92, 189
장마 전선 172
장어 58, 165
재생 77, 200
적조 81, 100
전갈 38, 144
절지동물 28, 113
줄점팔랑나비 160
중력 108, 178

중생대 157
쥐방울덩굴 201
지각 85, 125
지네 71
지의류 87
지진 해일 86
지진계 84
지층 49
집토끼 124
짝짓기 23, 24, 79, 90, 114, 122,
　　 161, 183, 186, 191

참나무산누에나방 135
참진드기 40, 48
천남성 187
천적 34, 105, 109, 124, 135, 143,
　　 153, 179, 184, 194, 200
체심장 18
치즈 파리 194
침팬지 80, 105, 111, 140, 164

케이로토누스 얌바르
　　(Cheirotonus jambar) 82
코끼리 17, 46
콜로부스 111, 140
쿠로시오해류 64, 165
쿠르투스(Kurtus) 89
크레이터 196
클라미도모나스
　　(Chlamydomonas) 31

탁란 89, 109, 114
탈피 102, 146
태생 102, 149
태풍 178
털가시잎이끼 151
퇴화 24, 69
트로이데스 프라토룸
　　(Troides prattorum) 189
트리메레수루스 플라보비리디스
　　(Trimeresurus flavoviridis) 188
티라노사우루스 22

파라폰타리아 라미나타
　　(Parafontaria laminata) 71
파레아스 이와사키
　　(Pareas iwasakii) 183
파키케투스 69
파타고니아 이빨고기 137
패랭이우산이끼 123
페르세우스자리 유성우 202
편모 31, 100, 116, 154, 197
포자 116, 123, 176
폴리페딜룸 반데르플란키
　　(Polypedilum vanderplanki) 48
표본 55, 82, 106, 112, 120
표주박이끼 88
표척 60
푸른 모르포 나비 92, 189
프레파라트 106
프살루스 용다이리
　　(Psallus yongdaeri) 82

프살루스 인젠시스
　(Psallus injensis)　82
프세우돌리파리스 암블리스토모프시스
　(Pseudoliparis
　amblystomopsis)　27
플랑크톤　34, 36, 54, 81, 100, 153, 154
피너스 롱가이바(Pinus longaeva)　41
피뿔고둥　81
피오필라 카세이
　(Piophila casei)　194

후각세포　25
흰동가리　64, 186
흰발농게　198

ㅎ

하이페리온　159
하쿠산 원숭이　43
학명　82
한사리　134, 161, 168
해류　34, 64, 165
해삼　161
해오라비난초　185
해조류　61, 70, 87, 93, 113, 116, 120, 157, 168, 179, 197
헤모글로빈　18
헤모시아닌　18
호랑나비　79, 150, 160, 189
호스피탈리테르메스 호스피탈리스
　(Hospitalitermes hospitalis)　156
호플로스테투스 아틀란티쿠스
　(Hoplostethus atlanticus)　137
홍조류　61, 157
화분관　142, 173
화석　28, 49, 69, 74, 98, 130, 175, 189, 196, 199
환대　20
황오색나비　189

옮긴이 조민정

신라대학교 일어교육학과를 졸업했으며 일본에서 체류하며 번역가로서의 꿈을 키웠습니다. 언제나 번역에 대한 열의가 가득하여 다양한 일본 책을 국내 독자들에게 소개하고자 노력합니다. 현재 엔터스코리아 일본어 전문 번역가로 활동하고 있습니다. 옮긴 책으로는《접어봐 참 쉬운 종이접기》《재밌어서 밤새읽는 소립자이야기》《물리와 친해지는 1분 실험》《괴짜 물리학자에게 듣는 유쾌한 우주강의》《내 아이 뇌성장에 좋은 습관》등이 있습니다.

초등학생을 위한 자연과학 365 1학기
공부가 쉬워지는 탐구활동 교과서

1판 4쇄 펴낸 날 2021년 10월 15일

지은이 | 자연사학회연합
감　수 | 정주현
옮긴이 | 조민정

펴낸이 | 박윤태
펴낸곳 | 보누스
등　록 | 2001년 8월 17일 제313-2002-179호
주　소 | 서울시 마포구 동교로12안길 31 보누스 4층
전　화 | 02-333-3114
팩　스 | 02-3143-3254
E-mail | viking@bonusbook.co.kr
블로그 | http://blog.naver.com/vikingbook

ISBN 978-89-6494-302-1 74400

바이킹은 보누스출판사의 어린이책 브랜드입니다.

• 책값은 뒤표지에 있습니다.

송사리 • 190쪽

미역 • 93쪽

상어 • 148쪽

성게 • 179쪽

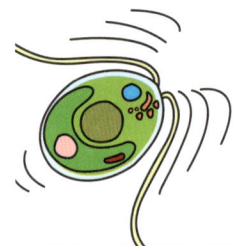
클라미도모나스(녹조류) • 31쪽

대왕오징어 • 27쪽

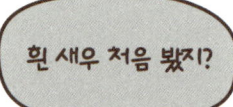
흰 새우 처음 봤지?

댕가리 • 34쪽

폐어 • 44쪽

신카이아 크로스니에리(새우) • 63쪽

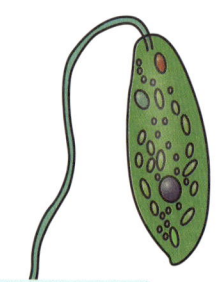
유글레나 • 197쪽

프세우돌리파리스 암블리스토모프시스(심해어) • 27쪽

수중 생물

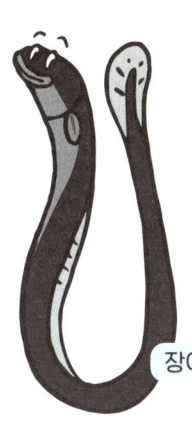
장어 • 165쪽

불가사리 • 168쪽

개량조개 • 153쪽

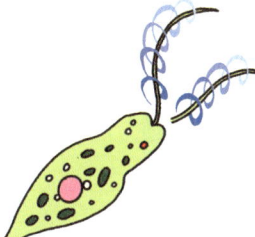
플랑크톤 • 154쪽

흰동가리 • 186쪽

바다거북 • 193쪽

삼엽충 • 28쪽

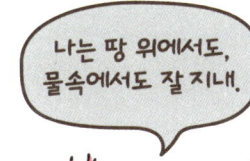

멕시코도롱뇽 • 77쪽

나는 땅 위에서도, 물속에서도 잘 지내.

해삼과 바늘고둥 • 161쪽

노무라입깃해파리 • 64쪽

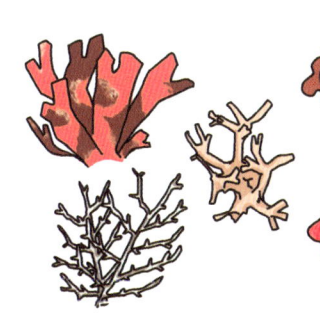
산호말 • 70쪽

흰발농게 • 198쪽

교과서 잡는 바이킹 시리즈

 초등 교과 연계 도서
 초등학생 필독서
 어린이 베스트셀러

교과서가 재밌어진다!
공부가 쉬워진다!

초등학생을 위한 개념 과학 150
정윤선 지음 | 정주현 감수

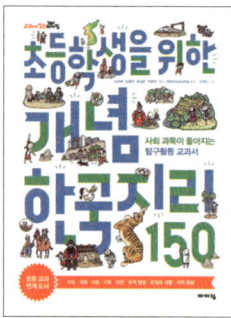

초등학생을 위한 개념 한국지리 150
고은애 외 지음
전국지리교사모임 감수

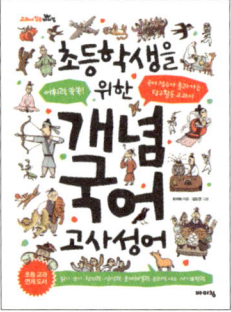

초등학생을 위한 개념 국어 고사성어
최지희 지음 | 김도연 그림

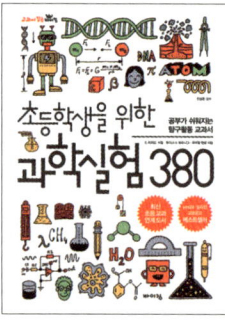

초등학생을 위한 과학실험 380
E. 리처드 처칠 외 지음
천성훈 감수

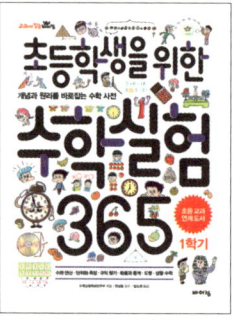

초등학생을 위한 수학실험 365 1학기
수학교육학회연구부 지음
천성훈 감수

초등학생을 위한 수학실험 365 2학기
수학교육학회연구부 지음
천성훈 감수

초등학생을 위한 요리 과학실험 365
주부와 생활사 지음 | 천성훈 감수

초등학생을 위한 요리 과학실험실
정주현, 달달샘 김해진 감수

초등학생을 위한 자연과학 365 1학기
자연사학회연합 지음 | 정주현 감수

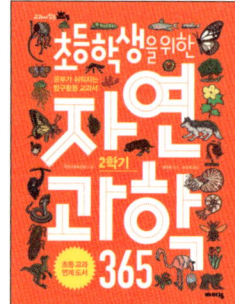

초등학생을 위한 자연과학 365 2학기
자연사학회연합 지음 | 정주현 감수